高职高专“十三五”国际商务专业规划教材

经济学基础

（第二版）

童宏祥　刘春娣　主　编
彭李科　程欣然　副主编

上海财经大学出版社

图书在版编目(CIP)数据

经济学基础/童宏祥,刘春娣主编．—2版．—上海:上海财经大学出版社,2016.2

(高职高专"十三五"国际商务专业规划教材)

ISBN 978-7-5642-2258-1/F·2258

Ⅰ.①经… Ⅱ.①童… ②刘… Ⅲ.①经济学-高等职业教育-教材 Ⅳ.①F0

中国版本图书馆CIP数据核字(2015)第203863号

□ 责任编辑 刘晓燕
□ 电　　话 021—65903667
□ 电子邮箱 exyliu @ sina. com
□ 封面设计 钱宇辰

JINGJIXUE JICHU

经济学基础

(第二版)

童宏祥　刘春娣　主　编

彭李科　程欣然　副主编

上海财经大学出版社出版发行

(上海市中山北一路369号　邮编200083)

网　　址:http://www. sufep. com

电子邮箱:webmaster @ sufep. com

全国新华书店经销

上海华业装璜印刷厂印刷装订

2016年2月第2版　2018年10月第2次印刷

700mm×960mm　1/16　16印张　287千字

印数:12 001—13 500　　定价:34.00元

(本书有电子课件和参考答案,欢迎向责任编辑索取)

前 言

《经济学基础》自 2011 年出版以来，一直被广泛用作各高等职业技术学院金融事务与管理、会计、国际商务、市场营销、工商企业管理等专业经济学课程的教材。该教材经过一段时间的教学使用，其课程结构、课程内容、贴近生活经济学现象的案例被从事该课程教学的同仁所认可，为此在《经济学基础》(第二版)一书中予以保留，并根据学习的需求和学生综合素质培养的要求丰富了相关的教学案例，增加了习题量。

《经济学基础》(第二版)一书由童宏祥教授和刘春娣副教授担任主编，彭李科研究员、程欣然副教授为副主编。具体编写分工是：上海立达职业技术学院童宏祥教授(导论、第一章)，上海立达职业技术学院程欣然副教授(第二章)，上海工程技术大学刘春娣副教授(第三章)，上海立达职业技术学院叶紫琪老师(第四章)，上海立达职业技术学院赵珍老师(第五章)，上海立达职业技术学院王晓艳讲师(第六章)，上海立达职业技术学院崔慧华老师(第七章)，上海立达职业技术学院俞兆男讲师(第八章)，上海立达职业技术学院彭李科研究员(第九章)，上海在野岛进出口公司王善祥总经理(第十章)。其适用于高等职业技术学院金融事务与管理、会计、国际商务、市场营销、工商企业管理等专业经济学课程的教学。

在本书的编写过程中，参考了国内外有关的研究成果，还得到了上海立达职业技术学院领导的大力支持，在此一并对有关专家、学者和领导表示衷心的感谢！

编者

2016年1月

第一版前言

《经济学基础》是高等职业院校国际商务、市场营销、工商管理、会计等专业的一门基础课程。时下，职业技术教育对专业课程体系进行改革，努力构建以学生就业为导向、以职业岗位能力为核心、以工作任务为主线的应用型课程体系，将学生培养成为符合企业工作岗位需求的职业型人才。为此，教材编写的主导思想是改变传统的学科体系，本着理论够用及应用的原则确定教学的结构与内容，着重学生综合素质的养成，力求体现能力本位的培养要求。

《经济学基础》是针对高职学生职业生涯、工作岗位能力、学生认知规律等要求进行编写，与其他经济学教材相比具有显著的特点：(1)结构性创新，以提问式体例取代“章节”式体例；(2)开篇案例，引发深思；(3)贴近生活经济学现象，激发学生学习热情。《经济学基础》可用作高等职业院校国际商务、市场营销、工商管理和会计等专业经济学课程的教材，也适用于其他高等学校相关专业的经济学学科的教学。

《经济学基础》由童宏祥和刘春娣担任主编、施谊和李军为副主编，全书结构由童宏祥设计并负责审核，刘春娣负责统稿。具体编写分工是：上海立达职业技术学院童宏祥(第一章、第二章)，上海工程技术大学刘春娣(第三章、第四章、第五章、第六章)，上海工程技术大学李军(第七章)，上海应用技术学院施谊(第八章、第九章)，上海东海职业技术学院严玉康(第十章)。

在本书的编写过程中,参考了国内外有关的研究成果,谨在本书付梓出版之际,对有关的专家、学者表示衷心的感谢。由于编者水平所限,不足之处在所难免,敬请批评指正。联系方式:tonghongxiang @ sohu.com。

编者

2011 年 4 月 8 日

目　录

第一篇　微观经济学

第二篇　宏观经济学

导论　走进经济学

学习目标

- 理解稀缺性、资源配置、资源利用的定义
- 理解生产可能性曲线
- 了解实证分析、规范分析等方法
- 掌握经济学的研究对象、研究方法等有关原理

第一节　了解经济学产生的基础

案例导入

水资源的稀缺性

以前人们总是认为水和阳光、空气一样是取之不尽、用之不竭的，可以无偿随意使用。随着经济的高速发展，用水量的迅速增加，频繁出现的河流干枯、泉水枯竭、污染严重等现象，迫使人们对水问题开始进行深刻的反思。

我国水资源总量为 2.8 万亿 m^3，但由于时空分布不均，特别是空间分布的巨大差异，使得全国各地的人均可用水资源量差距很大。例如，在我国水资源地区分布中，北方人口占全国的 43.2%，而北方水资源量仅占 14.4%，在北方部分地区，地表水的开发利用已达到极限，地下水持续大面积超采。统计表明，全国 660 座城市中，有 400 多座严重缺水。

水资源由不足到紧缺，由紧缺到极度匮乏，已逐渐成为影响当地发展的主要制约因素。

请思考下列问题：

1. 什么是资源的稀缺性？

2. 我们应当怎样充分地配置和利用水资源？

3. 什么是经济学？

一、经济资源的稀缺性

1. 经济学的定义

经济学是研究市场经济制度下资源配置与利用的科学。

2. 经济资源的稀缺性的定义

经济资源的稀缺性是经济学研究对象的基础性概念，它不是指物品或资源绝对数量的多少，而是指相对于人类欲望的无限性来说，再多的物品和资源也是不足的。

在人类社会中，资源以及用它们生产的产品总是既定的，而人类的欲望是无限的，由此便产生了稀缺性问题。经济学家把满足人类欲望的物品分为“自由物品”和“经济物品”。前者是指人类无需通过努力就能自由取用的物品，如阳光、空气等，其数量是无限的；后者是指人类必须付出代价方可得到的物品，即必须借助生产资源通过人类加工出来的物品。相对于人的无穷无尽的欲望而言，“经济物品”或者说生产这些物品的资源总是不足的，这就是稀缺性。对稀缺资源应从动态的观点来认识。历史上，许多资源曾经被视为自由取用的资源，如空气、水，随着社会的进步，科技的发展，特别是人口的增加，人类需要的不断提高，也变得越来越稀缺。

3. 选择行为的必然性

正因为稀缺性的客观存在，地球上就存在着资源的有限性和人类的欲望与需要的无限性之间的矛盾。为了利用现有资源去生产“经济物品”来更有效地满足人类欲望，就必然出现对将有限的经济资源去生产何种经济物品以及如何生产进行选择的行为。

4. 基本的经济问题

生产什么、如何生产、为谁生产、何时生产，这四个问题被认为是人类社会共有的基本经济问题，经济学正是为了解决这些问题而产生的。解决这四大基本经济问题，必须更好地协调人类对经济资源的选择行为，具体包括如下四个方面：第一，如何利用现有的经济资源；第二，如何利用有限的时间；第三，如何选择满足欲望的方式；第四，在必要时如何牺牲某种欲望来满足另外一些欲望。

示例

小敏在上大学的时候，需要决定如何配置她的时间。她可以把所有的时间用于学习经济学，她可以把所有的时间用于学习心理学，她也可以把时间分配在这两个学科上。她把某一个小时用于学习一门课时，就必须放弃本来可以学习另一门课的一小时，对于每个人来说，时间都是有限的。而且，对于她用于学习一门课的每一个小时，她都要放弃本来可用于睡眠、骑车、玩游戏、看电视或打工赚点零花钱的时间。

二、机会成本

1. 选择

从经济资源稀缺性出发，要解决四大基本经济问题，人们需要处理好以下两个关系：一是各种欲望的轻重缓急，二是为了满足某种欲望所需付出的代价。选择是指把既定目标与达到这一目标所需的代价联系起来权衡的经济行为。

2. 机会成本

机会成本是指当把一定的经济资源用于生产某种产品时而放弃的另一些产品生产上最大的收益。机会成本是经济学中一个重要的概念。在制定国家经济计划中，在新投资项目的可行性研究中，在新产品开发中，乃至工人选择工作中，都存在机会成本问题。它为正确合理的选择提供了逻辑严谨、论据有力的答案。在进行选择时，力求机会成本小一些，这是经济活动行为方式的最重要的准则之一。

三、生产可能性边界

1. 生产可能性曲线的经济学定义

生产可能性曲线是指在既定的经济资源和生产技术条件下所能达到的各种产品最大产量的组合，又称为生产可能性边界。它表示社会生产现有条件下的最佳状态，是由技术水平和可用资源决定的。

生产可能性曲线（见图导－1）在图形上表现为一条凹向原点的曲线，这表明随着 X 的增加，曲线上对应点的 Y 的绝对值递增。失业、低效率、资源浪费等使生产处于生产可能性边界以内。处在生产可能性边界以内的点，表示社会未能充分利用资源,即存在闲置资源,也就是存在失业。但经济资源未能利用并不是造成产量处于生产可能性边界以内的唯一原因,当经济缺乏效率时,也会产生这种后果。因此要使社会处在生产可能性边界上,必须充分利用现有的经济资源和提高经济效率。当社会生产处在生产可能性边界上时,表示社会经济处于有效率的充分就业状态。生产可能性边界图是供社会选择的清单。

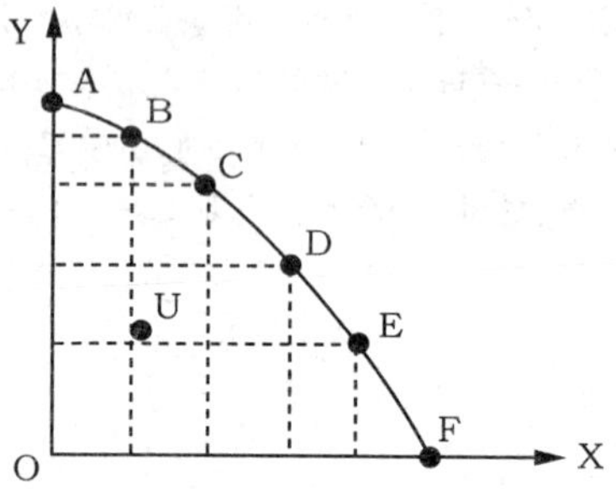

图导一1　生产可能性曲线

2. 机会成本递增法则及其原因

机会成本递增法则是指在既定的经济资源和生产技术条件下,每增加一单位一种产品的产量所产生的机会成本递增,即要放弃更多其他产品的产量。

资源有限及要素间的不完全替代性是机会成本呈递增趋势的原因:一方面,由于资源有限,随着一种产品产量的增加,用于生产其他的经济资源逐渐减少,造成该经济资源相对稀缺,价格增加,在所放弃的其他产品产量不变的情况下,所放弃的最大收益即机会成本递增;另一方面,由于存在边际技术替代率递减规律,即在维持产量不变的前提下,当一种生产要素的投入量不断增加时,每一单位的这种生产要素所能替代的另一种生产要素的数量是递减的,换言之,机会成本递增。这也可以用来解释生产可能性曲线为何凹向原点。

四、经济学的内容

按照研究对象、研究内容的不同可以把经济学分为微观经济学和宏观经济学。

1. 微观经济学

(1)资源配置

为解决经济社会的四大基本问题，需要研究相对稀缺的经济资源（劳动、土地、资本、企业家才能等）如何合理分配，以生产出更多的满足人类欲望的“经济物品”，这就是资源配置。它属于微观经济学范畴。

（2）微观经济学及其研究对象

微观经济学是经济学的重要组成部分，以单个经济单位（居民户、厂商及单个产品市场）为考察对象，研究单个经济单位的经济行为，以及相应的经济变量的单项数值如何决定。它需要解决两个问题：一是消费者对各种产品的需求与生产者对产品的供给怎样决定着每种产品的产销量和价格；二是消费者作为生产要素的供给者与生产者作为生产要素的需求者怎样决定着生产要素的使用量及价格。这涉及市场经济中价格机制的运行问题，它又称为市场均衡理论或价格理论。

微观经济学的核心内容是论证亚当·斯密的“看不见的手原理”。微观经济学采用个量分析法，个量是指与单个经济单位的经济行为相适应的经济变量。如单个生产者的产量、成本、利润，某一商品的需求量、供给量、效用和价格等。微观经济学在分析这些经济变量之间的关系时，假设总量固定不变，又被称为个量经济学。微观经济学的理论内容主要包括：消费理论或需求理论、厂商理论、市场理论、要素价格或分配理论、一般均衡理论和福利经济理论等。由于这些理论均涉及市场经济和价格机制的作用，因而微观经济学又被称为市场经济学。

2. 宏观经济学

（1）资源利用

在现实社会中，劳动者失业、生产设备和自然资源闲置等是经常存在的状态。这说明，生产可能性边界所标定的产量只是充分就业的或者说潜在的国民收入，而实际的国民收入往往小于它。研究造成这种状态的原因，寻求改良这种状态的方法，从而实现充分就业，使实际的国民收入接近或等于潜在的国民收入，这就是资源利用。它属于宏观经济学范畴。

（2）宏观经济学及其研究对象

宏观经济学以整个国民经济活动作为考察对象，研究社会总体经济问题以及相应的经济变量的总量是如何决定的及其相互关系。它需要解决三个问题：①已经配置到各个生产部门和企业的经济资源总量的使用情况是如何决定着一国的总产量（国民收入）或就业量的；②商品市场和货币市场的总供求是如何决定着一国的国民收入水平和一般物价水平；③国民收入水平和一般物价水平的变动与经济周期及经济增长的关系，它又称为国民收入决定论或收入分析。

宏观经济学研究的是经济资源的利用问题，包括国民收入决定理论、就业理论、通货膨胀理论、经济周期理论、经济增长理论、财政与货币政策等。宏观经济学所涉及的总量很多，其中主要包括：国内生产总值、总投资、总消费、价格水平、增长率、利率、国际收支、汇率、货币供给量、货币需求量等。

3. 微观经济学与宏观经济学的区别和联系

微观经济学与宏观经济学是经济学中互为前提、彼此补充的两个分支学科。它们互相把对方所考察的对象作为自己的理论前提，互相把对方的理论前提作为自己的研究对象。作为一个经济社会，不仅有资源配置问题，也有资源利用问题，只有把这两方面的问题解决了，才能解决社会的经济问题。所以它们是各具功效、彼此补充、不可分离的整体。

微观经济学与宏观经济学的经济目标与研究方法有明显差异：微观经济学以经济资源的最佳配置为目标，以市场机制为研究线索，采取个量分析方法，而假定资源利用已经解决；宏观经济学以经济资源的有效利用为目标，采取总量的分析方法，而假定资源配置已经解决。另外，微观经济学分析的经济变量是个量，即单项数值，而宏观经济学分析的是总量，即便概念的文字表述相同，也代表不同的定义。

生活中的经济学现象——上大学的机会成本

据统计，上大学的成本越来越高。目前上大学每年的费用平均在1万元左右，同时，就业问题却愈加严峻。根据教育部公布的数字，2009年，全国普通高校毕业生总数达611万人，大约有近32%的大学生没有工作。此外，大学生平均工资持续走低。在天津，平均每个800元的岗位，能收到七八份大学毕业生求职简历。

相比之下，擦鞋店的收益倒显得稳定得多。开擦鞋店的费用一般不会超过2万元，而且利润也比较可观。据报道，某名牌高校的2名研究生和另外3名本科生，开起了“国内第一家由在校研究生开设”的擦鞋店，头一天就挣了280元。

与开擦鞋店相比，读大学要花更多的钱和时间，而且未来收益存在不确定性；开擦鞋店投资少，而且相对稳定，风险更低些。

问题：

1. 你怎么看待机会成本？

2. 假设你不能一边上大学一边擦皮鞋，你会如何选择呢？

第二节　掌握经济学的方法

案例导入

石油价格与 GDP

德意志银行大中华区首席经济学家马骏博士表示，若石油价格每桶上涨 10 美元，将影响中国 GDP（国内生产总值）增长率 0.5%，而工业增长率可能下降 1%。研究还发现，油价每上涨 10 美元，将造成贸易额每年下降 120 亿美元，并影响经济合作发展组织（OECD）的整体经济发展，而各成员国对中国出口产品的需求会随之减少 150 亿～200 亿美元。因此，油价上涨虽不能消除，但可以减轻人民币升值的压力。

请思考下列问题：

1. 为什么国际油价会上涨？
2. 国际油价上涨为什么会降低我国 GDP 的增长速度？

一、实证经济学与规范经济学

1. 实证经济学

实证经济学是指关于纯事实的叙述和因果关系的描述分析。它是在做出与经济行为有关的假定前提下，来分析和预测人们的经济行为。经济学家将其定义为目的在于了解经济是如何运行的分析。

它有两个特点：第一，力求说明“是什么”的问题；第二，所研究的内容具有客观性，它的结论正确与否可以通过经验事实来进行检验，不涉及价值判断的问题。

示例

一个烈日炎炎的中午，几位在沙漠上旅行的学者经过长途跋涉，饥渴交困。然而，不幸的是，当他们坐下来围着随身所携带的一堆罐头时，却因为没有开罐工具而一筹莫展。于是，一场研究如何用最简单的办法开启罐头的学术讨论会开始了。一位物理学家首先发言："给我一个聚光镜，我可以用阳光把罐头打开。"化学家接着说："我可以利用几种化学药剂的综合反应来开启罐头。"而经济学家则说："我的办法最简单，假设我有一把开罐刀。"故事近乎可笑，但包含着重要的哲理。它说明经济学家分析问题时总是从"假设如何如何"开始的，离开了一定的假设条件，分析与结论都是毫无意义的。

2. 规范经济学

规范经济学是指对经济状况、经济现象进行价值判断，它以一定的价值判断作为出发点，提出行为的标准，并研究如何才能符合这些标准。经济学家将其定义为对于政策行动的福利后果的分析。

它有两个特点：第一，回答"应该是什么"的问题；第二，研究的内容没有客观性，所得出的结论无法通过经验事实进行检验。

3. 实证经济学与规范经济学的区别和联系

实证经济学具有客观性，即实证命题有正确和错误之分，其检验标准是客观事实，与客观事实相符者为真理，否则就是谬论，它研究经济运行规律，不涉及评价问题。规范经济学不具有客观性，即规范命题没有正误之分，不同的经济学家会得出不同的结论，它只对经济运行进行评价。两者是在经济目标的不同层次上进行研究的，具有相互补充、功效各异、构成整体的效果。

二、个量分析与总量分析

1. 个量分析

个量分析研究单个商品的效用、供求量、价格等如何决定，单个企业的各种生产要素的投入量、产出量、成本、收益和利润等如何决定，以及这些个量之间的相互关系。它是微观经济学采用的数量分析方法。

2. 总量分析

总量分析研究社会总供求、均衡的国民收入、总就业量、物价水平、经济增长率等如何决定，总消费、总储蓄、总投资、货币供求量、利息率、汇率等如何决定，以及它们的相互依存关系。它是宏观经济学采用的数量分析方法。

3. 边际增长量分析

个量分析和总量分析，作为数量分析的具体形式，都广泛地采用边际增量分析方法。所谓边际增量分析，是指分析自变量每增加一单位或增加最后一单位的量值会如何影响和决定因变量的量值。经济学的产生和发展，是与边际分析方法的广泛应用分不开的。正是边际增量分析方法的深入应用，使得完整的微观经济学体系在 20 世纪 30 年代建立起来。可以说，没有边际增量分析方法，便没有经济学。

三、局部均衡分析与一般均衡分析

英国经济学家马歇尔把均衡引入经济学中，它是指经济中各种对立的、变动着的力量处于一种力量相当、相对静止、不再变动的境界。这种均衡一旦形成，如果有另外的力量使它离开原来的均衡位置，会有其他力量使它恢复到均衡，就称为恒定的均衡。如果任何力量都无法使它恢复到均衡位置，则称为不稳定均衡。均衡可以分为局部均衡与一般均衡。均衡分析在经济学中处于重要的地位。

1. 局部均衡分析

局部均衡是假定在其他条件不变的情况下来分析某一时间、某一市场的某种商品(或生产要素)的供给与需求达到均衡时的价格决定。它把研究范围只局限于某一市场或某一经济单位的某种商品或某种经济活动，并假定这一商品市场或经济单位与其他市场或经济单位互不影响，所以称为局部均衡分析。局部均衡分析对所需结果给出一个初始值，所研究的市场与经济的其余部分联系越弱，这种近似就越好，且局部均衡分析就越有用。

2. 一般均衡分析

一般均衡分析是指在各种商品和生产要素的供给、需求、价格相互影响的条件下来分析所有商品和生产要素的供给和需求同时达到均衡时所有商品和生产要素的价格如何被决定。它是法国经济学家瓦尔拉斯首创的。一般均衡分析是关于整个经济体系的价格和产量结构的一种研究方法，是一种比较周到和全面的分析方法。但由于它涉及市场或经济活动的方方面面，而这些又是错综复杂和瞬息万变的，因而这种分析实际上非常复杂和耗费时间。所以在经济学中，大多采用局部均衡分析。

四、静态分析、比较静态分析与动态分析

1. 静态分析

静态分析是分析经济现象的均衡状态以及有关的经济变量达到均衡状态所需要具备的条件，它完全抽掉了时间因素和具体变动的过程，是一种静止地、孤立地考察某些经济现象的方法。它只考察任一时点上的均衡状态，注重的是经济变量对经济体系发生影响的最后结果。

2. 比较静态分析

比较静态分析是分析在已知条件发生变化以后经济现象均衡状态的相应变化，以及有关的经济总量在达到新的均衡状态时的相应变化，即对经济现象有关经济变量一次变动(而不是连续变动)的前后进行比较。

3. 动态分析

动态分析是对经济变动的实际过程进行分析，其中包括分析总量在一定时间过程中的变动，这些经济总量在变动过程中的相互影响和彼此制约的关系，以及它们在每一时点上变动的速率等。

生活中的经济学现象——《阿凡达》热映带来的思考

2009年末，《阿凡达》内地上映第三天，势头继续火爆，尤其是最受追捧的IMAX-3D一票难求。受市场疯狂度刺激，国内多家IMAX影院纷传涨价意向。上海唯一一家拥有IMAX巨幕的和平影都的总经理王伯政透露，观众的疯狂度超乎预期，下周开始IMAX-3D版《阿凡达》票价将顺势调至180元一张，“市场决定票价，与其让黄牛party挣钱，不如我们自己来涨价”。据说好的时间好的座位，票价炒到600元一张。造成《阿凡达》一票难求的主要原因，除了影片宣传功夫做得好外，更重要的便是国内电影院3D银幕资源的稀缺。

问题：

1. 你怎么看待资源的稀缺性？
2. 你认为《阿凡达》票价持续飙升的原因是什么。

思考与检测

一、单项选择题

1. 经济学主要研究（　　）。
   A. 与稀缺性相关的问题　　B. 如何在股票市场赚钱
   C. 为什么无法做出选择　　D. 用数学方法建立理论模型
2. 选择具有重要性，基本上是因为（　　）。
   A. 人们是自私的，他们的行为是为了个人利益
   B. 选择导致稀缺
   C. 用于满足所有人的资源是有限的
   D. 政府对市场经济的影响有限
3. 时间（　　）。
   A. 不是稀缺资源，因为永远有明天
   B. 与资源分配决策无关
   C. 对生产者是稀缺资源，但对消费者不是
   D. 对任何人都是稀缺资源

4. 经济学的四个基本问题可以归结为(　　)。

A. 什么,为谁,何时,为什么　　B. 为谁,何时,什么,哪里

C. 如何,什么,何时,哪里　　D. 什么,如何,为谁,谁

5. 经济学理论不能用于研究(　　)。

A. 为什么一些人比其他人更加容易戒烟

B. 提高香烟税对香烟消费量的影响

C. 回学校学习并考取学位对一个人工作前途的影响

D. 降低所得税对国内经济的影响

6. 下列(　　)是实证经济学的说法。

A. 失业救济太低　　B. 降低失业比抑制通货膨胀更重要

C. 医生挣的钱比蓝领工人多　　D. 妇女与男子应该同工同酬

7. 下列(　　)是规范经济学的说法。

A. 医生挣的钱比蓝领工人多

B. 收入分配中有太多的不平等

C. 通货膨胀率用于衡量物价变化水平

D. 去年计算机的价格是2 500美元

E. 通货膨胀率上升了

8. 经济学家对一项政府政策的效果做出预测属于(　　)。

A. 规范经济学分析　　B. 宏观经济学分析

C. 微观经济学分析　　D. 实证经济学分析

9. 具有不同价值观的经济学家可能会对一项政策改变的(　　)意见一致,但仍对这种改变的(　　)意见不一致。

A. 规范经济学方面　实证经济学方面

B. 实证经济学方面　规范经济学方面

C. 理论　实证经济学方面

D. 规范经济学方面　模型

10. 下列(　　)能解释为什么经济学家在实证经济学事件上意见不一。

A. 一些经济学家侧重于宏观经济学,另一些侧重于微观经济学

B. 他们有不同的背景和不同的利益

C. 他们对经济的适当模型意见不一

D. 他们对公平与效率的相对重要性有不同见解

二、多项选择题

1. 经济学的研究对象是(　　)。

A. 资源的稀缺性问题　　B. 资源的配置问题

C. 资源的利用问题　　D. 资源的使用必须支付代价的问题

2. 资源配置问题主要包括(　　)。

A. 为什么资源得不到充分利用　　B. 生产什么和生产多少

C. 如何生产　　D. 为谁生产及如何分配

3. 市场的经济制度的特征是(　　)。

A. 生产资料归国家、政府所有

B. 生产资料私有

C. 经济决策高度分散,由价格机制来解决资源的配置和利用

D. 用计划来解决资源的配置和利用

三、判断题

1. 如果不存在资源的稀缺性,经济学就失去了存在的意义。(　　)

2. 只要有人类社会存在,就存在资源的稀缺性。(　　)

3. 在不同的经济制度下,解决资源配置和利用的方法是相同的。(　　)

4. 当今主要经济国家都采用了混合经济制度。(　　)

5. 宏观经济学的创始人是亚当·斯密。(　　)

6. 古典经济学家主张政府应该干预经济的运行。(　　)

7. "人均储蓄水平较高不利于经济的发展"是一个规范经济学的命题。(　　)

8. 实证分析的前提是一定的价值判断。(　　)

四、分析讨论题

1. 为什么经济学家有时会向决策者提出相互冲突的建议?你预期经济学家对公共政策的分歧会随着时间推移而越来越少吗?为什么?他们的争议会完全消除吗?为什么?

2. 人们常说,一个好的理论是一个原则上可以用一项经验的、注重数据的研究来加以反驳的理论。请解释为什么说一个不能用经验来评价的理论不是一个好的理论。

3. 如果美国改变它的移民限额,允许更多的非技术工人进入美国,谁可能得到好处?谁可能受到损害?考虑这一举动对消费者、对雇用低技术劳动力的企业,以及对在美国的和工人原在国的低技术劳动力的影响。

4. 假设世界上打字最快的打字员恰好是一位脑外科医生。他应该自己打字还是雇用一名秘书?并解释之。

五、问答题

1. 人类是否应该通过降低欲望来解决资源的稀缺与欲望的无限之间的矛盾？为什么？

2. 中专毕业后应该选择上大学还是找工作？请用机会成本概念分析与说明。

第一篇
微观经济学

第一章　应用需求与供给原理

学习目标

- 理解并掌握需求和供给的定义、需求和供给的影响因素、需求原理和供给原理
- 理解并掌握均衡价格的决定和变动及均衡价格理论的应用
- 理解并掌握需求价格弹性及其计算、需求弹性与总收益的关系、影响需求弹性的因素

第一节　应用需求原理

案例导入

水价上调对居民用水量的影响

我国城市居民交纳的水费，由供水费和排水费两部分组成。排水费是居民为治理生活污水交纳的费用。上海是我国第一个开征居民排水费的城市，上海市发改委于 2009 年 4 月 27 日举行居民用户水价调整听证会，决定从 2009 年 6 月 20 日起分别将居民每立方米自来水价格和排水费由 1.03 元和 0.90 元提高到 1.33 元和 1.08 元；2010 年 11 月 20 日起，再分别提高到 1.63 元和 1.30 元。与此同时，北京、广州、南京、无锡、扬州、常州、沈阳、洛阳等城市也在酝酿提高水价，各地水价“涨声”四起。

水是生命之源，离开水，人类将无法生存。中国是世界上用水量最多的国家。水价上涨是否会减少人们的用水量呢？

请思考下列问题：

1. 什么是需求？

2. 影响需求的因素有哪些？

3. 水价上涨是否会减少人们的用水量？

一、需求原理

1. 需求的定义

需求是指在某一特定时期内，对应于某一商品的各种价格，人们愿意而且能够购买的数量。需求涉及两个变量：商品的价格及与该价格相对应的购买数量。需求可分为个人需求和市场需求。

个人需求是指单个消费者或家庭对某种商品的需求。把对某一商品在该商品市场上所有的个人需求加总，即把与每一可能的价格相对应的每个人的需求量相加，便得到该商品的市场需求。个人需求是构成市场需求的基础，市场需求是所有个人需求的总和。

需求不同于欲望。需求以人们的货币购买力为前提，是有支付能力的需要。仅是愿意购买而没有支付能力的主观需要，则是欲望。明确地说，需求有两个构成要素：一是有购买欲望，二是有支付能力。二者缺一不可。

示例

刚刚大学毕业的小王非常想拥有一套属于自己的房屋，无奈囊中羞涩，只能望“楼”兴叹。小王的同班同学小李一毕业就从当老板的父亲那里得到了一笔钱，却无意买房，而是投资办企业了。可见，小王和小李对房屋均未形成有效需求。

2. 需求的表示方式

(1)需求表

需求表是描述在每一可能的价格下商品需求量的表格，直观地表明价格与需求量之间的对应关系。

举例来说，小李喜欢在繁忙的学习之余到学生街咖啡厅喝杯咖啡。然而，作为一名大学生，小李的收入有限，分配到喝咖啡上的预算支出必须有所限制。在给定收入水平下，小李每周喝几杯咖啡的需求量由咖啡价格决定。假定咖啡价格上升到 20 元/杯，便超出了小李对咖啡的承受能力，于是一杯也喝不起了，即每周咖啡购买量为零，价格降到 18 元/杯时，他每周喝 1 次，12 元/

杯时 2 次，9 元/杯时 3 次，7 元/杯时 4 次，直至 2 元/杯时 7 次，即每天都去喝咖啡。这些反映咖啡价格与需求量关系的信息构成小李的咖啡需求函数，把它们表示在表格中，就得到小李对于咖啡的需求表。阅读这些数据，我们可以发现小李对咖啡的需求量与咖啡价格之间存在反向关系。

表 1—1　　小李的咖啡需求

价格(元/杯)	需求(杯/周)
18	1
12	2
9	3
7	4
5	5
3	6
2	7

(2)需求曲线

需求曲线是指用图示法表示需求表中需求量与商品价格之间的关系的曲线。它以纵轴表示商品价格，以横轴表示需求量。需求曲线在通常情况下是一条向右下方倾斜的曲线，常用 D 表示。

在我们的例子中，横轴单位是每周咖啡需求量，纵轴单位是元/杯。把表 1—1 的数据显示为图形中的散点，把散点连成一条曲线，就得到了小李咖啡需求函数的几何表达，即需求曲线。从图 1—1 看，小李咖啡需求曲线是一条向右下方倾斜的曲线，表示需求量与价格存在反向变化关系。用几何图形表示函数关系的优点，在于能够使价格与需求量反向变化关系一目了然地显示

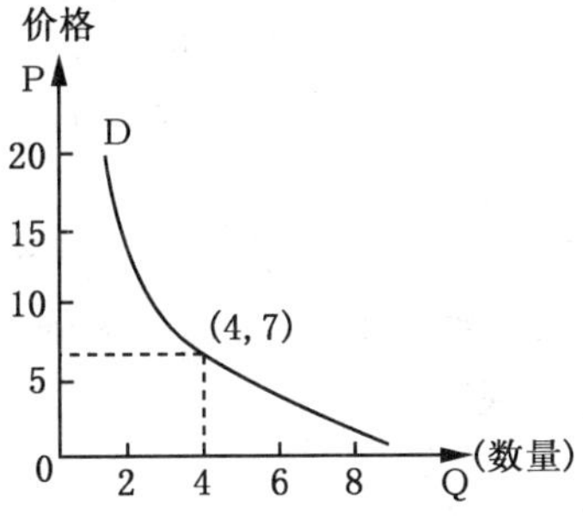

图 1—1　小李咖啡需求曲线

出来。正因为如此，我们将经常利用图形方式表达和分析不同经济变量之间的关系。

(3)需求函数

需求函数是表达需求量和影响需求量的因素之间的依存关系的函数。由于价格是影响商品需求量的最重要的因素，可以抽象掉其他因素，即假定其他因素不变，则需求函数记作：

$$Q_d = f(P)$$

其中，Q_d 代表商品的需求量，P 代表价格。

3. 需求原理

(1)需求原理的定义

需求原理是在假定商品本身价格以外的其他因素不变的前提下，商品本身价格与需求量之间的关系。即商品价格上升，需求量减少；商品价格下降，需求量增加。

(2)需求曲线的形状

需求原理是对一般情况和一般商品而言的，需求曲线在通常情况下是一条负向倾斜的曲线。但也有可能出现例外情形，具体如下。

①某些低档商品，在特定条件下当价格下跌时，需求量会减少；而价格上涨时，需求量反而增加，这类商品被称为“吉芬商品”。

“吉芬商品”是以英国经济学家吉芬的名字命名的。1845 年，爱尔兰爆发了大饥荒，农产品的价格急剧上涨。土豆、肉和奶酪的价格也很高，按照需求原理，它们的消费量都应该降低，实际上肉和奶酪的情况确实如此，唯独土豆的销量却一反常态，大大增加。吉芬仔细研究了这种现象。他发现，由于土豆在当时爱尔兰人的生活支出中占有很大的份额，大饥荒使人们的生活大大恶化，为了生存，他们被迫大大减少了对肉和奶酪的消费，而把节约下来的钱花在相对还算便宜的土豆上。

②某些炫耀性消费的商品，如珠宝等，价格越高，越显示拥有者的地位，需求量越大；反之越小。以上两种情况下，其需求曲线均表现为向右上方倾斜，斜率为正值。

③某些商品的价格小幅度升降时，需求按正常情况变动；大幅度升降时，人们因不同的预期而采取不同的行动，引起需求的不规则变化，如证券、黄金市场等，需求曲线表现为不规则形状。

二、影响需求的因素

在商品市场上，引起商品需求量变动的因素有很多，其中商品本身价格是最重要的因素。除此之外，影响需求的因素还有以下几种。

1. 相关商品的价格

当一种商品本身的价格不变，而与它相关的其他商品的价格发生变化时，这种商品的需求也会发生变化。相关商品可分为替代品和互补品两种。替代品是指两种商品都能用来满足同一种欲望，它们之间是可以互相替代的，如牛肉与羊肉、苹果和梨子等；互补品是指两种商品共同用来满足某一种欲望，两者之间是互相补充的，如汽车和汽油、影碟和影碟机等。两种替代品之间的价格和需求成同方向变化，两种互补品之间的价格和需求成反方向变化。

例如，可口可乐和百事可乐是替代品，当可口可乐价格上涨后，就会有更多的人去选择百事可乐，百事可乐的需求会增加。

示例

一旦汽油的价格上升，汽车的需求量将会下降。因为汽油和汽车是互补品，二者的需求量反方向变化，因此当汽油价格上升时，汽车的使用成本增加，汽车的需求量将下降。

2. 消费者的收入水平和社会收入分配的平均程度

考察收入对需求的影响，要区分商品的不同特性。对大部分正常商品而言，消费者的收入愈高，对它们的需求就愈大；反之则愈小。而对另一部分劣等商品而言，随着收入水平的提高，对它们的需求反而下降。另外，社会收入分配的平均程度也对需求产生一定的影响。

例如，20 世纪 80 年代，消费者购买一台黑白电视机已经被认为是“小康”的象征；而进入 21 世纪随着消费者收入水平的大幅度提高，大尺寸的液晶电视机成为了电视机消费的热点。

3. 消费者偏好

消费者偏好是指消费者对商品的喜好程度，而这一程度取决于消费者对商品的主观心理评价。当消费者对某种商品的偏好增强时，即使价格不变，对该商品的需求也会增加；当偏好减弱时，需求就会减少。消费者偏好一般与所处的社会环境、时间变化及当时、当地的社会风俗习惯等因素有关。

例如，商品在销售旺季的需求量高于淡季的需求量，空调、电风扇这类产品在夏季需求量就大，而电暖气、毛皮大衣等产品则在冬季需求量大。

4. 消费者对该商品未来价格的预期

如果消费者估计某些影响需求的因素将发生变化，如收入增加、物价上涨等，就会及时调整消费，从而影响现期的需求。一般来说，如果消费者预期某种商品的未来价格会上升，他们可能会在价格上升前购买更多的这种商品，对该商品的需求就会增加；相反，如果消费者预期某种商品的未来价格会下降，他们可能会在价格下降前更少地购买这种商品，对该商品的需求就会减少。

例如，近几年来我国房价的上升，很大程度上取决于购房者对房市未来价格上涨的预期。

5. 人口数量与结构的变动

人口数量的增加会使需求增加，人口数量减少会使需求减少。人口结构的变动主要影响需求的构成，从而影响某些商品的需求。

例如，某国对外发动战争，青年男子皆出外作战，国内烟酒、汽车销量锐减。3年后，战败而归，国内烟酒、汽车销量顿增。

6. 政府的宏观经济政策

如果政府采取某些扩张性的经济政策，如增加财政支出、减免购物税和降低利息率等政策，市场上对商品的需求就会增加；相反，如果政府采取某些紧缩的经济政策，如削减财政支出、增加购物税和提高利息率等政策，市场上对商品的需求就会减少。

例如，某城市禁行摩托车，会导致消费者对摩托车的需求大大减少。

三、需求量的变动与需求的变动

1. 需求量的变动

需求量变动是指商品本身价格变动所引起的需求量的变化。它在图形上表现为在一条既定的需求曲线上点的位置移动(见图1—2)。

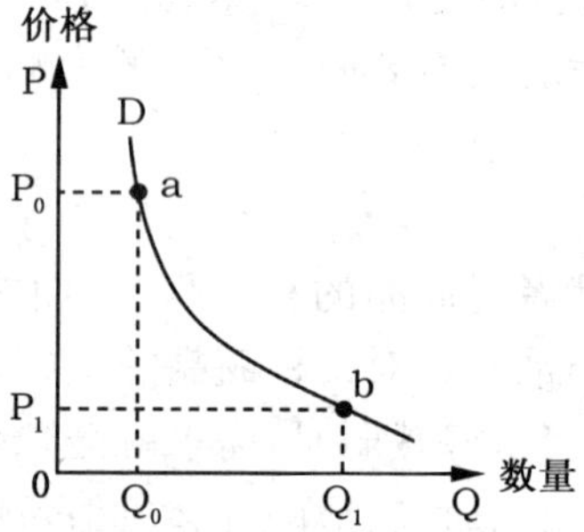

图1—2 需求量的变动

2. 需求的变动

需求变动是指当商品本身的价格不变时，由于其他因素的变动引起的需求量的变化。它在图形上表现为整条需求曲线的移动，右移表示需求增加，左移则表示需求减少，如图 1—3 所示。

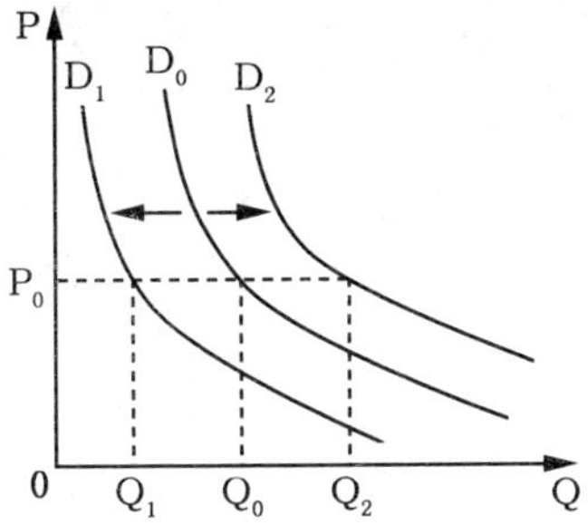

图 1—3　需求的变动

3. 两者的区别

需求量的变动与需求的变动仅一字之差，但定义明显不同。归纳起来，两者的根本区别在于：一是前提条件不同，二是变化的形态不同。

表 1—2　　**需求量变动与需求变动的区别**

影响需求量和需求的变量	这些变量的变动产生的结果
商品本身的价格	需求曲线上点的移动
相关商品的价格	整条需求曲线的移动
消费者的收入水平 和社会收入分配的平均程度	整条需求曲线的移动
消费者的偏好	整条需求曲线的移动
消费者对该商品未来价格的预期	整条需求曲线的移动
人口数量与结构的变动	整条需求曲线的移动
政府的宏观经济政策	整条需求曲线的移动

生活中的经济学现象
——如何降低人们对香烟的需求？

运用政策减少人们吸烟的数量有两种方法。一种方法是使香烟和其他烟草产品的需求曲线移动。公益广告、香烟盒上有害健康的警示以及禁止在电视上做香烟广告，都是旨在减少任何一种既定价格水平时香烟需求的对策。如果成功了，这些对策就使香烟的需求曲线向左移动。另一种方法是，政策制定者可以试着提高香烟的价格。例如，如果政府对香烟制造商征税，烟草公司就会以高价的形式把这种税的大部分转嫁给消费者。较高的价格鼓励吸烟者减少吸烟量。在这种情况下，吸烟量的减少就不表现为需求曲线的移动。相反，它表现为沿着同一条需求曲线移动到价格更高而数量较少的一点上。

另一个相关的问题是，香烟的价格如何影响大麻这类非法毒品的需求。香烟税的反对者认为，烟草与大麻是替代品，因此，提高香烟价格意味着鼓励使用大麻。与此相反，许多毒品专家发现降低香烟价格与更多地使用大麻是相关的。换句话说，烟草和大麻是互补品，而不是替代品。

问题：

1. 你怎么看待烟草和大麻之间的关系？

2. 什么是互补品和替代品？相关商品的价格对互补品和替代品的需求有什么影响？

3. 用经济学原理分析要减少吸烟有哪些方法？

第二节　应用供给原理

案例导入

钯金——首饰生产企业的新宠

一直以来，黄金、铂金以及K金牢牢占据着贵金属首饰市场，但2009年“十一”期间，另一种贵金属饰品——钯金首饰悄悄地“火”了起来。目前上海城隍珠宝等首饰经销商已经纷纷开始销售钯金首饰，并带动了一股钯金首饰的消费热潮。

由于国际铂金价格一路高歌猛进，国内不少铂金首饰生产企业开始感到力不从心。为解决铂金价格高企导致生产成本骤增的问题，一些企业纷纷打起钯金的主意，以取代铂金。目前国际铂金价格为1 335美元/盎司，钯金报价则只有339美元/盎司左右。经销商表示，加工商在钯金首饰上的利润率约为10%，远高于铂金的2%左右。

请思考下列问题：

1. 什么是供给？

2. 影响供给的因素有哪些？

3. 钯金首饰的高利润是否会增加生产企业的供给量？

一、供给原理

1. 供给的定义

供给是指生产者（厂商）在一定时期和一定价格水平下愿意而且能够提供的某种商品的量，可分为个别供给和市场供给。显然，供给的定义也有两个构成要素：一是有出售的欲望，二是有供应能力，二者缺一不可。

2. 供给的表示方式

（1）供给表

供给表是描述在每一可能的价格下商品供给量的表格。它直观地表明了价格与供给量之间的对应关系。

以汉堡包的生产为例，如果汉堡包超过了一定的数量，生产者的生产成本就会提高，这些成本包括储存和冷冻成本、占用空间和生产者的时间等。

汉堡包的价格和供给量的正向关系如表 1—3 所示。这个供给表假设所有影响供给的因素（如租金、工资等）保持不变，在 2.90 元时，快餐店老板只愿意每周提供 300 个汉堡包。但价格上升到 3.30 元时，老板就愿意每周提供 500 个汉堡包。

表 1—3　　汉堡包的供给表

价格（元/个）	供给量（个/周）
2.90	300
3.00	350
3.10	400
3.20	450
3.30	500

（2）供给曲线

供给曲线是表示商品供给量与价格的关系的曲线，纵轴表示价格，横轴表示供给量。供给曲线通常是向右上方倾斜的，以S表示。

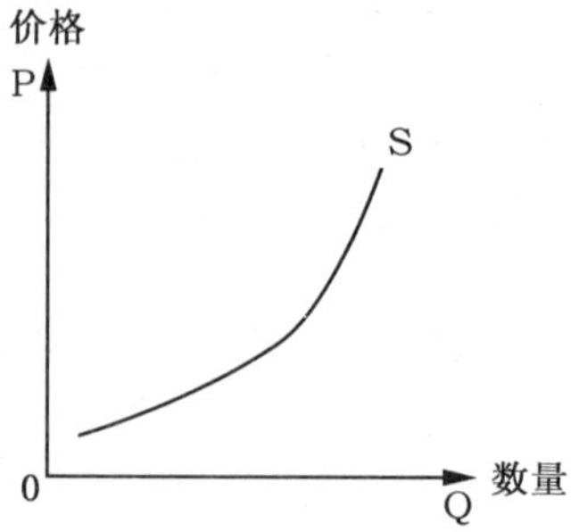

图1—4　供给曲线

(3)供给函数

供给函数是指表达供给量和影响供给量的因素之间依存关系的函数。由于价格是影响供给量的主要因素，运用抽象法，即假定除价格外其他因素不变，供给函数可记作：

$$Q_s = f(P)$$

其中，Q_s 代表商品的供给量，P代表价格。

3. 供给原理

(1)供给原理的定义

供给原理是在假定商品本身价格以外的其他因素不变的前提下，商品本身价格与供给量之间的正向依存关系。即商品价格上升，供给量增加；商品价格下降，供给量减少。

(2)供给曲线的形状

一般来说，供给曲线是向右上方倾斜的，斜率为正值。但也有例外情况，具体如下：

①某些只能以手工、单件生产的商品，由于生产技术的发展和规模经营，使成本锐减且大批量供给成为现实，这时虽然商品价格下降，厂商仍愿意供给更多的产品。在这种情况下，供给曲线表现为向下方倾斜，斜率为负值。

②当工资水平上升到一定程度，劳动者的基本生活需要得到满足后，文化娱乐、教育、休息等就更为重要，这时随着工资水平的提高，劳动的供给可能保持不变甚至减少。

③某些商品的价格小幅度升降时，供给按正常情况变动；大幅度升降时，人们因不同的预期而采取不同的行动，待价而沽，引起供给的不规则变化。后两种情况的供给曲线可能表现为不规则的形状。

示例

大家都知道去医院挂一个门诊号有多难，拿上海同济医院专家门诊来说，最高的挂号价格为20元，这是政府规定的专家门诊的最高价格。这种规定就是为了让大家都能找专家看上病，但是为什么还会有挂号难的问题呢？由于价格低，无论大病、小病，人人都想看专家门诊，然而专家门诊的数量有限。这是由于需求量大于供给量，供给量存在严重短缺。在存在短缺但价格又不能上升的情况下，解决供给小于需求的方法有三种：配给（由医院决定给谁）、排队和黑市。黑市交易是票贩子和病人之间的交易。医院为了对付票贩子，实行了持身份证的挂号实名制看病，但仍没有解决问题，变化只是票贩子由卖号变为卖排队的位置，可见只要存在限制价格，短缺就无法消除，票贩子绝不会消失。

二、影响供给的因素

除了商品本身价格会引起供给量的变化之外，其他经济和非经济因素会影响商品供给的变化，其中以下五种因素属于基本因素。其他如气候、厂商数量、时间等因素也可能影响商品的供给。

1. 相关商品的价格

如果商品间的相对价格发生了变化，将使资源重新配置，使生产者改变生产经营决策，从而影响商品的供给。两种替代品之间的价格和供给成反方向变化，两种互补品之间的价格和供给成同方向变化。

例如，汽车与汽油是互补品，汽油涨价，汽油的需求减少，会导致汽车的需求减少、汽车降价、汽车的供给减少。牛肉与羊肉是替代品，羊肉涨价，羊肉的需求减少，会导致牛肉需求增加、牛肉涨价、牛肉的供给增加。

2. 生产技术和管理水平

生产技术和管理水平的提高，可以降低原有的生产成本，使在同一价格水平下，也会提供更多的产品，供给量增加。

例如，技术突破降低了生产电脑芯片的成本，会大大增加电脑的供给量。

3. 生产要素的价格

生产要素的变化直接影响商品的生产成本。在其他条件不变的情况下，要素价格上升，厂商利润减少，供给也会减少；反之则供给增加。

例如，用于生产鞋的皮革价格上涨，结果，鞋的供给减少，供给曲线向左平移。

4. 政府的政策

政府采用鼓励投资与生产的政策（如减税），可以刺激生产，增加供给；反之，政府采用限制投资与生产的政策(如增税)，则会抑制生产，减少供给。

例如，政府采取私人买车要经过有关部门批准、对私人小汽车征收一次性附加税或其他费用等措施，会导致小汽车的供给大大减少。

5. 厂商对未来的预期

如果生产者预测某种商品涨价，就会囤积居奇，待价而沽，从而使该商品的供给减少；反之会导致供给增加。

例如，开发商预期未来房价持续走高，就会出现商品房供给减少的现象。

三、供给量的变动与供给的变动区别

1. 供给量的变动

供给量变动是指商品本身价格变动所引起的供给量的变化。它在图形上表现为在一条既定的供给曲线上点的位置移动。

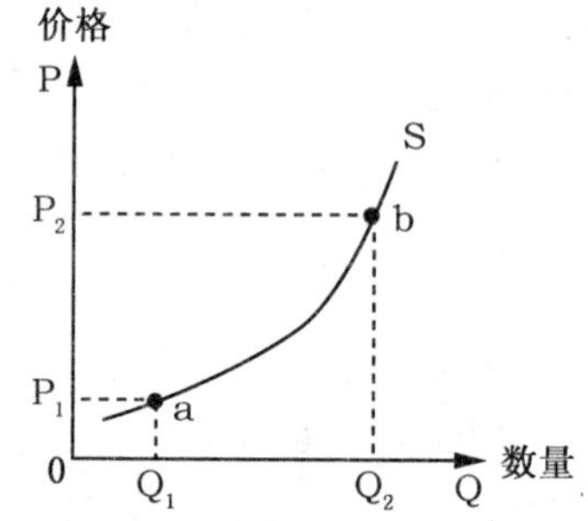

图 1—5　供给量的变动

2. 供给的变动

供给变动是指当商品本身的价格不变时，由于其他因素的变动引起的供给量的变化。它在图形上表现为整条供给曲线的移动，右移表示供给增加，左移则表示供给减少(如图 1—6 所示)。

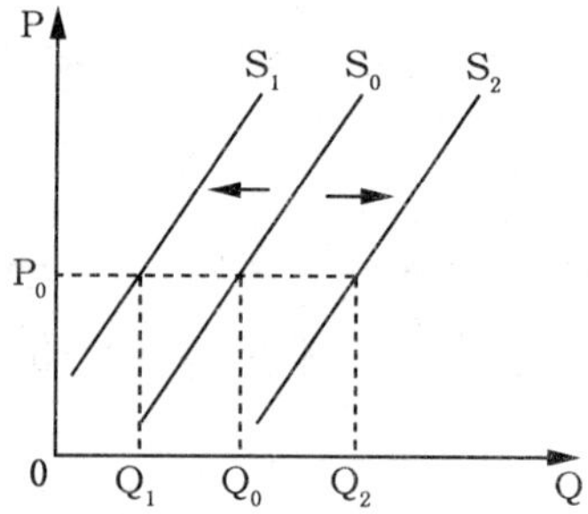

图 1—6　供给的变动

3. 两者的区别

供给量的变动与供给的变动仅一字之差，但定义明显不同。归纳起来，两者的根本区别在于：一是前提条件不同，二是变化的形态不同。

影响供给量和供给的变量	⟹	这些变量的变动将导致
商品本身价格	⟹	供给曲线上的点的移动
相关商品的价格	⟹	整条供给曲线的移动
生产技术和管理水平	⟹	整条供给曲线的移动
生产要素的价格	⟹	整条供给曲线的移动
政府的政策	⟹	整条供给曲线的移动
厂商对未来的预期	⟹	整条供给曲线的移动

生活中的经济学现象——农民为何不想养猪？

2009年的猪肉价格远远高于往年，7月份市场猪肉价格涨到了历史最高价13元/斤，仔猪价格与毛猪价格也分别涨到了历史最高位的8.2元/斤、7.8元/斤。本来，农民应该趁此大好时机及时补栏，增加养猪存栏量，争取好收成。但农民养猪的积极性并不高，农村养猪的数量也比去年大幅度减少，究其原因主要有如下几个方面：

第一，仔猪价格高。仔猪价格几乎是去年最低时的4倍，1头母猪的价格也由几百元上升到上千元。

第二，饲料价格高。受干旱和玉米等深加工步伐加快及出口量增大的影响，玉米等主要饲料原料的价格不断攀升，涨幅达50%左右，使农民饲养的成本大幅增加。

第三，养殖风险大。受2008年市场价格变化巨大的影响，同时，周边部分地区发生猪高致病性蓝耳病等疫情的影响，农民对发展生猪产业的信心还不足。

问题：

1. 你怎么看待猪肉价格飙升，农民却不养猪这一现象？
2. 相关商品的价格对互补品和替代品的供给有什么影响？

第三节　均衡价格

案例导入

“甲流”期间的物价

在2009年“甲流”期间，各地许多药品价格暴涨，如在河北安国药材市场，各种预防和治疗“甲流”的中草药价格飞涨，一天一个价，金银花已从平常时的每千克20元涨到了300多元，涨了14倍之多，其他各种药材价格也都涨了几倍到十几倍。另外在上海，许多相关商品的价格也有了较大的涨幅，如上海可爱饰品有限公司超过最高限价销售纱布口罩。12层纱布口罩限价为每只2.70元，该公司以每只4.50元销售，16层纱布口罩限价为每只3.70元，该公司以每只5.50元销售等。

而在其他市场，如航空、旅游市场等，情况却大相径庭。2009年6月份，北京至大连的机票价250元、至上海的400元……工作人员表示，有40款特价机票的折扣都在对折左右。在旅游市场，一些实行“机票+酒店”打包的“自助游”，价格已几乎到了游客自己说了算的地步；中旅总社的“北京—贵阳—黄果树瀑布—南江峡谷—红枫湖双飞五日游”报价仅为1 900元，比以前便宜1 100元；国旅推出“新三峡游”豪华游船，报价在2 260元左右，含“过五级船闸”“上岸游览”等主打项目，这个价格仅相当于老三峡的普通团价。

请思考下列问题：

1. 什么是均衡价格？
2. 需求和供给的变化对均衡价格会产生怎样的影响？

一、均衡价格的形成

1. 均衡价格的定义

均衡价格是指消费者对某种商品的需求量等于生产者所提供的该商品的供给量时的市场价格。均衡价格是由需求和供给两种力量共同决定的。均衡产量又称均衡交易量，是在均衡价格下的交易量。

2. 均衡价格的形成

需求和供给两种力量共同决定了均衡价格。在纯粹的市场竞争经济中，通过市场供求关系的自发调节，形成市场的均衡价格（见图1—7）。而均衡价格形成后，市场价格一旦背离均衡价格，由于供求的相互作用，有自动恢复到均衡的趋势。

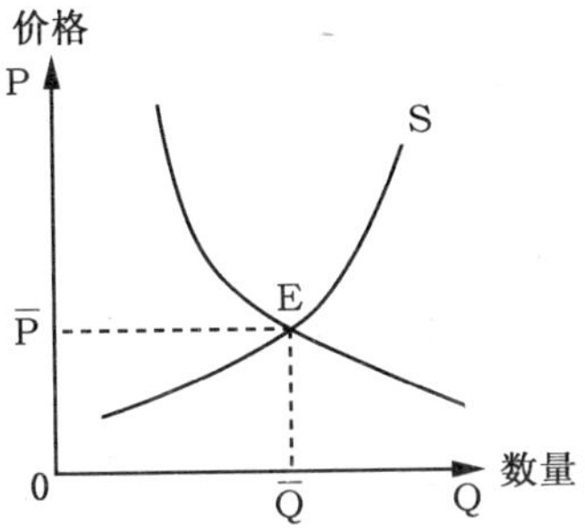

图1—7　均衡价格的形成

3. 超额需求和超额供给

（1）超额需求是指某一商品初始的市场价格低于均衡价格时，与之对应的需求量大于相应的供给量，因而部分购买者不能买到想要的商品。

（2）超额供给是指某一商品初始的市场价格高于均衡价格时，与之对应的供给量大于相应的需求量，因而厂商无法售出所提供的全部商品。

二、供求变动对均衡价格的影响

1. 需求变动的影响

在供给不变时，如果需求增加，则新的均衡价格将上升，均衡产量将增加；反之，需求减少，则均衡价格下降，均衡产量减少。需求的变动会带来均衡价格和均衡数量同方向的变化，如图1—8所示。

2. 供给变动的影响

在需求不变时，如果供给增加，则新的均衡价格将下降，均衡产量将上升；反之，供给减少，则均衡价格上升，均衡产量减少。供给的变动会带来均衡价格反方向的变化、均衡数量同方向的变化，如图1—9所示。

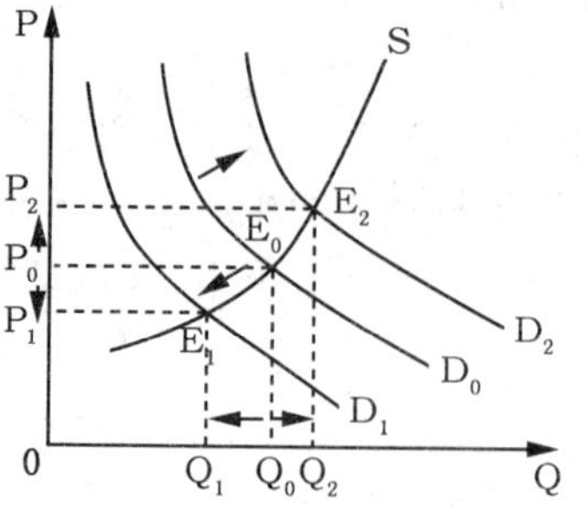

图 1—8　需求变动的影响

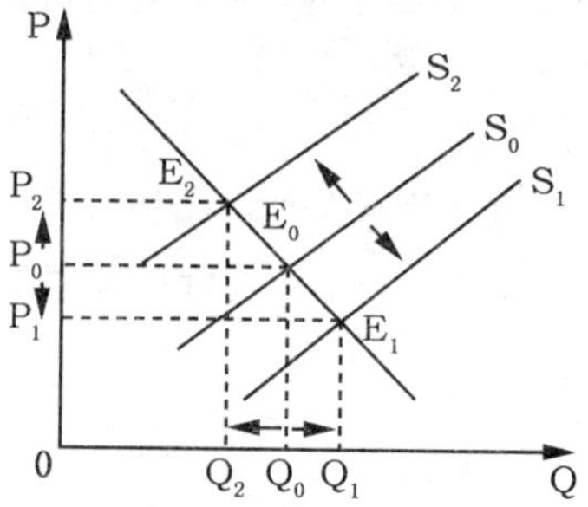

图 1—9　供给变动的影响

3. 需求和供给同时变动的影响

需求和供给同时变动时，均衡价格和均衡产量如何变化要由需求和供给的变动方向和程度决定。

(1)在需求和供给同时增加时，均衡产量增加，但均衡价格的变动不能确定；反之，均衡产量减少，但均衡价格的变动也不能确定。

(2)需求增加而供给减少时，均衡价格上升，均衡产量的变动不能确定；需求减少而供给增加时，均衡价格下降，均衡产量也不能确定。

三、均衡价格理论的应用

纯粹的竞争性市场经济只是一种理论上的假设，在现实的经济生活中，还有其他因素的影响，包括政府的支持价格、限制价格、税收和补贴等，我们可以运用均衡价格理论评价它们对经济生活的影响。

1. 支持价格

支持价格是指政府为了扶持某一行业的生产，对该行业产品规定的高于市场均衡价格的最低价格。实行支持价格后，该商品市场价格上升，供给量会增加，导致供大于求，出现该商品过剩。此时，政府可采取的措施包括：(1)政府收购过剩商品，或用于储备或用于出口，在出口受阻的情况下，收购过剩商品会增加政府财政开支。(2)政府对该商品的生产实行产量限制，规定将生产的数量控制在均衡产量，使供求平衡，但这需要有较强的指令并且代价较高。

2. 限制价格

限制价格是指政府为了限制某些物品的价格而对它们规定低于市场均衡价格的最高价格。其目的是为了稳定经济生活，保护消费者利益。实行限制价格后，该商品的市场价格下跌，刺激需求，导致该商品出现短缺，可能形成抢

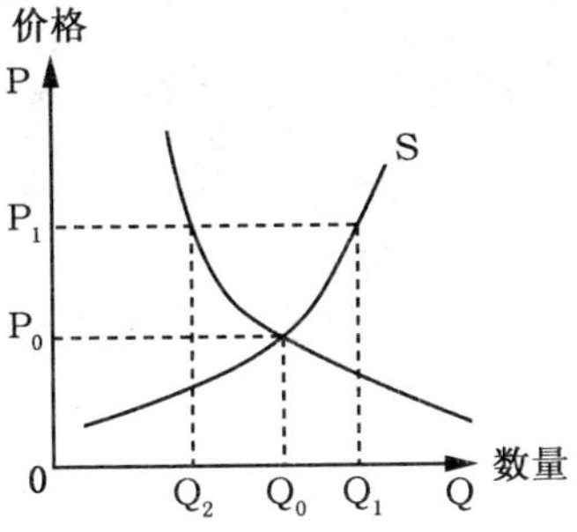

图 1—10　支持价格

购现象或黑市交易。此时,政府可以采取的措施是控制需求量,一般采取配给制,发放购物券。但配给制只能适应短期的特殊情况,否则,一方面可能使购物券货币化,还会出现黑市交易;另一方面会挫伤厂商的生产积极性,使短缺变得更加严重。

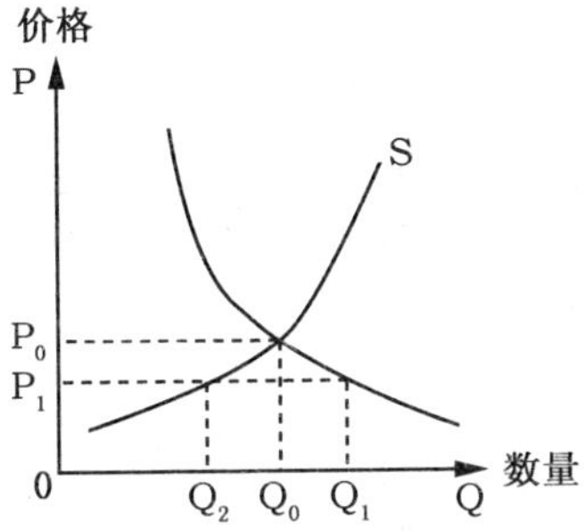

图 1—11　限制价格

示例

法国在第二次世界大战后对关系国计民生的煤炭、电力、煤气、交通与邮电服务等,都实行了限制价格政策;在英国、瑞典、澳大利亚等国,则对房租实行限制价格政策;还有一些国家对粮食等生活必需品实行限制价格政策。

生活中的经济学现象——二手房交易所得税与房价

10年来，杭州房产单价平均每年上涨1 000元以上，在全国形成“杭州现象”。为打击恶意炒房行为，平抑房价，杭州市出台了新的政策，对二手房交易的卖方征收20%的个人所得税。政策正式实施以来，对杭州房地产市场的走势产生了一定的影响，但是结果并不尽如人意。“新政”开始实施之际，杭州市二手房的交易量明显回落，炒房投机行为似乎得到了迅速抑制，正当一些媒体和有关各方对“新政”效果开始持乐观态度的时候，二手房交易量就开始拉升，很快恢复了正常。与此同时，二手房的挂牌交易价格和实际成交价格仍然一路上升，不过在价格不断上涨的同时，二手房的实际成交量开始萎缩，成交率下降，供应成交比为6.6∶1，需求成交比更低，仅为8.5∶1。“新政”开始遭遇尴尬。

问题：你认为对二手房交易征收所得税的政策是否达到了预期的效果？为什么？

第四节　弹性理论

案例导入

俄罗斯粮食丰收　农民却面临破产威胁

据俄新社报道，2009年俄罗斯粮食产量大丰收，但对于俄罗斯农民来说情况不容乐观。不利的外部经济环境和大量的跨年度储备，可能会导致市场的供过于求和农户之间的一系列破产。

原来粮食大幅增产，农民为了卖掉手中的粮食，只能竞相降价。但是由于粮食需求缺少弹性，只有在农民大幅降低粮价后才能将手中的粮食卖出，这就意味着，在粮食丰收时往往粮价要大幅下跌。如果出现粮价下跌的百分比超过粮食增产的百分比，就会出现增产不增收甚至减收的状况，这就是“谷贱伤农”。

请思考下列问题：

1. 什么是弹性?
2. 粮食的需求价格弹性有怎样的特点?
3. 需求价格弹性对价格和收入的关系会产生怎样的影响?

一、弹性理论

弹性理论是价格理论的一个重要组成部分。它说明价格变动与需求量或供给量变动之间的量的关系。弹性分为需求弹性与供给弹性。

示例

当今日常生活中,买菜是大家必不可少的一项活动,如果大家都需要买白菜,但是市场上的白菜的量又很少,那么这个时候,白菜的价格就会上升,供给量小于需求量,商品价格上升,但是又由于价格的上升,买白菜的人就少了,那么这样白菜堆积,导致供给量大于需求量,商品的价格又下降。

弹性(elasticity)定义在经济学中得到广泛的应用。当两个经济变量之间存在函数关系时,弹性被用来表示作为因变量的经济变量的相对变化对于作为自变量的经济变量的相对变化的反应程度。弹性的一般公式为:

弹性系数=因变量的相对变化/自变量的相对变化

若两个经济变量之间的函数关系为 $Y=f(x)$,以 $\Delta x, \Delta y$ 分别表示变量 X,Y 的变动量,以 e 表示弹性系数,则弹性公式为:

$$e=[\Delta Y/Y]/[\Delta X/X]$$

若经济变量的变化量趋于无穷小,则弹性就等于因变量的无穷小的变动率与自变量的无穷小的变动率之比。弹性定义是就自变量和因变量的相对变动而言的,因此,弹性数值与自变量和因变量的度量单位无关。一般来说,只要两个经济变量之间存在着函数关系,我们就可以用弹性来表示因变量对自变量的反应的敏感程度。

二、需求的价格弹性

需求方面的弹性包括需求的价格弹性、需求的交叉弹性和需求的收入弹性。其中需求的价格弹性又被简称为需求弹性(elasticity of demand)。

1. 需求价格弹性的定义

需求的价格弹性表示在一定时期内一种商品的需求量变动对于该商品的

价格变动的反应程度。

需求的价格弹性公式为：

$$E_d = \frac{\Delta Q/Q}{\Delta P/P} = \frac{p}{Q}\frac{\Delta Q}{\Delta P}$$

需求的价格弹性系数可以为正，也可以为负，如果两个变量为同方向变化，则为正值；反之，如果两个变量为反方向变化，则为负值。但在实际运用时，为方便起见，一般取其绝对值。

2. 需求价格弹性的分类

不同的商品，其需求价格弹性各不相同，根据需求价格弹性系数的大小，把需求的价格弹性分为五种类型，如表 1—4 所示。

表 1—4　　　　需求价格弹性分类简表

需求弹性的种类	特点	需求曲线
完全无弹性 （$\|E_d\|=0$）	纵向需求曲线 不管价格如何改变，需求量不变	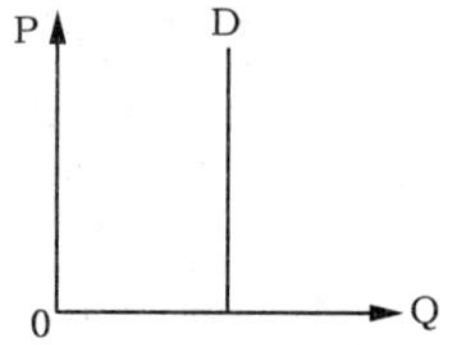
需求缺乏弹性 （$0<\|E_d\|<1$）	需求量变动的百分比＜价格变动的百分比	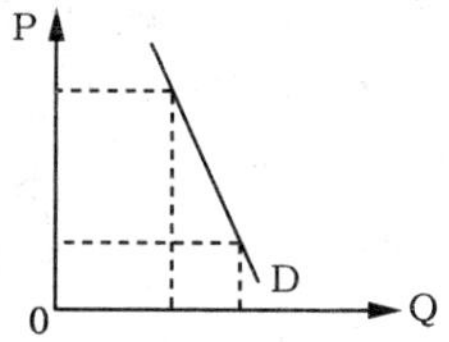
单一弹性需求 （$\|E_d\|=1$）	需求量变动的百分比＝价格变动的百分比	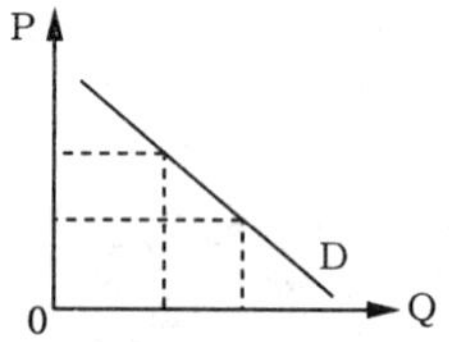
需求富有弹性 （$\|E_d\|>1$）	需求量变动的百分比＞价格变动的百分比	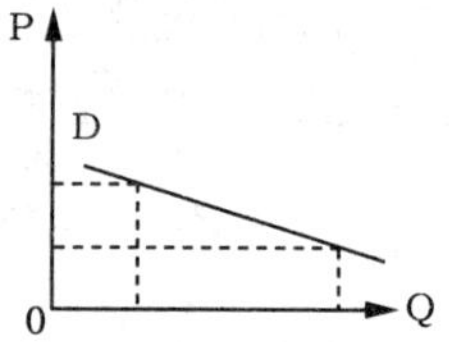

续表

需求弹性的种类	特点	需求曲线
完全富有弹性 ($\lvert E_d \rvert \to \infty$)	横向需求曲线 价格不变,需求量改变无限	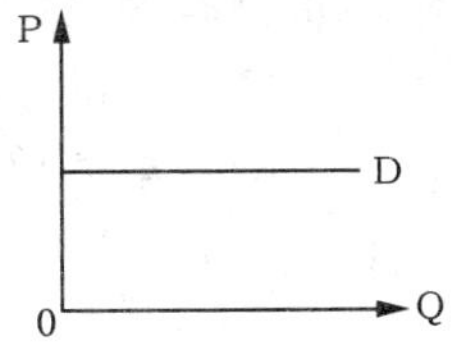

3. 影响需求价格弹性的因素

影响需求弹性的主要因素如下:

(1)商品的可替代性。可替代品越多,相近程度越高,价格弹性越大。

例如,个别品牌的洗发水有许多替代品,当价格上升时,需求量下跌的百分比更大,属需求富有弹性。婴儿习惯食用某品牌的奶粉后,其他品牌的奶粉难以代替,属需求缺乏弹性。

(2)商品用途的广泛性。用途越广泛,弹性越大。

例如,多用途手机除了通话功能以外,还可以拍照、录像、听音乐、上网等,它的需求价格弹性要比只具备通话功能的手机大得多。

(3)商品对消费者生活的重要程度。

例如,一般生活必需品,因为每个人每天都有一定的消费量,所以其价格的变化不会太大地影响需求量的变化,因此,需求价格弹性较小,像食盐、面粉等;相反,奢侈品和耐用消费品,如高级香水、金银首饰、汽车等,其需求价格弹性就较大。

(4)商品的消费支出在消费者预算总支出中所占的比重。比重越大,弹性越大。

例如,住房在消费者的总体支出中占据相当大的比重,这样它的价格变化就会明显影响需求;食盐、牛奶等在总支出中只占据很小的部分,因此它的价格变化不会对需求产生太大的影响。

(5)所考察的消费者调节需求量的时间。时间越长,弹性越大,因为随着时间的加长,消费者更容易找到替代品。

例如,汽油加价后,消费者未必能实时大幅度减少使用汽油,但一段时间后,消费者可更换较省汽油的汽车,甚至更多地使用公共交通工具,需求弹性便越大。

4. 需求价格弹性与总收益的关系

总收益(total revenue)等于价格与销售量的乘积。商品价格变动引起需求量的变动,从而引起销售量的变动,使厂商的总收益发生变化。由于不同商品的需求弹性不同,价格变动引起销售量的变动不同,从而总收益的变动也不相同。前述需求价格弹性中只有需求缺乏弹性和需求富有弹性两类最为常见，下面就着重分析这两类商品的需求弹性与总收益的关系。

需求富有弹性的商品，如果该商品的价格下降，需求量即销售量增加的幅度大于价格下降的幅度，其总收益增加。这就是厂商实行薄利多销策略的原因所在。降价虽使单位产品的收益减少，但从多销中会得到更多的收益。相反，当该商品的价格上升时，需求量即销售量减少的幅度大于价格上升的幅度，因而总收益会减少。

上述情况表明，富有弹性商品的价格与总收益成反方向变动，价格上升，总收益减少，价格下降，总收益增加。缺乏弹性商品的价格与总收益成同方向变动，价格上升，总收益增加；价格下降，总收益减少。

需求弹性与总收益之间的关系对我们理解许多经济现象和做出经济决策具有指导意义。例如，在商业竞争中，降价是一种重要的竞争手段。但是，从需求弹性与总收益的关系中可以看出，降价竞争只适用于需求弹性大的商品，对于需求弹性小的商品，降价竞争是无利的。

例如，谷贱伤农就是这个道理。在丰收的情况下，由于粮价下跌，农民的收入减少了。因为农产品属于需求缺乏弹性，丰收造成粮价下跌，并不会使需求同比例增加，从而总收益减少，农民受损失。

三、需求的收入弹性

需求的收入弹性就是建立在消费者的收入量和商品的需求量之间关系上的一个弹性定义，它也是一个在经济学中被广泛运用的弹性定义。需求的收入弹性被用来表示消费者对某种商品的需求数量的相对变动对于消费者收入量的相对变动的反应程度。

$$E_m=\frac{\Delta Q/Q}{\Delta M/M}=\frac{M}{Q}\frac{\Delta Q}{\Delta M}$$

正常品：需求量与收入成同向变动，$E_m>0$。

劣等品：需求量与收入成反向变动，$E_m<0$。

必需品：$0<E_m<1$。

奢侈品：$E_m>1$。

恩格尔定律：在一个家庭或在一个国家中，食物支出在收入中所占的比例随着收入的增加而减少。以弹性表示就是：富裕程度越高，食物支出的收入弹性就越小；反之，则越大。

四、需求的交叉价格弹性

假定其他的因素都不发生变化，仅研究一种商品的价格变化和它的相关商品的需求量变化之间的关系，则需要引进需求的交叉弹性的定义。

需求的交叉弹性是表示在一定时期内一种商品的需求量的相对变动对于它的相关商品的价格的相对变动的反应程度。或者说，在一定时期内当一种商品的价格变化百分之一时引起的另一种商品的需求量变动的百分比。

$$E_{XY}=\frac{\Delta Q_X/Q_X}{\Delta P_Y/P_Y}=\frac{P_Y}{Q_X}\frac{\Delta Q_X}{\Delta P_Y}$$

替代关系：交叉价格弹性为正。

互补关系：交叉价格弹性为负。

不存在相关关系：交叉价格弹性为0。

五、供给弹性

1. 供给价格弹性的定义

供给的价格弹性(price elasticity of supply)是与需求的价格弹性完全对称的定义。供给的价格弹性表示在一定时期内一种商品的供给量的相对变动对于该商品的价格的相对变动的反应程度。它是商品的供给量变动率与价格变动率之比。供给的价格弹性为：

$$E_S=\frac{\Delta Q/Q}{\Delta P/P}=\frac{P}{Q}\frac{\Delta Q}{\Delta P}$$

2. 供给价格弹性的分类

与需求价格弹性一样，供给价格弹性也可以分为五种类型，如表1－5所示。

表1－5　　供给价格弹性分类简表

供给弹性的种类	特点	供给曲线
供给完全无弹性 ($E_S=0$)	纵向供给曲线 不管价格如何变化，供给量不变	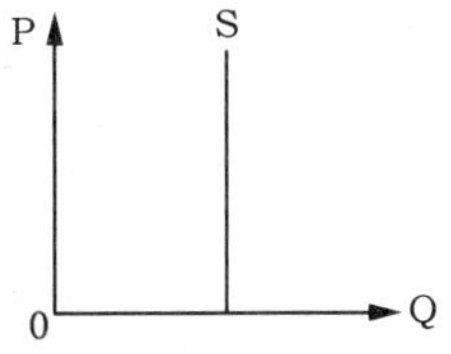
供给完全富有弹性 ($E_S\to\infty$)	横向供给曲线 价格不变，供给量变化无限	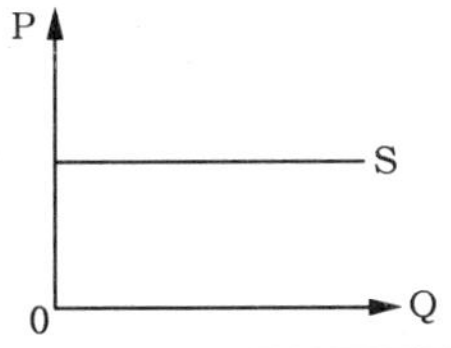

续表

供给弹性的种类	特点	供给曲线
供给缺乏弹性 ($0<E_S<1$)	供给量变化的百分比<价格变化的百分比	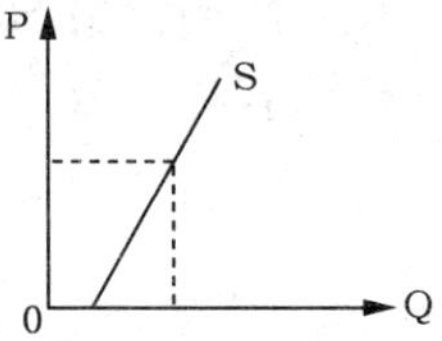
供给富有弹性 ($E_S>1$)	供给量变化的百分比>价格变化的百分比	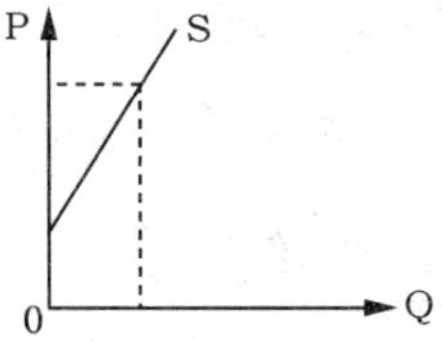
供给单一弹性 ($E_S=1$)	供给量变化的百分比=价格变化的百分比	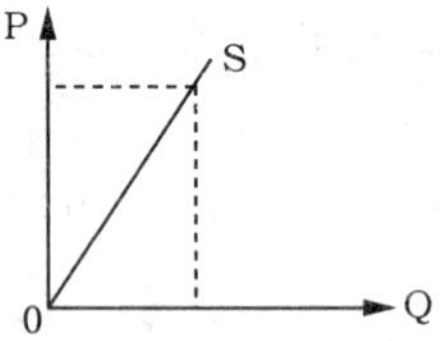

3. 影响供给价格弹性的因素

(1)生产周期的长短

市场上价格发生变化要影响供给量的增减,都必须经过一段时间,调整生产要素,改变生产规模。从价格变化到供给量的变化有一个过程,存在一个时滞。时间越短,供给弹性越小;时间越长,供给弹性越大。

例如,汽车的生产周期长,供给弹性大;而街边卖的早点生产周期短,供给弹性小。

(2)生产的难易程度

一般而言,容易生产的产品对价格的反应快,其供给弹性大;反之,不易生产的产品对价格变动的反应慢,其供给弹性也就小。

(3)生产要素的供给弹性

从一般理论上讲,产品供给取决于生产要素的供给。因此,生产要素的供给弹性越大,产品供给弹性也越大;反之,生产要素的供给弹性越小,产品的供给弹性也越小。

(4)生产所采用的技术类型

一般来讲,技术水平高、生产过程复杂的产品,其供给弹性小;而技术水平低、生产过程简单的产品，其供给弹性大。

生活中的经济学现象——弹性与税收负担

美国政府曾决定对汽车、游艇等高档消费品征税，其目的是让消费这些物品的富人交税，以帮助穷人。结果富人不消费这些物品，他们用国外旅游来替代奢侈品的消费，结果税收由生产者承担，生产者无法经营只好解雇工人，旨在帮助穷人的政策却害了穷人，最终美国政府不得不取消了这项税收。

现实生活中，政府对许多商品都课征税收。例如，汽油税、公司所得税、个人所得税等。税赋归宿取决于供求均衡时税收对价格和数量的影响。也就是说，税赋归宿取决于供给和需求的相对弹性，如果需求相对于供给缺乏弹性，税收向前转嫁于消费者；如果供给相对于需求缺乏弹性，税收则向后转嫁于生产者。

问题：如果对高档奢侈品征税，谁将承受这种税收的负担？为什么？

思考与检测

一、单项选择题

1. 在得出某种商品的个人需求曲线时，下列因素中除（　　）外均保持常数。

A. 个人收入　　B. 其余商品的价格

C. 个人偏好　　D. 所考虑商品的价格

2. 消费者预期某物品价格要上升，则对该物品的当前需求会（　　）。

A. 减少　　B. 增加

C. 不变　　D. 上述三种情况都可能

3. 如果商品 A 和商品 B 是可以相互替代的，则 A 的价格下降将造成（　　）。

A. A 的需求曲线向右移动　　B. A 的需求曲线向左移动

C. B 的需求曲线向右移动　　D. B 的需求曲线向左移动

4. 一个商品价格下降对其互补品最直接的影响是（　　）。

A. 互补品的需求曲线向右移动　　B. 互补品的需求曲线向左移动

C. 互补品的供给曲线向右移动　　D. 互补品的供给曲线向左移动

5. 建筑工人工资提高将使（　　）。

A. 新房子供给曲线左移并使房子价格上升

B. 新房子供给曲线右移并使房子价格下降

C. 新房子需求曲线左移并使房子价格下降

D. 新房子需求曲线右移并使房子价格上升

6. 若X和Y两产品的交叉弹性是−2.3,则(　　)。

A. X和Y是替代品　　B. X和Y是正常商品

C. X和Y是劣质品　　D. X和Y是互补品

7. 如果某商品的需求富有价格弹性,则该商品的价格上升会使(　　)。

A. 该商品销售收益增加

B. 该商品销售收益不变

C. 该商品销售收益下降

D. 该商品销售收益可能上升也可能下降

8. 政府对卖者出售的商品每单位征税5美元,假定这种商品的需求价格弹性为零,可以预料价格的上升(　　)。

A. 小于5美元　　B. 等于5美元

C. 大于5美元　　D. 不能确定

9. 若需求曲线是一条直线,则当价格从高到低不断下降时,卖者的总收益(　　)。

A. 不断增加

B. 在开始时趋于增加,达到最大值后趋于减少

C. 在开始时趋于减少,达到最小值后趋于增加

D. 不断减少

10. 厂商在工资下降的时候一般倾向于增雇工人,假如对工人的需求缺乏弹性,工资率的下降将导致工资总额(　　)。

A. 减少　　B. 不变

C. 增加　　D. 无法确定

11. 政府为了增加财政收入,决定按销售量向卖者征税,假如政府希望税收负担全部落在买者身上,并尽可能不影响交易量,那么应该具备的条件是(　　)。

A. 需求和供给的价格弹性均大于零

B. 需求的价格弹性大于零小于无穷,供给的价格弹性等于零

C. 需求的价格弹性等于零,供给的价格弹性大于零小于无穷

D. 需求的价格弹性为无穷,供给的价格弹性等于零

12. 政府为了扶持农业,对农产品规定了高于其均衡价格的支持价格。政府为了维持支持价格,应该采取的相应措施是(　　)。

A. 增加对农产品的税收　　B. 实行农产品配给制

C. 收购多余的农产品　　D. 对农产品生产者予以补贴

13. 政府把价格限制在均衡水平以下可能导致(　　)。

A. 黑市交易

B. 大量积压

C. 买者按低价买到了希望购买的商品数量

D. A 和 C

14. 咖啡价格上升一般会导致(　　)。

A. 咖啡需求曲线左移　　B. 咖啡伴侣等咖啡互补品需求增加

C. 茶等咖啡替代品需求减少　　D. 茶等咖啡替代品需求增加

15. 如果商品的需求价格弹性等于 2,价格(　　)会导致总收入(　　)。

A. 下降,增加　　B. 下降,减少

C. 上升,增加　　D. 上升,不变

16. 如果一种商品的需求完全没有价格弹性,需求曲线将会(　　)。

A. 呈水平状　　B. 呈垂直状

C. 向上倾斜　　D. 向下倾斜

17.如果(　　),那么一个企业希望增加收入时就应该降低其商品价格。

A. 商品需求富于价格弹性　　B. 商品具有单位价格弹性

C. 商品需求完全没有价格弹性　　D. 商品需求缺乏价格弹性

18. 长期而言寻找某种商品的合适的替代品会比短期而言(　　),结果是需求的价格弹性在长期而言可能(　　)。

A. 容易,较低　　B. 困难,较高

C. 容易得多　　D. 困难得多,低于

E. 容易,较高

19. 如果一种商品供给的价格弹性等于 0,那么供给曲线是(　　)。

A. 完全没有弹性　　B. 没有弹性

C. 呈水平状　　D. 具有弹性

E. 具有完全弹性

20. 如果一种商品的供给完全没有价格弹性,而且该商品的一种替代商品的价格上升,那么均衡量将(　　),均衡价格将(　　)。

A. 保持不变,上升　　B. 保持不变,下降

C. 减少,上升　　D. 增加,保持不变

E. 减少,保持不变

二、多项选择题

1. 整条需求曲线在坐标图上左右平行移动是由于(　　)变动引起的。

A. 价格
B. 消费者收入
C. 消费者偏好
D. 消费者预期
E. 气候、风俗习惯等因素
F. 企业技术和管理水平

2. 如果需求增加，供给增加，则(　　)。

A. 均衡价格上升
B. 均衡价格下降
C. 均衡价格不确定
D. 均衡交易量增加
E. 均衡交易量减少
F. 均衡交易量不确定

3. 如果需求减少，供给不变，则(　　)。

A. 均衡价格上升
B. 均衡价格下降
C. 均衡价格不确定
D. 均衡交易量增加
E. 均衡交易量减少
F. 均衡交易量不确定

4. 影响需求弹性的主要因素是(　　)。

A. 消费者对商品的需求强度
B. 商品的可替代程度
C. 商品本身用途的广泛性
D. 生产的难易程度
E. 商品在家庭总支出中所占的比重

5. 供给价格弹性的类型有(　　)。

A. $Es=0$
B. $Es>0$
C. $Es<0$
D. $Es=\infty$
E. $Es=1$
F. $Es>1$
G. $Es<1$

三、判断题

1. 需求是购买欲望与支付能力的统一，供给是出售愿望与供给能力的统一。(　　)

2. 需求的变动引起均衡价格与均衡产量同方向变动，供给的变动引起均衡价格同方向变动，供给的变动引起均衡产量反方向变动。(　　)

3. 支持价格是政府规定的某一商品的最高价格。(　　)

4. 当汽油的价格上升时，消费者对汽车的需求量就会减少。(　　)

5. 供应方提高价格必定能够增加总收益。(　　)

四、分析讨论题

1. 指出发生下列几种情况时某种蘑菇的需求曲线的移动方向，左移、右移，还是不变？为什么？

(1)卫生组织发布一份报告，称这种蘑菇会致癌；

(2)另一种蘑菇的价格上涨了；

(3)消费者的收入增加了；

(4)培育蘑菇的工人工资增加了。

2. 如果政府

(a)对某种商品的所有生产者给予单位现金补贴，将会对该商品的供给曲线产生什么影响？

(b)与上相反，对该商品的所有生产者征收单位销售税，将会对该商品的供给曲线产生什么影响？

(c)对一种商品的所有生产者来说，实行最低价或最高限价与给予单位补贴或征收单位销售税有何不同？

3. 讨论下列问题：

(1)有人说气候不好对农民不利，因为农业要歉收，也有人说，气候不好对农民有利，因为农业歉收以后谷物涨价，收入会增加。对这两种议论你有何评价？

(2)5 000－0.5P 这一需求函数中的价格弹性是否为常数？为什么？

4. 假定需求曲线和供给曲线均为直线，用图证明下列结果：

(1)对给定的供给曲线和均衡点，需求曲线的弹性越是不足，消费者所负担的“单位产品税”越重；

(2)对给定的需求曲线和均衡点，供给曲线的弹性越大，消费者负担的“单位产品税”越重。

5. 已知某一时期内某商品的需求函数为 $Q=50-5P$，供给函数为 $Q=-10+5P$。

(1)求均衡价格 P 和均衡数量 Q。

(2)假定供给函数不变，由于消费者收入水平提高，使需求函数变为 $Q=60-5P$。求出相应的均衡价格 P 和均衡产量 Q。

(3)假定需求函数不变，由于生产技术水平提高，使供给函数变为 $Q=-5+5P$。求出相应的均衡价格 P 和均衡产量 Q。

6. 技术突破降低了生产电脑芯片的成本。运用供求图，说明这种突破对以下市场均衡价格和数量的影响：

(1)电脑市场；

(2)电脑软件市场。

7. 政府决定，应该通过减少使用汽油来减少空气污染。他们对所销售的每升汽油征收 0.5 元的税收。

(1)人们应该对生产者收税呢，还是对消费者征税？认真地用供求图形加以说明。

(2)如果汽油需求较富有弹性，这种税对减少汽油消费较有效，还是较无效？并用文字和图形做出解释。

(3)这种政策使汽油消费者受害还是受益？为什么？

(4)这种税使石油行业工人受益还是受害？为什么？

8. 政府实施了两项影响香烟市场的计划。媒体宣传和贴警示语的目的是使公众认识到吸烟的危害。同时，农业部继续实行对烟农的价格支持计划，该计划使烟草价格高于均衡价格。

(1)两项计划如何影响香烟的消费量？在你的答案中运用香烟市场的图形。

(2)两种计划对香烟价格的综合影响是什么？

(3)也可以对香烟征收重税。这种税对香烟的消费量有什么影响？

9. 补贴与税收相反。在对鸡蛋购买者征收 0.5 元税收时，政府对每购买一个鸡蛋收取 0.5 元；而对鸡蛋购买者补贴 0.5 元时，政府对每购买一个鸡蛋支付 0.5 元。

(1)说明每个 0.5 元补贴对鸡蛋需求曲线、消费支付的有效价格、卖者得到的有效价格，以及销售量的影响。

(2)消费者由于这种政策受益还是受损失？政府受益还是受损失？

10. 在一场关于学费费率的讨论中，一名大学官员争辩说，入学的需求完全缺乏弹性。他所提出的证据是，在过去的 15 年里，大学学费(实际值)已翻了一番，而申请入学学生的数量和质量都没有下降。你是否接受这一观点？简单说明一下。

11. 假设政府希望能保证城市市民都住上合适的住房。考虑三种达到这个目的的方法。第一种方法是通过一项法律，要求所有租金削减 1/4。第二种方法是对所有建房的人提供补贴。第三种方法是直接给租房者提供补贴，其数额等于他们所支付的租金的 1/4。请指出每种建议在短期和长期中，对出租房的价格和数量将会产生什么影响。

12. 近年来人们对于是否应该大力发展私人小轿车争论颇大，所涉及的范围也相当广。假设对小汽车进行适当限制，试分析以下几种限制办法的利弊，并加以比较。

(1)私人买车要经过有关部门批准；

(2)提高小汽车的价格；

(3)对私人小汽车征收一次性附加税或其他费用；

(4)提高汽油税。

五、问答题

1. 从经济学的观点来看，你认为以下哪几种是最能促进小汽车进入大多数家庭的方法？为什么？

(1)提高大多数人的工资

(2)降低小汽车的价格

(3)降低汽车油税

(4)降低出租车的车费

(5)降低停车费

2. 为了保证鸡蛋价格长期稳定，市场供给充沛，你认为对鸡蛋实行限制价格政策好，还是放开价格政策好？为什么？

3. 如果文具店里，每支铅笔的价格为2元，请问这个价格是谁决定的？如果价格上涨为3元，则会出现什么情况？如果下跌为1元，则又会出现什么情况？

4. 假如你是一名电影院的经理，一天会计室主任向你报告缺乏资金，并建议你考虑改变电影票价格以增加总收入。你将怎么办？是提高价格，还是降低价格？请用弹性理论来分析与说明你的决策。

5. 某城市大量运输的需求价格弹性估计为1.6，若市长问你，为了增加大量运输的收入，运输价格应该增加还是降低，你应当怎样回答？

第二章 运用消费者行为理论

学习目标

- 理解并掌握基数效用论和序数效用论的有关概念
- 理解边际效用分析法和无差异曲线分析法对消费者均衡的分析
- 理解并掌握消费者均衡的条件
- 了解预算线、收入效用与替代效应、消费者剩余及消费者行为理论的运用

第一节 了解基数效用论

案例导入

连任三届总统的感想

美国总统罗斯福连任三届后，有记者问他有何感想，总统一言不发，只是拿出一块三明治面包让记者吃。这位记者不明白总统的用意，又不便问，只好吃了。接着总统拿出第二块，记者还是勉强吃了。紧接着总统拿出第三块，记者为了不撑破肚皮，赶紧婉言谢绝。这时罗斯福总统微微一笑说:“现在你知道我连任三届总统的滋味了吧?”

请思考下列问题：

1. 什么是效用?
2. 什么是边际效用?

一、效用的形式

效用是消费者消费物品或劳务所获得的满足程度，并且这种满足程度纯粹是一种消费者主观心理感觉。效用与价值不同。价值是物品本身所具有的属性，它是客观存在的，不以人的感受为转移。而效用强调的是消费者的主观感受。例如，香烟无论对吸烟者还是不吸烟者都具有使用价值，而香烟的效用只对吸烟者存在，对不吸烟者则没有效用，甚至是负效用。

示例

当一个人很渴的时候，给他第一杯水，作用最大，也是他最需要的，接着给他第二、第三杯水，随着他喝水的增多，他对水的需求越小，到最后喝不下水，此时水对他已经完全没有意义。

平均效用(AU)是指消费若干数量的商品或劳务时，平均每单位商品或劳务可提供的效用。如果以 X 表示消费某商品 X 的数量，则 AU＝TU/X。

1. 基数效用论

基数效用论者认为，效用如同长度、重量等概念一样，可以具体衡量并加总求和，具体的效用量之间的比较是有意义的。

示例

某消费者消费一个鸡蛋的效用是 5 个效用单位，一个面包的效用是 10 个效用单位，消费者消费这两种物品所得到的总满足程度就是 15 个效用单位。

2. 序数效用论

序数效用论者认为，效用仅是次序概念，而不是数量概念。在分析商品效用时，无需确定其具体数字或商品效用是多少，只需用第一、第二、第三等序数来说明各种商品的效用谁大谁小或相等就足够了，并由此作为消费者选择商品的依据。

示例

某人在选择水果时，喜欢按照苹果、葡萄、橘子等顺序来排列，因为他感到苹果给他带来的满足要大于其他商品，他按照自己感受到的效用大小，对水果进行依次排列。虽然他并不知道苹果的效用究竟比葡萄或橘子高出多少，但他清楚地知道自己的偏好并选择次序，从而实现效用最大化。

3. 基数效用论与序数效用论的比较

差异：(1)假设不同。基数效用论假设消费者消费商品所获得的效用是可以度量的，可以用基数表示。每个消费者都可以准确地说出自己所获得的效用值。边际效用具有递减规律。序数效用论则认为消费所获得的效用只可以进行排序，只可以用序数来表示。效用的大小及特征表现在无差异曲线中。(2)使用的分析方法不同。基数效用论使用 MU 即在预算约束下求效用值的最大化作为工具；而序数效用论则使用无差异曲线、预算线作为分析工具。(3)均衡条件的表达不同。基数效用论表达式为 $MU_i/P_i=\lambda$；序数效用论则表达为 MRSXY=MUX/MUY=PX/PY。

相同点：(1)都是从市场的需求一方着手，通过推导需求曲线，说明需求曲线上的任一点都表示消费者获得了效用最大化。(2)都是一种消费者行为理论，都把消费者的行为看作在既定的收入限制条件下追求最大化效用的过程。(3)都以边际效用理论为基础，认为商品的价值或价格是由商品带给消费者的边际效用的大小来决定的。(4)它们推导的需求曲线具有相同的趋势，都符合需求规律。

二、边际效用递减规律

1. 边际效用的定义

(1)总效用

总效用是指消费者在一定时间内从一定数量的商品的消费中所得到的效用量的总和。

假定消费者从消费 X 和 Y 两种商品中获得效用，获得效用的总量与消费 X 和 Y 的数量有关，则效用函数表达式为：

$$TU=U(X)$$

(2)边际效用

边际效用是指消费者在一定时间内增加(或减少)一单位商品的消费所得到的效用量的增(减)量。边际效用的表达式为：

$$MU=\frac{dTU}{dX}=\frac{dU(X)}{dX}$$

其中，MU 的定义是增加 1 单位 X 能给消费者增加多少效用。

表 2—1　　总效用与边际效用

商品数量(包子)	TU	MU
1	10	10

商品数量(包子)	TU	MU
2	18	8
3	24	6
4	28	4
5	30	2
6	30	0

2. 总效用与边际效用的关系

(1)边际效用为总效用函数的导数,而总效用为边际效用函数的积分。一定消费量的边际效用,可用总效用曲线在该消费量的斜率表示;该消费量的总效用,可用其边际效用曲线与两轴所包围的面积表示。就总效用与边际效用来说,只知其一,便知其二。

(2)总效用曲线以递减的速度递增,凹向横轴,具有正的斜率;边际效用曲线以递减的速度递减,凸向横轴,具有负的斜率。

(3)当边际效用为正时,总效用处于递增状态;当边际效用为0时,总效用达到最佳状态;当边际效用为负时,总效用处于递减状态。

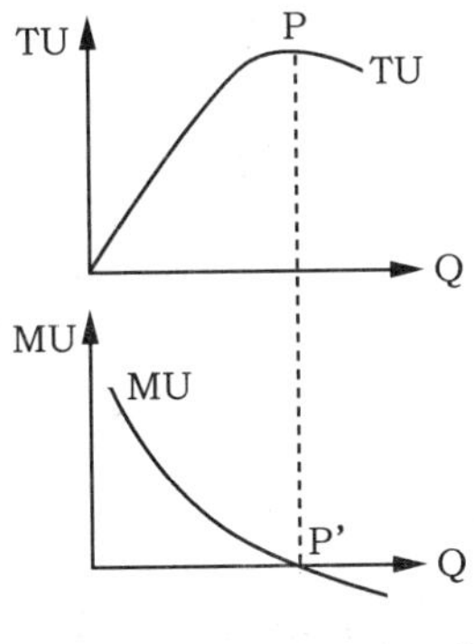

图2—1　总效用与边际效用的关系

3. 边际效用递减规律

(1)边际效用递减规律

边际效用递减规律,是指在总效用增加的时候,其增量也在逐渐减少,故边际效用趋于下降,并在总效用达到最大值后成为负数。即对某种物品的消费超过一定量后,不但不能增加消费者的满足和享受,反而会引起痛苦的感觉。

边际效用递减规律具有以下特点：

①边际效用的大小，与欲望的强弱成正比。

②边际效用的大小，与消费数量的多少成反向变动。由于欲望强度有限，并随满足的增加而递减，因此，消费数量越多，边际效用越小。

③边际效用是特定时间内的效用。由于欲望具有再生性、反复性，边际效用也具有时间性。

④边际效用实际上永远是正值。虽在理论上有负效用，但实际上，当一种产品的边际效用趋于零时，理性的消费者必然会变更其消费方式，去满足其他欲望，以提高效用。

⑤边际效用是决定产品价值的主观标准。边际效用价值认为，产品的需求价格，不取决于总效用，而取决于边际效用。消费数量少，边际效用高，需求价格也高；消费数量多，边际效用低，需求价格也低。

由于边际效用决定于物品的稀少性，而边际效用又是形成物品价值的基础，于是，有些用处极大的东西（如空气），由于数量多，货币意义上的价值很小，而有些用处很小的东西（如钻石），由于数量少，反而很值钱。

经济学家还认为，不仅商品的边际效用是递减的，货币收入的边际效用也是递减的。货币收入的边际效用是指每增加或减少一单位的货币收入所增加或减少的效用。因此，同样数量的货币收入，对穷人和富人来讲，其边际效用存在着很大的差别。

示例

小品《吃面》中陈佩斯对每一碗面的不同反应，以及一鼓作气、再而衰、三而竭——战士对发动进攻信号的反应，都告诉我们边际效用递减的道理。

(2)边际效用递减的原因

①人的欲望虽然多种多样、永无止境，但由于受生理等因素的限制，就每个具体的欲望满足来说则是有限的。最初欲望最大，因而消费第一单位商品时得到的满足也最大，随着商品消费的增加，欲望也随之减少，从而感觉上的满足程度递减，以致当要满足的欲望消失时还增加消费的话，反而会引起讨厌的感觉。

②物品有多种多样的用途，并且各种用途的重要程度不同，人们总会把它先用于最重要的用途，也就是效用最大的地方，然后才是次要的用途，故后一单位的物品给消费者带来的满足或提供的效用一定小于前一单位。

示例

试想你生活在一个相对封闭的空间里，每天只供给 1 升水，你如何使用？每天供给 2 升水，你如何安排？每天供给 3 升水，你又如何分配？

(3)数学表达式

边际效用递减规律用数学语言可表述为：

效用函数 $TU=U(X)$

则边际效用 $MU=\frac{dTU}{dX}=\frac{dU(X)}{dX}$，随着消费商品数量的增加，在一定范围内，$MU=\frac{dTU}{dX}=\frac{dU(X)}{dX}>0$，表示 X 增加或减少，TU 也相应增加或减少，故 dTU 与 dX 成同方向变化，但到一定阶段，再增加商品消费时，$MU=\frac{dTU}{dX}=\frac{dU(X)}{dX}<0$，也即，dTU 与 dX 的变化方向相反。再从边际效用变化率看，随着 X 的数量递增，边际效用本身相应递减，即 dX 与 dMU 的符号相反，故其比值小于零。

三、预算约束条件下的消费者均衡

1. 预算约束

在现实生活中对某一消费者而言，在一定时期内的收入水平和他所面对的物品的价格都是一定的，他不可能超越这一现实而任意提高自己的消费水平，也就是说他的购买受到收入和价格的制约。消费者只能根据商品的价格在其有限的收入约束下选择最优的商品组合，商品的价格和消费者本人的收入相结合共同构成了消费者的预算约束。消费者的预算约束一般用预算线来表示。

2. 消费者均衡

(1)消费者均衡的定义

消费者均衡是研究单个消费者如何把有限的货币收入分配在各种商品的购买中以获得最大的效用。也可以说，它是研究单个消费者在既定收入下实现效用最大化的均衡条件。这里的均衡是指消费者实现最大效用时既不想再增加、也不想再减少任何商品购买数量的均衡。

(2)消费者均衡的必要条件

在一定的收入和价格条件下，购买各种物品使总效用达到极大值或者使消费者得到最大的满足的必要条件是:消费者所购买的各种物品的边际效用之比等于它们的价格之比。

(3)消费者均衡的数学表达式

消费者达到均衡的原则可用以下数学公式表述:

$$\frac{MU_X}{P_X}=\frac{MU_Y}{P_Y};\frac{MU_X}{MU_Y}=\frac{P_X}{P_Y}$$

这里,MUx、MUy、Px、Py 分别表示商品 X 和 Y 的边际效用和单位价格。这一原则的基本思想是,消费者用每 1 单位货币购买到的边际效用相等时,消费者就从购买的消费品中获得最大满足或者说效用,否则,消费者就没有获得最大效用,因而要改变购买量。

生活中的经济学现象——垃圾中的边际效用

美国是世界上经济最为强大的国家,人均消费商品数量居世界第一,人均垃圾量也没有一个国家能与之相比。美国的垃圾不但包含各种废弃物,也包含旧家具、地毯、衣服、鞋子、炊具,乃至电视机和冰箱。

旧东西在美国很不值钱,它们有几条出路:或举办"后院拍卖",或捐赠给教堂,或捐赠给旧货商店,或当垃圾扔掉。相反,旧东西在中国就值钱得多了。在大城市,经常会有人在收购各种旧的生活用品,然后运到贫穷、偏僻的农村地区以几倍的价格卖出。

请思考下列问题:

1. 什么是边际效用?

2. 为什么相对穷的中国人愿意花几倍于相对富的美国人愿意出的价钱去买这些旧东西呢?

第二节　掌握序数效用论

案例导入

为何水比钻石便宜

水对生命来说是重要的，所以它应该具有很高的价值。另一方面，钻石对生命来说是不重要的，所以人们应该认为它的价值比水低。但是，即使水能够提供更多的效用，它还是比钻石便宜得多。

请思考下列问题：

1. 什么是消费者剩余？

2. 为什么水比钻石便宜？

一、消费者偏好

消费者偏好是指消费者对一种商品(或者商品组合)的喜好程度。消费者根据自己的意愿对可供消费的商品或商品组合进行排序，这种排序反映了消费者个人的需要、兴趣和嗜好。某种商品的需求量与消费者对该商品的偏好程度成正相关：如果其他因素不变，对某种商品的偏好程度越高，消费者对该商品的需求量就越多。

示例

消费者消费了巧克力和唱片，他从中得到的效用是无法衡量的，也是无法加总求和的，更不能用基数来表示，但他可以比较从消费这两种物品中得到的效用。如果他认为消费一块巧克力所带来的效用大于消费唱片所带来的效用，那么就叫作一块巧克力的效用是第一，唱片的效用是第二。

二、无差异曲线

1. 无差异曲线的定义

无差异曲线是用来表示消费者偏好相同的两种商品的所有组合的。或者说，它是表示能给消费者带来相同的效用水平或满足程度的两种商品的所有组合的曲线。

经济学家把由无数条无差异曲线组成的坐标图称为无差异曲线图或无差异曲线群。

2. 无差异曲线的特征

无差异曲线有以下三个基本特征：

(1)在无差异曲线群中，离原点越远的无差异曲线代表的效用水平越高，离原点越近的无差异曲线代表的效用水平越低。

(2)同一条无差异曲线图上的任何两条无差异曲线不可能相交。

(3)无差异曲线(见图2—2)是一条自左上方向右下方倾斜并凸向原点的曲线。无差异曲线的斜率为负值，且其绝对值是递减的。这一特征取决于边际替代率递减规律。

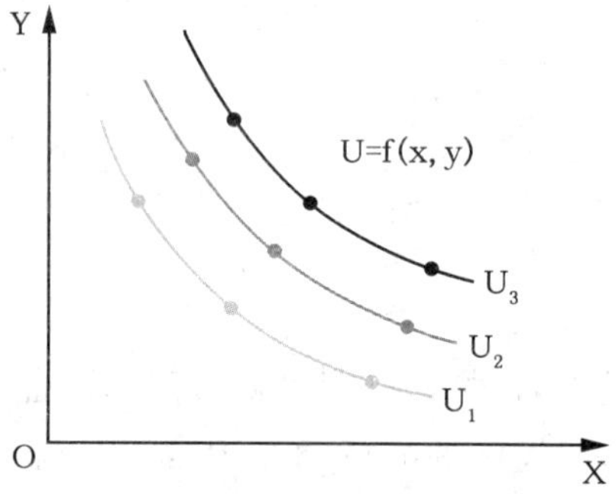

图2—2　无差异曲线

3. 边际替代率及其递减规律

(1)边际替代率

边际替代率是指为了保持同等的效用水平，消费者要增加1单位x物品就必须放弃一定数量的y物品，这二者之比率，即x对y的边际替代率＝y的减少量/x的增加量。如果用MRSxy代表x对y的边际替代率，则

$$MRSxy=-\Delta y/\Delta x=-dy/dx$$

这里Δy前面加负号表示x增加时y必须减少，二者变动方向相反。

(2)边际替代率递减规律

商品的边际替代率递减规律是指：在维持效用水平不变的前提下，随着一种商品的消费数量的连续增加，消费者为得到每一单位的这种商品所需要放弃的另一种商品的消费数量是递减的。

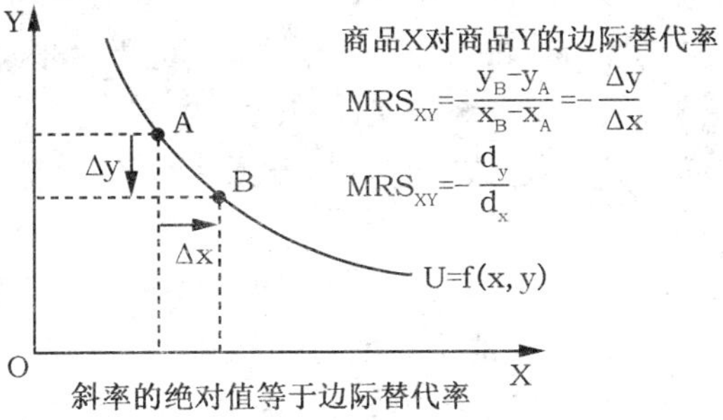

图 2—3　边际替代率

> **示例**
>
> 产生边际替代率递减的原因是：随着一种商品的消费数量的逐渐增加，消费者想要获得更多的这种商品的愿望就会递减，从而，他为了多获得 1 单位的这种商品而愿意放弃的另一种商品的数量就会越来越少。

从几何意义上讲，由于商品的边际替代率就是无差异曲线的斜率的绝对值，所以，边际替代率递减规律决定了无差异曲线的绝对值是递减的，即无差异曲线是凸向原点的。

4. 反偏好的无差异曲线

(1)完全替代型偏好的无差异曲线

完全替代品之间的替代比例是固定不变的。因此，在完全替代的情况下，两种商品之间的边际替代率是一个常数，相应的无差异曲线是一条斜率不变的直线。

(2)互补型偏好的无差异曲线

完全互补品之间必须按固定不变的比例同时被使用。因此，在完全互补的情况下，相应的无差异曲线为直角形状。如一副眼镜架必须同时搭配两片眼镜片的偏好组合。

三、预算线

1. 预算线的定义

预算线又称为预算约束线、消费可能线和价格线。预算线表示在消费者收入和商品价格一定的条件下，消费者所能购买的不同商品之组合。

如以 M 表示消费者的货币收入，如全部用来购买 y，则 $M=P_y \cdot y$，如全部用来购买 x,则 M=Px·x。显然,Px·x=Py·y,即单独购买商品 x 或单独购买商品 y 都花掉了消费者的全部收入。上式可进一步改写为:

$$y/x=Px/Py$$

这就是预算线的数学表达式。它意味着预算线的斜率 y/x 的绝对值等于商品 x 与商品 y 价格比率 Px/Py。

预算线把平面坐标图划分为三个区域:预算线以外的区域中的任何一点,是消费者利用全部收入都不可能实现的商品购买的组合点。预算线以内的区域中的任何一点,表示消费者的全部收入在购买该点的商品组合以后还有剩余。唯有预算线上的任何一点,才是消费者的全部收入刚好花完所能购买到的商品组合点。图 2—4 中的阴影部分的区域(包括直角三角形的三条边),被称为消费者的预算可行集或预算空间。

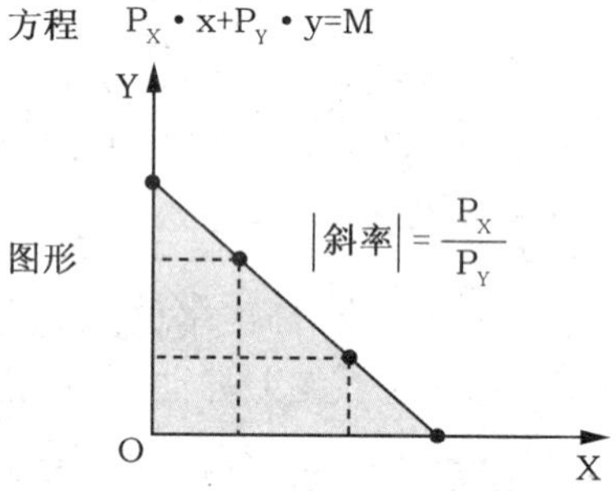

图 2—4 预算线

2. 预算线的变动

预算线在图 2—4 中是一条向右下方倾斜的直线,其斜率为 $-Px/Py$,这是它的一个重要特征。预算线的位置和形状是由消费者的收入水平 I 和两种商品的价格 P_1、P_2 决定的,它随着价格和收入水平的变化会发生两种变动效果:水平移动和斜率变化。预算线的斜率变化和水平移动情况如下:

(1)两种商品的价格 PX 和 PY 不变,消费者的收入 M 发生变化

这时,相应的预算线的位置会发生平移。假定原有的预算线为 AB,消费者收入 M 增加,使预算线由 AB 向右平移至 A′B′。相反,消费者收入 M 减少,使预算线 AB 向左平移至 A″B″。前者表示消费者的全部收入用来购买任何一种商品的数量都因收入的增加而增加;相反,后者表示消费者的全部收入用来购买任何一种商品的数量都因收入的减少而减少。

(2)消费者的收入 M 不变,两种商品的价格 PX 和 PY 同比例同方向发生变化

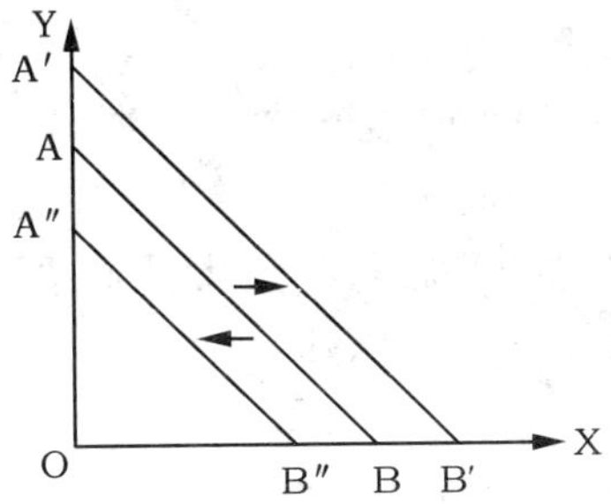

图 2—5　收入 M 变化对预算线的影响

这时，相应的预算线的位置也会发生平移。

(3)消费者的收入 M 不变，商品 x 的价格 PX 发生变化，而商品 y 的价格 PY 保持不变

这时，预算线斜率发生变化，预算线截距发生变化，可以得到下述结论：假如其他条件不变，商品 x 价格下降将导致预算线围绕着它与纵轴的交点向外转动；反之，则向内转动。同理，假如其他条件不变，商品 y 价格下降将导致预算线围绕着它与横轴的交点向外转动；反之则向内转动。如图 2—6 所示。

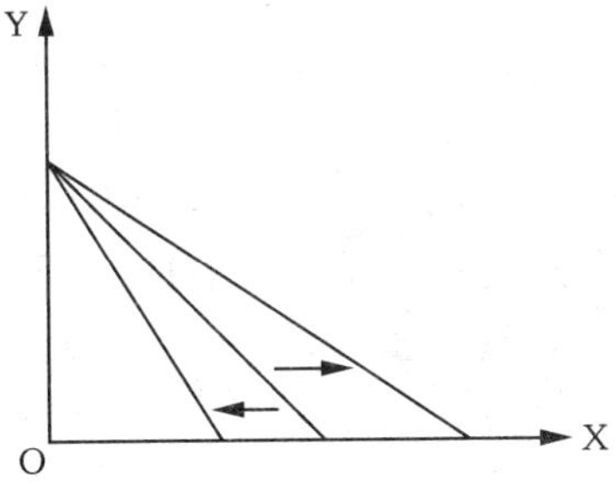

图 2—6　X 价格变化对预算线的影响

(4)消费者的收入 M 与两种商品的价格 PX 和 PY 都同比例同方向发生变化

这时预算线不发生变化。它表示消费者的全部收入用来购买任何一种商品的数量都未发生变化。

四、消费者均衡

1. 序数效用论消费者均衡的条件

在序数效用论者那里，只有既定的预算线与一组无差异曲线群中的一条无差异曲线相切的点，才是消费者获得最大效用水平或满足程度的均衡点。即消费者的均衡条件是 $MRS_{XY}=PX/PY$，这个式子表示两种商品的边际替代率等于商品的价格之比。

2. 序数效用论消费者均衡条件与基数效用论消费者均衡条件的统一

在分析消费者均衡条件时，基数效用论者运用边际效用分析法研究消费者行为，序数效用论者运用无差异曲线分析法研究消费者行为，尽管它们各自运用的是不同的分析方法，但两者所得出的消费者的均衡条件实质上是相同的。

在基数效用论者那里，消费者实现效用最大化的均衡条件为：在消费者的货币收入和商品价格不变的情况下，消费者应该使自己所购买的各种商品的边际效用与价格之比相等，且都等于货币的边际效用。这一均衡条件可以表示为：$MU_i/P_i=\lambda$，其中，P_i 和 MU_i 分别为第 i 种商品的价格和边际效用，λ 为货币的边际效用。

因此，消费者均衡的实现条件就是消费者在一定的货币收入约束下，实现自己效用最大化的条件。这一均衡条件用公式表示为 $MUX/MUY=PX/PY$，即消费者所购买的任意两种商品的边际效用之比等于这两种商品的市场价格之比。公式隐含着：消费者实现均衡时，所花费在每一种商品上的最后一单位货币的效用相等。公式的左边是消费者的主观判断，右边则是市场的客观评价，消费者均衡正是消费者主观愿望和客观条件相结合的结果。在图形上表示消费者均衡则意味着：预算线和无差异曲线相切，即无差异曲线的斜率同预算线的斜率相等。

3. 序数效用论消费者均衡条件的图形表示

如果把消费者的预算线置于无差异曲线图里，它与无差异曲线的关系将有以下三种情况：

(1)预算线 AB 与无差异曲线 U_1 相交于 C、D 两点

这两点虽代表着消费者一定的满足程度，但它们并没有达到在消费者支出允许的范围内所获取的最大效用水平，因 C、D 点移动到切点，可在新的、更高的满足水平上进行消费，也即在 U_2 效用水平进行消费。

(2)预算线 AB 与无差异曲线 U_3 既不相交，也不相切

虽然此时有较高的满足水平的存在，但对消费者来说，已经超过其财力的

许可。

(3)预算线 AB 与无差异曲线 U_2 相切

切点同时在预算线 AB 及无差异曲线 U_2 上，意味着它所代表的商品组合是消费者用现有的收入可以买到的，同时能给消费者带来最高水平的满足。显然，只要切点沿着预算线偏离原来的位置，它所代表的满足程度都将低于 U_2 水平。因此，切点是在收入为一定的条件下给消费者带来最大效用的商品组合(X_1，Y_1)，此时预算线的斜率等于无差异曲线的斜率，即实现消费者均衡。如图 2—7 所示。

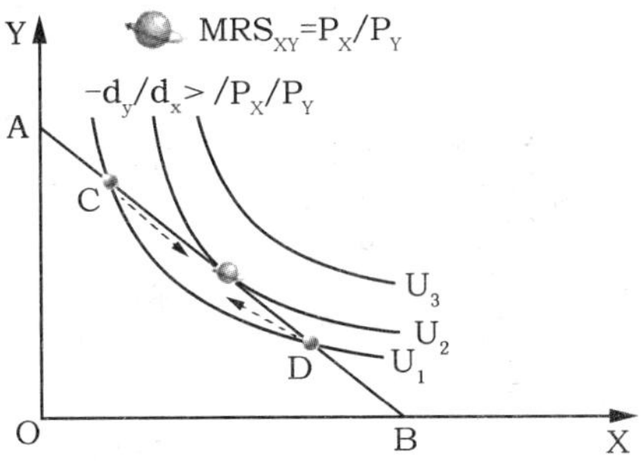

图 2—7 预算线的变动

五、替代效应与收入效应

1. 替代效应的定义

商品相对价格的变化，会使消费者增加对商品 1 的购买而减少对商品 2 的购买，这就是替代效应。由商品的价格变动所引起的商品相对价格的变动，进而由商品相对价格变动所引起的商品需求量的变动为替代效应。

2. 收入效应的定义

由商品的价格变动所引起的实际收入水平变动，进而由实际收入水平变动所引起的商品需求量的变动，为收入效应。收入效应表示消费者的效用水平发生变化，替代效应则改变消费者的效用水平。

示例

收入效应能够改变消费者的效用水平，而替代效应则不能改变消费者的效用水平。

3. 不同商品的替代效应与收入效应

(1)正常商品

对于正常商品来说，替代效应与价格成反方向变动，收入效应也与价格成反方向变动，在它们的共同作用下，总效应必定与价格成反方向变动。正因为如此，正常物品的需求曲线是向右下方倾斜的。如图 2—8 所示。

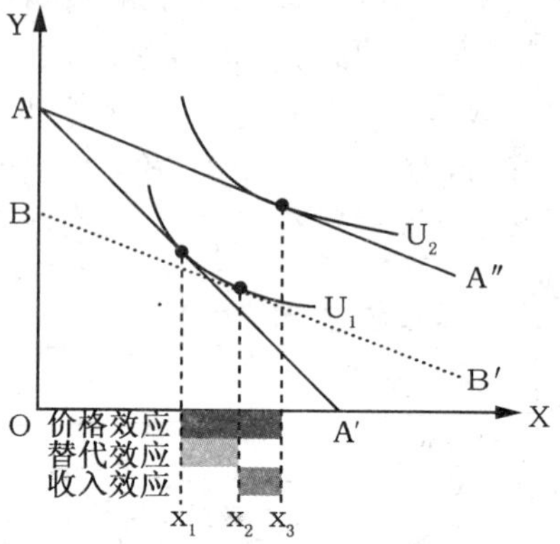

图 2—8　正常商品的替代效应与收入效应

(2)低档商品

对于低档商品来说，替代效应与价格成反方向变动，收入效应与价格成同方向变动，而且，在大多数的场合，收入效应的作用小于替代效应的作用，所以，总效用与价格成反方向变动，相应的需求曲线是向右下方倾斜的。但吉芬商品除外。如图 2—9 所示。

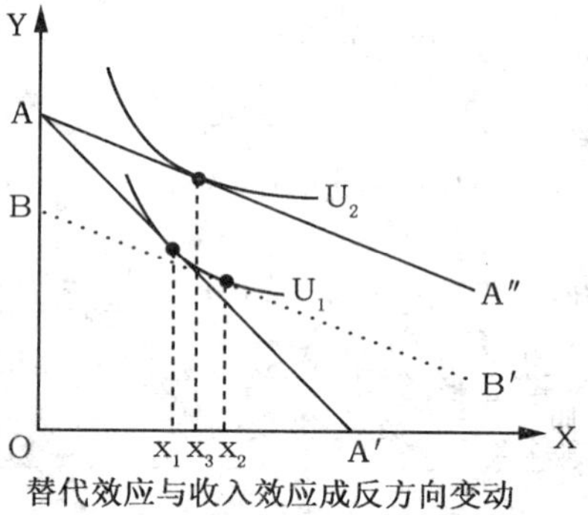

图 2—9　低档商品的替代效应与收入效应

(3)吉芬商品

吉芬商品是指消费者的需求量与商品的价格成同方向变动的低档商品。

作为低档商品，吉芬商品的替代效应与价格成反方向变动，收入效应则与价格成同方向变动，吉芬商品的特殊性就在于：它的收入效应的作用很大，以至于超过了替代效应的作用，从而使得总效应与价格成同方向变动。这也就是吉芬商品的需求曲线呈现出向右上方倾斜的特殊形状的原因。如图 2－10 所示。

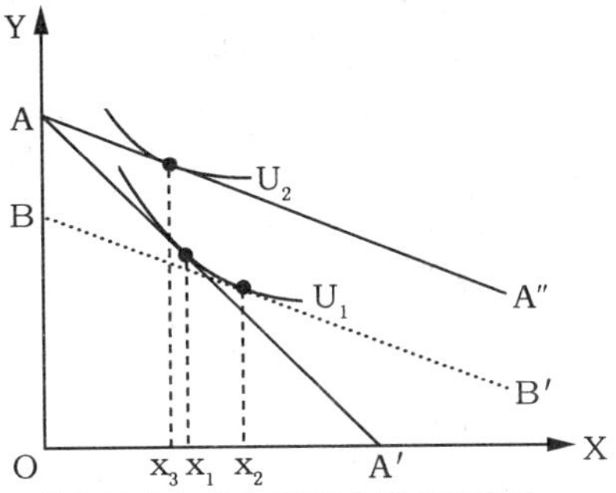

替代效应与收入效应成反方向变动
替代效应小于收入效应

图 2－10　吉芬商品的替代效应与收入效应

英国人吉芬于 19 世纪发现，1845 年爱尔兰发生灾荒，土豆价格上升，但是土豆需求量却反而增加了。这一现象在当时被称为“吉芬难题”。运用以上分析的结论就可以解释“吉芬难题”了。在 19 世纪中叶的爱尔兰，购买土豆的消费支出在大多数的贫困家庭的收入中占据一个较大的比例，于是，土豆价格的上升导致贫困家庭实际收入水平大幅度下降。在这种情况下，变得更穷的人们不得不大量地增加对劣等物品土豆的购买，这样形成的收入效应是很大的，它超过了替代效应，造成了土豆的需求量随着土豆价格的上升而增加的特殊现象。

商品价格变化所引起的替代效应和收入效应可见表 2－2。

表 2－2　　商品价格变化所引起的替代效应和收入效应

商品类别	替代效应与价格的关系	收入效应与价格的关系	总效应与价格的关系	需求曲线的形状
正常商品	反方向变化	反方向变化	反方向变化	向右下方倾斜
低档商品	反方向变化	同方向变化	反方向变化	向右下方倾斜
吉芬商品	反方向变化	同方向变化	同方向变化	向右上方倾斜

六、消费者剩余

消费者剩余是指消费者愿意支付的金额与其实际支付的金额的差额。它虽然并不真正代表消费者在购买之后所剩下的真实的东西，但它代表了消费者以低价购买商品所获得的利益，一般来说，它与商品价格成反比。消费者剩余通常被用来度量和分析社会福利问题。消费者剩余并不是实际收入的增加，而是一种心理感觉。生活必需品的消费者剩余大。因为消费者对这类商品的效用评价高，愿意支付的价格也高，但这类商品的市场价格一般并不高。如图 2—11 所示。

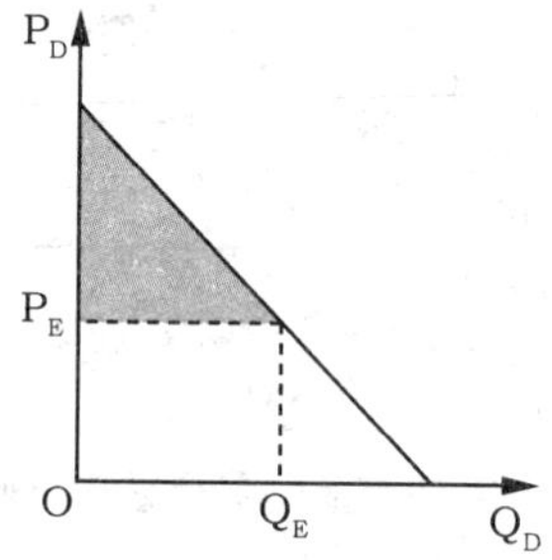

图 2—11　消费者剩余

生活中的经济学现象——利息税如何影响储蓄？

利息税带来的正效应有如下三方面：第一，稳定的财政收入来源。第二，促进消费和投资观念的转变。开征利息税具有收入效应和替代效应，替代效应会减少储蓄，进而促进当前消费或者对其他金融工具的投资；收入效应对储蓄的影响是不确定的。在我国，由于居民防灾防病、养老、子女教育等未来消费具有刚性，个人对储蓄的偏好较高，储蓄对税收的弹性较小，收入效应使储蓄增长，进而促进投资。总效应是上述两种效应的强弱对比之差。无论总效应最终表现为收入效应还是替代效应，都会促进投资和消费观念的市场化转变。第三，促进我国税收制度和金融制度与国际接轨。

利息税带来的负效应有如下两方面：第一，与恢复开征的初衷相悖。我国开征利息税的目标，是启动消费，拉动内需，调节个人收入差距，规范税制，增加财政收入。首先，居民储蓄余额近五年平均每年增加 1.28 万亿元，消费因居民储蓄余额的迅速攀升而削弱。其次，加深了居民收入分配不公的程度。利息税负的主要承担者是中等收入的工薪阶层，在中等收入者和低收入者之间的收入再分配不是开征利息税的预期效果，违背了税负纵向公平的原则。第二，逃税和避税问题严重。由于我国利息税法不完善，存款大户有条件通过多种手段逃税避税，加剧了税负的不公平。

总之，在当前我国通货膨胀率升高的情况下，可以通过调低利息税税率来增加储蓄以调节需求。

问题：

1. 利息税如何促进消费和投资观念的转变？

2. 利息税是否加深了居民收入分配不公平的程度，为什么？

思考与检测

一、单项选择题

1. 总效用曲线达到顶点时（　　）。

A. 边际效用曲线达到最大点　　B. 边际效用为零

C. 边际效用为正　　D. 边际效用为负

2. 无差异曲线的形状取决于（　　）。

A. 消费者偏好　　B. 消费者收入

C. 所购商品价格　　D. 商品效用水平的大小

3. 某个消费者的无差异曲线图包含无数条无差异曲线，因为（　　）。

A. 收入有时高，有时低　　B. 欲望是无限的

C. 消费者人数是无限的　　D. 商品的数量是无限的

4. 在同一条无差异曲线上，各个消费者所达到的效用水平一般是（　　）。

A. 相等的　　B. 不相等的

C. 可能相等也可能不相等

5. 无差异曲线为斜率不变的直线时，表示相结合的两种商品是（　　）。

A. 可以替代的　　B. 完全替代的

C. 互补的　　D. 互不相关的

6. 若某条无差异曲线是水平直线，这表明该消费者对（　　）的消费已达到饱和（设 X 由横轴度量）。

A. 商品 Y　　B. 商品 X

C. 商品 X 和商品 Y

7. 无差异曲线上任意一点商品 X 和商品 Y 的边际替代率是等于它们的(　　)。

A. 价格之比　　B. 数量之比

C. 边际效用之比　　D. 边际成本之比

8. 预算线的位置和斜率取决于(　　)。

A. 消费者的收入

B. 消费者的收入和商品的价格

C. 消费者的偏好、收入和商品价格

D. 以上三者都不是

9. 商品 X 和 Y 的价格按相同的比率上升,而收入不变,预算线(　　)。

A. 向左下方平行移动　　B. 向右上方平行移动

C. 不变动　　D. 向左下方或向右上方移动

10. 商品 X 和商品 Y 的价格以及消费者的预算都按同一比例变动,预算线(　　)。

A. 向左下方平等移动　　B. 向右上方平等移动

C. 不变动　　D. 向左上方或向右上方移动

11. 预算线绕着它与横轴的交点以逆时针方向转动是因为(假定以横轴度量 X 的量,以纵轴度量 Y 的量)(　　)。

A. 商品 X 的价格上升

B. 商品 Y 的价格上升

C. 消费者收入下降

D. 商品 X 的价格不变,商品 Y 的价格上升

12. 假定 X、Y 的价格 P_1、P_2 已定,当 $MRS>P_1/P_2$ 时,消费者为达到最大满足,他将(　　)。

A. 增购 X,减少 Y　　B. 减少 X,增购 Y

C. 同时增购 X、Y　　D. 同时减少 X、Y

13. 消费者剩余是消费者(　　)。

A. 消费过剩的商品

B. 消费者得到的总效用

C. 消费者购买商品所得的总效用减去支出的货币的总效用

D. 支出的货币的总效用

14. 消费者剩余是消费者的(　　)。

A. 实际所得　　B. 主观感受

C. 没有购买的部分　　D. 消费剩余部分

15. 某些人在收入比较低时购买黑白电视机，而在收入提高时，则去购买彩色电视机，黑白电视机对这些人来说是（　　）。

A. 生活必需品　　B. 奢侈品

C. 劣质商品　　D. 吉芬商品

E. 正常商品

16. 下列（　　）不属于消费者均衡的条件。

A. $MU_1/P_1=MU_2/P_2=\cdots=\lambda$

B. 货币在每种用途上的边际效用相等

C. $MU=\lambda P$

D. 各种商品的效用相等

17. 低档商品的需求收入弹性（　　）。

A. 小于0　　B. 0与1之间

C. 0　　D. 1和无穷大之间

E. 无穷大

18. 一个消费者想要一单位X商品的心情甚于想要一单位Y商品，原因是（　　）。

A. 商品X有更多的效用　　B. 商品X的价格较低

C. 商品X紧缺　　D. 商品X是满足精神需要的

二、多项选择题

1. 边际效用是指（　　）。

A. 消费者在一定时间内连续消费某种物品所得到的全部满足

B. 消费者每增加一单位物品或劳务所得到的新增加的满足

C. 消费最后一单位物品所提供的效用

D. 每增加一单位物品的消费所引起的总效用的增量

2. 消费者均衡的条件是（　　）。

A. 消费者买进各种商品的边际效用之比，等于它们的价格之比

B. 消费者愿意付出的价格等于他们实际付出的价格

C. 消费者花费每一元钱所买进的各种商品的边际效用相等，都等于货币的边际效用

D. $\frac{M_{ux}}{P_x}=\frac{M_{uy}}{P_y}=\frac{M_{uz}}{P_z}=\cdots=\frac{M_{um}}{P_m}$

三、判断题

1. 不同的消费者对同一件商品的效用的大小可以进行比较。　　（　　）

2. 边际效用递减规律是指消费者消费某种商品时，随着消费量的增加，其最后一单位消费品的效用递减。 (　　)

3. 消费可能线的移动表示消费者的收入发生变化。 (　　)

4. 低档品和吉芬商品的关系是：吉芬商品一定是低档品，但低档品不一定是吉芬商品。 (　　)

5. 收入—消费曲线反映的是消费短期变动的趋势。 (　　)

四、分析讨论题

1. 如果你有一辆需要四个轮子才能开动的车子，有了三个轮子，那么当你有第四个轮子时，这第四个轮子的边际效用似乎超过第三个轮子的边际效用，这是不是违反了边际效用递减规律？

2. 我国许多大城市，由于用水不足，自来水供应紧张，请设计一种方案供政府来缓解或消除这个问题。并请回答：

(1)这种措施对消费者剩余有何影响？

(2)这种措施对生产资源的配置有何有利或不利的效应？

(3)这种措施对于城市居民的收入分配有何影响？能否有什么补救的办法？

3. 某君消费两种商品 X 和 Y，现在假设 P 下降，I 保持不变，请论证说明：

(1)若某君对 X 的需求价格弹性小于 1，为什么他对 Y 的需求量会增加？

(2)某君对 X 的需求价格弹性大于 1 或等于 1，他对 Y 的需求量会怎样？

4. 假设某君花费一定收入消费两种商品 X 与 Y，又知当 X 的价格下跌时，某君对 X 消费的替代效应之绝对值大于收入效应之绝对值。请指出下列命题中正确的命题和不正确的命题，并说明理由。

(1)X 是正常商品；

(2)X 是劣质商品；

(3)不是吉芬商品；

(4)Y 是正常商品；

(5)Y 是劣质商品。

5. 早来的寒流使柠檬质量欠佳。在柠檬市场消费者剩余会有什么变动？用图形说明你的答案。

6. 免费发给消费者一定量的实物(如食品)与发给消费者按市场价格计算的这些实物折算的现金，哪种方法给消费者带来更高的满足？为什么？试用无差异曲线图来说明。

7. 考虑两种可以鼓励地方政府建设或扩建公共停车场的办法。第一个建议是联邦政府为公共停车场提供款项;第二个建议是联邦政府为任何建设或扩建项目支付25%的费用。如果每个计划支出的钱是相同的,你预计哪一个办法在鼓励地方停车场建设上最有效?请用替代效应和收入效应的观点解释你的答案。

五、问答题

1. 为什么我们每天必须大量使用的水的价格很低,而使用很少的钻石的价格却很高?

2. 一位年迈的中国老太说:“我积累了一辈子的钱,昨天总算买了一套房。”一位年迈的美国老太说:“我住了一辈子的房,昨天总算还清了买房的贷款。”你说哪一位老太聪明些?为什么?

第三章　分析生产与成本

学习目标

- 理解生产函数、边际产量递减规律、等产量线、等成本线等概念
- 掌握生产要素最适组合的条件、规模经济等原理
- 熟悉总产量、平均产量、边际产量及其关系
- 理解成本的定义及成本函数
- 掌握总成本、平均成本、边际成本等概念及其关系
- 运用收益和成本的关系分析利润最大化问题

第一节　生产理论

案例导入

边际收益递减与城市化

我国是世界上人与地关系最紧张、农业劳动集约度最高的国家之一。务农人数多，农业的产出很低，是我国穷的根本原因。改革开放之后，一方面随着人口增加，土地边际收益递减规律仍然发生作用，另一方面经济建设的发展使耕地面积减少，因而有限土地上的就业压力进一步增加。在农村内部就业潜力有限的情况下，农业剩余劳动力必然会离开土地，告别家乡，加入流动大军的行列。据估计中国农业剩余劳动力的转移要到2050年才能最终完成。

随着农村剩余劳动力向城市的转移，城市人口不断增加。以城市人

口占总人口的比例表示城市化水平，那么城市化水平将不断提高。未来的20年中至少有5亿人要进城，我国的城市人口要翻番。而城市化具有巨大的经济效益，又不要求很大空间和传统要素投入。因此，加快城市化进程是伴随我国经济发展的必然选择。

请思考下列问题：

1. 什么是边际收益递减规律？

2. 加快城市化为什么是我国经济发展的必然选择？

一、企业的组织形式及经营目标

1. 企业的组织形式

(1)个人企业

个人企业是指单个人独资经营的厂商组织。企业家往往同时就是所有者和经营者。个人业主的利润动机明确、强烈；决策自由、灵活；企业规模小，易于管理。但个人企业往往资金有限，限制了生产的发展，而且也较易于破产。

(2)合伙制企业

合伙制企业是指两人以上合资经营的厂商组织。相对于个人企业而言，合伙制企业的资金较多，规模较大，比较易于管理；分工和专业化得到加强。但由于多人所有和参与管理，不利于协调和统一；资金和规模仍有限，在一定程度上不利于生产的进一步发展；合伙人之间的契约关系欠稳定。

示例

生活中我们会遇到一些问题，会发现分工与专业化很重要。如果你想盖一个房子，你可以自己努力去做每一件事。但大多数人找建筑商，建筑商又雇用木匠、瓦匠、电工、油漆工和许多其他类型的工人。这些工人专门从事某种工作，而且，这使他们比作为通用型工人时做得更好。实际上，运用专业化实现规模经济是现代社会繁荣的一个原因。

(3)公司制企业

公司制企业是指按公司法建立和经营的具有法人资格的厂商组织。它是一种重要的现代企业组织形式。公司由股东所有，公司的控制权属于在董事会监督下的总经理。在资本市场上，它主要利用发行债券和股票来筹集资金。公司制企业的资金雄厚，有利于实现规模生产，也有利于进一步强化分工和专业化；组织形式相对稳定，有利于生产的长期发展。但它规模庞大的组织会给内部管理协调带来一定困难，同时所有权和管理权的分离也产生一些问题。

2. 企业的经营目标

追求利润最大化是微观经济学对厂商目标的基本假定，也是理性经济人的假定在生产和厂商理论中的具体化。实现利润最大化是一个企业竞争生存的基本准则。

在现实经营中，厂商有时并不一定选择实现利润最大化的目标。现代公司制企业实行所有权和经营权分离，企业所有者和企业经理之间是委托人和代理人之间的契约关系。由于信息的不完全性，尤其是信息的不对称性，所有者并不能完全监督和控制公司经理的行为，经理会在一定程度上偏离企业的利润最大化的目标，而追求其他一些有利于自身利益的目标。由于投资者和董事会会根据经理经营业绩进行投资或聘任选择，经理对利润最大化目标的偏离在很大程度上受到制约。

二、生产函数

1. 生产函数的定义

生产就是一切能够创造或增加效用的人类活动。生产要素是指在生产中投入的各种经济资源，包括劳动、土地、资本和企业家才能。

示例

大家小时候都看过《三个和尚》这个动画片，也都知道“一个和尚挑水吃，两个和尚抬水吃，三个和尚没水吃”的道理，同样在经济学中也有一个规律：边际报酬递减规律。

生产函数是在一定时期内，在技术水平不变的情况下，生产中所使用的各种生产要素的数量与所生产的最大产量之间的关系的函数。通常以 L 表示劳动投入数量，以 K 表示资本投入数量，公式表示为：$Q=f(L,K)$。

生产函数中的投入与产出关系，取决于投入的设备、原材料、劳动力等诸要素的技术水平。各种产品生产中投入的各种要素之间的配合比例，称为技术系数。它可以是固定的，每生产 1 单位某产品必须投入一定量的资本和劳动，随产量增加或减少，这两种要素必须按固定比例增加或减少。这种固定技术系数的生产函数称为固定比例的生产函数。反之，有些产品生产中的要素配合比例是可变的，这种生产函数就是可变比例的生产函数。

2. 生产函数的类型

(1)短期生产函数

短期是指时间短到厂商来不及调整生产规模来达到调整产量的目的，而只能在原有厂房、机器、设备条件下来调整产量。在短期中，只有一部分要素如劳动投入量及原材料数量是可变的，而另一些生产要素不随产量变动而变动，如机器、厂房、设备、高级管理人才等。

在短期内，假设资本数量不变，只有劳动可随产量变化，则生产函数可表示为 $Q=f(L)$，这种生产函数可称为短期生产函数。

(2)长期生产函数

长期是指时间长到可以使厂商调整生产规模来达到调整产量的目的。在长期中，一切生产要素都是可以变动的，不仅劳动投入量、原材料使用量可变，而且资本、设备量也可变。涉及“长期”一般标注“L”，而“短期”则标注“S”。

生产中两种最重要的投入是劳动与资本，因此，在经济分析中，通常假定企业只使用这两种要素。在长期，资本和劳动都可变，则生产函数可表示为 $Q=f(L,K)$，这种生产函数可称为长期生产函数。

“短期”“长期”的区分是相对的。在有些生产部门中，如在钢铁工业、机器制造业等部门中，所需资本与设备数量多，技术要求高，变动生产规模不容易，则几年也许算是“短期”；反之，有些行业如普通服务业、食品加工业，所需资本与设备数量少，技术要求低，变动生产规模比较容易，也许几个月就可以算是“长期”。

3. 生产函数的形式

(1)齐次生产函数

齐次生产函数是指如果投入的所有生产要素变化 λ 倍，产量也同方向变化 λ^n 倍的生产函数。

$$Q=f(x_1,x_2,\cdots,x_n)$$

有：

$$f(\lambda x_1,\lambda x_2,\cdots,\lambda x_n)=\lambda^k f(x_1,x_2,\cdots,x_n)$$

当 $k>1$ 时，产出的变动比例大于要素投入的增加比率，规模收益递增。

当 $k=1$ 时，产出的变动比例等于要素投入的增加比率，规模收益不变。

当 $k<1$ 时，产出的变动比例大于要素投入的增加比率，规模收益递减。

(2)C-D 生产函数

C-D 生产函数即柯布—道格拉斯函数，是一种典型的齐次生产函数。其形式为：

$$Q=AL^{\alpha}K^{\beta}$$

$$A(\lambda L)^{\alpha}(\lambda K)^{\beta}=\lambda^{\alpha+\beta}(AL^{\alpha}K^{\beta})$$

其中，Q 为产量，A 代表生产技术，K、L 分别为劳动和资本投入量，α、β 为参数。

柯布和道格拉斯在1928年的研究中发现：产量增加约有3/4是劳动的贡献（即$\beta=3/4$），1/4是资本的贡献（即$\alpha=1/4$）。由于$\alpha+\beta=1$，C－D生产函数是线性齐次函数。其中，这个“和”的经济定义是：当$\alpha+\beta=1$时，α、β分别表示劳动和资本在生产过程中的相对重要性，α为劳动所得在总产量中所占的份额，β为资本所得在总产量中所占的份额。

三、短期生产函数

1. 短期生产函数的形式

短期内，假设资本数量不变，只有劳动可随产量变化，则短期生产函数为$Q=f(L)$。

2. 总产量、平均产量与边际产量

（1）总产量、平均产量与边际产量的概念

总产量（TP）是指投入一定量的生产要素以后所得到的产出量总和。

平均产量（AP）是指平均每单位生产要素投入的产出量，如果用x表示某生产要素投入量，那么$AP=TP/x$。

边际产量（MP）是增加或减少1单位生产要素投入量所带来的产出量的变化，如果用ΔTP表示总产量的增量，Δx表示生产要素的增量，那么$MP=\Delta TP/\Delta x$。

（2）总产量、平均产量与边际产量的曲线

如图3－1所示的三条曲线之间的关系为：①在T曲线上任意一点与原点连线的斜率即为平均成本，过任意一点切线的斜率即为边际成本；②在S点，平均产量达到最大，同时，在T曲线上过S点的切线与平均产量线重合，

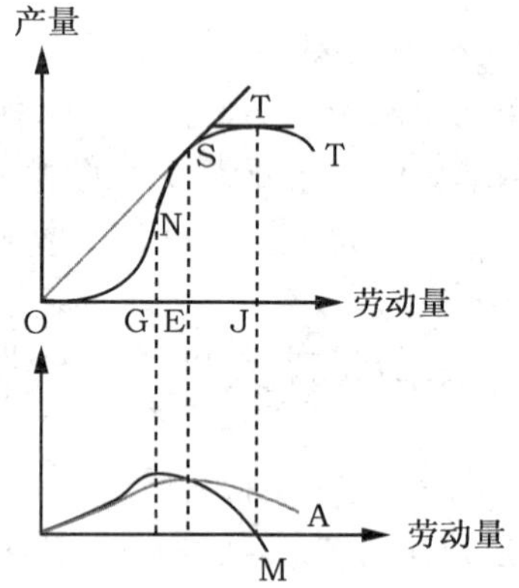

图3－1　总产量、平均产量与边际产量的曲线

斜率相等，说明当平均产出达到最大时，与边际产量相等；③在 T 点，总产量达到最大，边际产量为 0；④边际产量的最高点，位于 T 曲线的拐点 N 上。

3. 生产要素报酬递减规律

在一定技术水平条件下，若其他生产要素不变，连续地增加某种生产要素的投入量，在达到某一点之后，总产量的增加会递减，即产出增加的比例小于投入增加的比例，这就是生产要素报酬递减规律，亦称边际收益递减规律。

示例

在一块田里耕种，起初增加一个劳动力，产量可能增加许多，如果再增加一个劳动力，产量虽能继续增加，但增加的幅度却下降了，随着劳动力的不断增加，产量的增加量也越来越小，最后增量甚至为零或负。

生产要素报酬递减规律要发生作用，必须具备以下三个前提条件：

(1)生产要素投入量的比例是可变的，即技术系数是可变的。这就是说，在保持其他生产要素不变而只增加其中某种生产要素投入量的时候，要素边际收益才发生递减，如果各种生产要素的投入量按原比例同时增加时，边际收益不一定递减。

(2)技术水平保持不变。如果技术水平提高，在保持其他生产要素不变而增加某种生产要素时，边际收益不一定递减。

(3)所增加的生产要素具有同样的效率。如果增加的第二个单位的生产要素比第一个单位的更为有效，则边际收益不一定递减。

4. 生产的三个阶段

经济学通常根据总产量曲线、平均产量曲线和边际产量曲线，把产量的变化分为三个阶段。如图 3—2 所示。

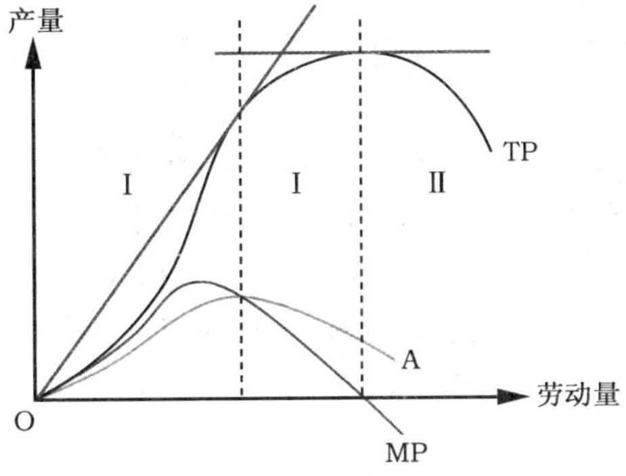

图 3—2　生产的三个阶段

(1)第一阶段

第一阶段是平均收益递增阶段。可变要素劳动量 L 投入的增加,会使平均产量增加。这时,每增加一个单位的劳动都能提高平均产量,因而边际产量高于平均产量。这表明,与可变要素劳动量 L 相比,固定要素(如资本 K 等)投入太多,很不经济,在这一阶段,增加劳动量投入是有利可图的,它不仅会充分利用固定要素,而且带来总产量以递增的比率增加,任何有理性的厂商通常不会把可变要素投入的使用量限制在这一阶段内。

(2)第二阶段

第二阶段是平均收益递减阶段。从平均产量最高点开始,随着可变要素劳动量 L 投入的增加,边际产量虽递减但大于 0,故总产量仍递增,一直达到最大时为止。另一方面,平均产量开始递减,因为边际产量已小于平均产量。

(3)第三阶段

第三阶段是边际负收益阶段。从总产量达到最高点开始,随着可变要素劳动量 L 投入的增加,边际产量成为负值,总产量开始递减,这时每减少一个单位的可变要素投入反而能提高总产量,表明与固定要素投入相比,可变要素投入太多了,也不经济。显然,理性的厂商也不会在这一阶段进行生产。理性厂商必然要在第二阶段生产。这一阶段为生产要素合理使用阶段,又称经济阶段。

四、长期生产函数

1. 长期生产函数的形式

在长期内,所有的生产要素的投入量都是可变的,多种可变生产要素的长期生产函数可以写为:

$$Q=f(x_1,x_2,\cdots,x_n)$$

式中,Q 为产量,$X_i(i=1,2,\cdots,n)$为第 i 种可变生产要素的投入数量。该生产函数表示:长期内在技术水平不变的条件下由 n 种可变生产要素投入量的一定组合所能生产的最大产量。

假定生产者仅使用劳动和资本两种最重要的可变生产要素来生产一种产品,则两种可变生产要素的长期生产的函数可以写为:

$$Q=f(L,K)$$

式中,L 为可变要素劳动的投入量,K 为可变要素资本的投入数量,Q 为产量。

2. 等产量曲线的定义与性质

(1)等产量曲线的定义

等产量曲线表示其他条件不变时，为生产一定的产量所需投入的两种生产要素之间的各种可能组合的轨迹。如图 3－3 所示。以常数 Q_0 表示既定的产量水平，则与等产量曲线相对应的生产函数为：

$$Q=f(L,K)=Q_0$$

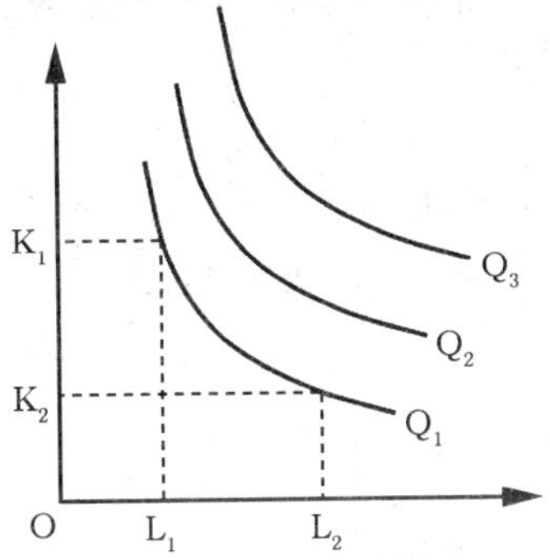

图 3—3　等产量曲线

(2)等产量曲线的性质

①表示某一生产函数的等产量曲线图中，可以画出无数条等产量曲线，并且任何两条等产量曲线不能相交。否则，不合逻辑。

②等产量曲线上的任意一点的斜率等于该点上以生产要素 L 代替生产要素 K 的边际替代率，MRTS 不仅为负值，而且其绝对值是递减的。

③由于等产量曲线斜率绝对值递减，因此等产量曲线一般凸向原点。

由于等产量曲线的几何特点与无差异曲线相似，它又被称为生产无差异曲线。但两者有区别，等产量曲线表示产量，无差异曲线表示效用，等产量曲线是客观的，无差异曲线是主观的。

3. 边际技术替代率及其递减法则

(1)边际技术替代率的定义

边际技术替代率，是指在产量不变的情况下，当某种生产要素增加一单位时，与另一生产要素所减少的数量的比率。等产量曲线上任意一点的边际技术替代率，从几何意义上看，是过该点作等产量曲线的切线的斜率。劳动对资本的边际技术替代率的定义公式为：$MRTSLK=-\Delta K/\Delta L$，$\Delta K$ 和 ΔL 分别为资本投入量和劳动投入量的变化量。边际技术替代率还可以表示为两要素的边际产量之比，即：$MRTSLK=MPL/MPK$。

(2)边际技术替代率递减法则

边际技术替代率递减法则：在维持产量不变的前提下，当一种生产要素的投入量不断增加时，每一单位的这种生产要素所能替代的另一种生产要素的数量是递减的。其主要原因在于，任何一种产品的生产技术都要求各要素投入之间有适当的比例，这意味着要素之间的替代是有限的。

4. 脊线和生产的经济阶段

脊线是指把所有等产量曲线上切线斜率为零的点和斜率为无穷大的点与原点一起连接起来形成的两条线。

超过脊线范围之外，必须同时增加两种投入要素的数量才能使总产量不变。脊线表明生产要素替代的有效范围，厂商只能在脊线范围之内从事生产，实现不同要素的组合。因此，这一脊线围成的阶段是生产的经济阶段。如图3—4所示。

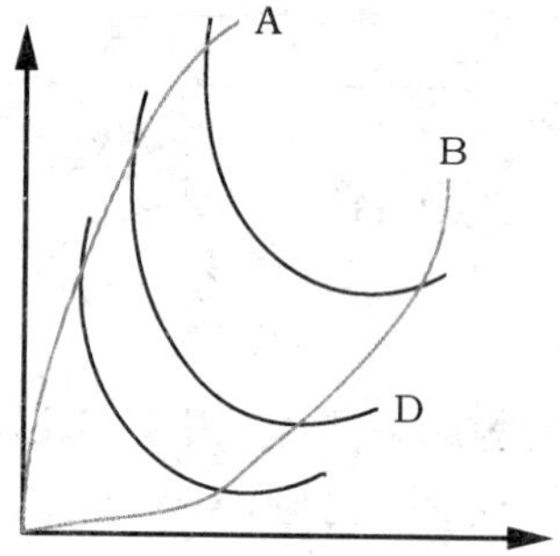

图3—4　脊线和生产的经济阶段

5. 等成本线

等成本线是生产要素价格一定时，花费一定的总成本能购买的生产要素组合的轨迹。如图3—5所示。等成本方程为：$C=P_L \cdot L+P_K \cdot K$。

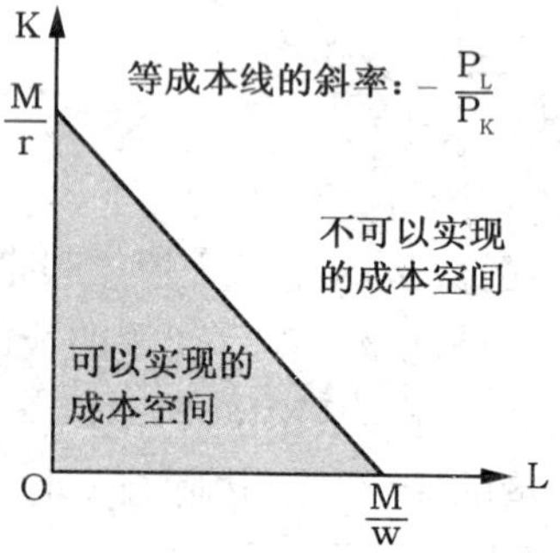

图3—5　等成本线

等成本线具有以下特点：

(1)等成本线斜率绝对值等于两种要素 L 和 K 的价格之比。

(2)在等成本线上，L 和 K 的数值成反方向变化，即增加 K 的购买量必然减少 L 的购买量，增加 L 的购买量，必然减少 K 的购买量。

(3)在要素价格给定时，每个总成本都有一条等成本线。生产要素价格不变时，成本增加了，等成本线将向右上方平行移动；反之，向右下方平行移动。

6. 生产要素的最优组合

生产要素的最优组合可以是既定成本条件下的产量最大化，也可以是既定产量条件下的成本最小化。这两种情况的要素组合点表现在图形上，都是等成本线和等产量曲线相切之点，即生产者均衡点。如图 3—6 所示。

能满足要素投入最优组合的两个条件是：(1)要素投入的最优组合处在等成本线上，这意味着厂商必须充分利用资金，而不让其剩余下来。(2)要素投入的最优组合发生在等产量线和等成本线相切之点上，即要求等产量曲线的切线斜率与等成本线的斜率相等。

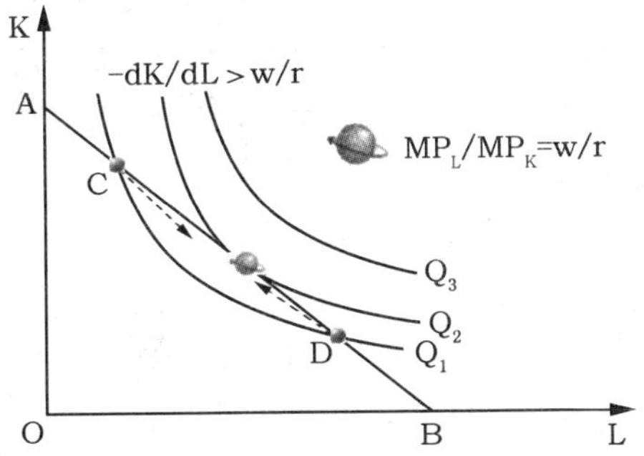

图 3—6　生产要素的最优组合

7. 生产扩展线

扩展线，又称扩展轨道、规模曲线，是代表不同产量水平的最优投入组合点的轨迹。如图 3—7 所示。不同产量的等产量曲线与等成本线相切的切点，把这些切点连接起来所形成的曲线就是扩展线。它表示：在生产要素、生产技术和其他条件不变的情况下，当生产的成本或产量发生变化时，厂商必然沿着扩展线来选择最优的生产要素组合。扩展线是厂商在长期的扩张或收缩生产时所必须遵循的路线。它是一条等斜线。

若已知生产函数 $Q=f(L,K)$ 及要素价格 P_L 和 P_K，则不难求得扩展线，方法是使边际技术替代率或两要素边际产量之比率等于要素价格之比率，即

$$MRTS_{LK}=MP_L/MP_K=P_L/P_K$$

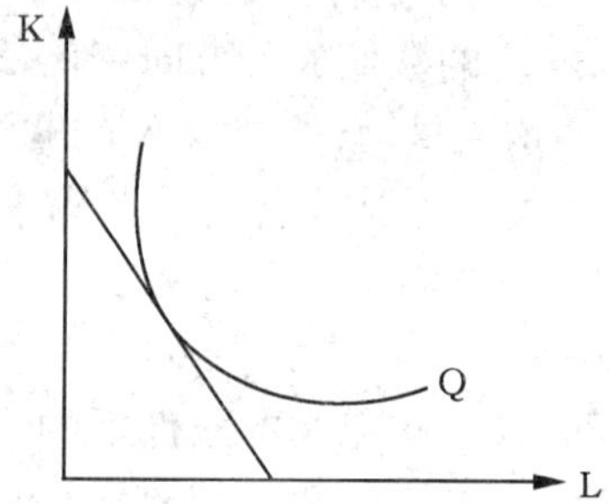

图 3—7 生产扩展线

五、规模报酬

1. 规模报酬的定义及其与要素报酬定义的区别

规模报酬就是探讨这样一种投入与产出的数量关系，当各种要素同时增加或减少一定比率时，生产规模变动所引起产量的变化情况。

(1)规模报酬与生产要素报酬是两个不同的概念

规模报酬论及的是一座工厂的规模本身发生变化时，产量如何变化，而要素报酬是指要素投入的边际产量收益。

(2)规模报酬与生产要素报酬的经济意义不同

规模报酬是厂商根据经营规模设计不同的工厂，属长期分析；而生产要素报酬是在既定的生产规模中，增加可变要素时相应产量的变化，属短期分析。

2. 规模报酬的三种类型

规模报酬的三种类型如图 3—8 至图 3—10 所示。

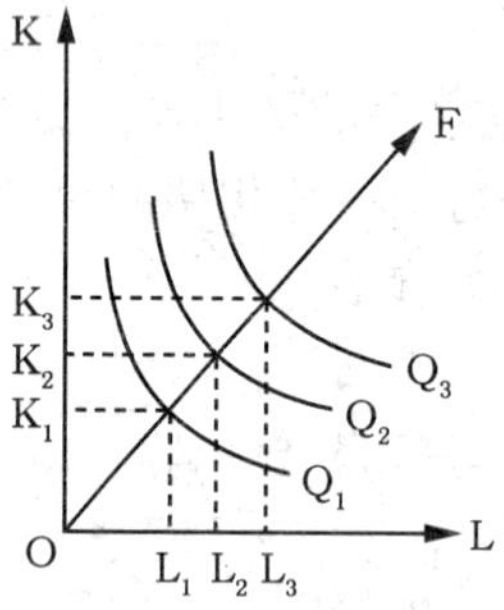

图 3—8 规模收益不变

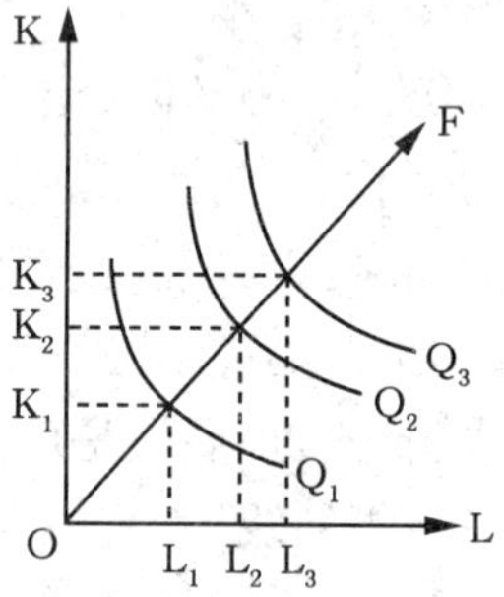

图 3—9 规模收益递增

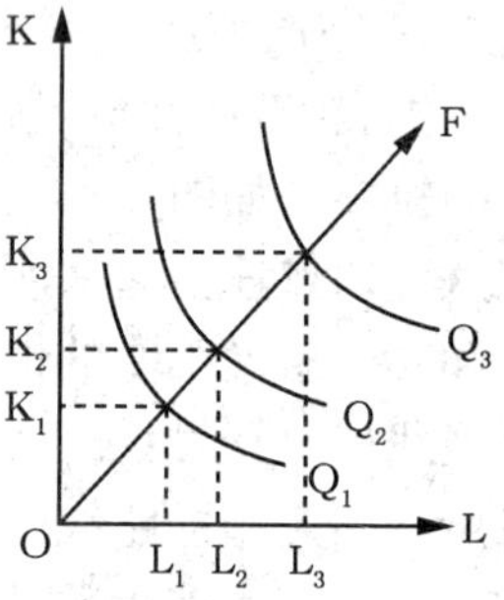

图 3—10 规模收益递减

(1)规模报酬递增

规模报酬递增的特征是产出的数量变化比例大于投入的变化比例。规模报酬递增的原因有三点：

①生产专业化程度提高。当生产要素同时增加的时候，可以提高生产要素的专业化程度，例如，劳动者分工更细了，这会提高劳动生产效率。

②生产要素具有不可分的性质。有些要素必须达到一定的生产水平，才能更有效率。这表明原有生产规模中含有扩大生产的潜力。

③管理更合理。生产规模扩大时，容易实行现代化管理。现代化的管理，会造成一种新的生产力，合理、先进的管理可以更进一步发挥各要素的组合功能，带来更大的效率和收益。当一个生产经营单位规模过小时，就不能取得应有的效率，这种情况可称规模不经济，通过扩大规模，可提高效率，以取得规模经济。

(2)规模报酬不变

规模报酬不变的特征是产出的数量变化比例等于投入变化比例。

规模报酬不变的原因主要是由于规模报酬递增的因素吸收完毕，某种生产组合的调整受到了技术上的限制。

(3)规模报酬递减

规模报酬递减的特征是产量的变化比例小于投入的变化比例。

规模报酬递减的原因，主要是规模过大造成管理效率的下降。表现在管理上，内部机制难以协调，管理与指挥系统十分庞杂，一些重要问题只能一级一级反映给决策者，而重要的决定要由决策者一级一级传达给生产者，这样会贻误时机，造成规模报酬的递减。

生活中的经济学现象——专业化与规模经济

亚当·斯密在其名著《国富论》中，根据他对一个扣针厂的参观描述了一个例子。工人之间的专业化和引起的规模经济给他留下了深刻的印象。他写道：“一个人抽铁丝，另一个人拉直，第三个人截断，第四个人削尖，第五个人磨光顶端以便安装圆头；做圆头要求有两三道不同的操作；装圆头是一项专门的业务，把针涂白是另一项；甚至将扣针装进纸盒中也是一门职业。”

斯密说，由于这种专业化，扣针厂每个工人每天生产几千枚针。他得出的结论是，如果工人选择分开工作，而不是作为一个专业工作者团队，“那他们肯定不能每人每天制造出20枚扣针，或许连一枚也造不出来”。换句话说，由于专业化，大扣针厂可以比小扣针厂实现更高的人均产量和每枚扣针更低的平均成本。

斯密在扣针厂观察到的专业化在现实经济中普遍存在。例如，如果你想盖一间房子，你可以自己努力去做每一件事。但大多数人找建筑商，建筑商又雇用木匠、瓦匠、电工、油漆工和许多其他类型的工人。这些工人专门从事某项工作，这使他们比作为通用性工人时做得更好。实际上，运用专业化实现规模经济是现代社会繁荣的一个原因。

问题：

1. 专业化分工是否可以使生产扣针的平均成本更低？

2. 为什么运用专业化是实现规模经济的一个重要原因？

第二节 成本理论

案例导入

成本与收益

春节期间许多大型零售商场都延长了营业时间，为什么平时不延长时间呢？从理论上说延长时间1小时，就要支付1小时所耗费的成本，这种成本既包括直接的物耗，如水、电等，也包括由于延时而需要支付售货员的加班费，这种增加的成本就是边际成本。假如延长1小时增加的成本是1万元(注意这里讲的成本包括成本和正常利润)，假如在延时的1小时里他们由于卖出商品而增加收益大于1万元，那么作为一个精明的企业家，他还应该将营业时间在此基础上再延长，因为这时他还有一部分该赚的钱还没赚到手。相反，如果他在延长1小时里增加的成本是1万元，增加的收益不足1万元，他在不考虑其他因素的情况下就应该取消延时的经营决定，因为他延长1小时的成本大于收益。春节期间的假日消费，人们有更多的时间去旅游与购物，使商场的收益增加，而平时工作紧张、家务繁忙，人们没有更多时间和精力去购物，就是延时服务也不会有更多的人光顾，增加的销售额不足以抵偿延时所增加的成本。这就能够解释在春节期间延长营业时间而在平时不延长营业时间的经济学的道理。

请思考下列问题：

1. 本案例是如何进行成本与收益对比的？

2. 假日消费是否可以给商场带来更多的利润？

一、成本的分类

1. 会计成本与机会成本

会计成本是指厂商在生产经营过程中按市场价格支付的一切费用。

机会成本是指由于使用某些资源所放弃该资源其他用途的最高代价。

经济学中的成本概念指的是经济成本，即除了会计成本以外，成本中还包含了机会成本的概念，也就是经济成本＝会计成本＋机会成本。

示例

为什么学生在考试后的每周比考试前的每周看电视的时间要多。在考试前，看电视剧有很高的机会成本，因为时间在学习者提高成绩上具有很高的价值。在考试以后，时间具有较低的机会成本。

2. 显性成本与隐性成本

显性成本是指在形式上必须由厂商付给生产要素所有者的报酬所构成的成本，又称支出成本。如工人工资、原材料费、资本的利息等。

隐性成本又称为非支出成本，指本应计算为成本但却未在形式上作为货币支出的厂商本身所拥有的生产要素的报酬。隐性成本事实上就是一个正常利润的概念。例如，自己开店本该领取的工资、自己资本投入本该获得的利息、自己店铺本该得到的租金等。

示例

王某在一家企业里工作，工资年收入是 8 万元，这就是他的显性成本；如果他有一笔钱，自己用来做生意，每年的利润是 10 万元，这就是他的隐性成本。

显性成本直接导致了会计利润，隐性成本形成了经济利润，这些成本与利润之间的关系为：

会计利润＝总收益－显性成本（会计成本）

经济利润(超额利润)＝总收益－经济成本

＝总收益－(显性成本＋隐性成本)

＝总收益－显性成本－隐性成本

＝会计利润－隐性成本(正常利润)

因此有：当会计利润＞正常利润时，经济利润＞0 ⟶ 获得超额利润

当会计利润＜正常利润时，经济利润＜0 ⟶ 在经济学意义上出现亏损

当会计利润＝正常利润时，经济利润＝0 ⟶ 获得正常利润

3. 固定成本、可变成本、沉没成本

凡是随着产量的变动而变动的成本就是可变成本。例如工人工资、购买原材料的费用、短期借款利息、水电费等。

凡是不随着产量的变动而变动的成本就是固定成本。例如厂房、机器设备、各种维修费、暂停生产也须雇用的人员的工资等。

沉没成本是指已经发生和支出并且无法收回的成本。例如企业转产无法转让的设备费用。

4. 短期成本和长期成本

短期成本是指生产短期内发生的成本，可以分为固定成本和可变成本。

长期成本是指厂商长期可以调整的所有生产要素的成本支出。不存在固定成本，所有成本都是可变的。

二、短期成本函数

1. 短期成本函数的相关概念

相关概念如图 3－11 所示。

(1)总成本类

总固定成本(FC)是指全部固定成本的总和，表示为常数。

总可变成本(VC)是指全部可变成本之和。

总成本(TC)是指固定成本和可变成本之和。表示为：TC＝FC＋VC。

(2)平均成本类

平均固定成本(AFC)：AFC＝FC/Q。

平均可变成本(AVC)：AVC＝VC/Q。

平均成本(AC)：AC＝TC/Q＝AVC＋AFC。

(3)边际成本类

边际成本(MC)：是指每增加一单位产量所增加的总成本。

边际成本表示为：$MC=\Delta TC/\Delta Q=dTC/dQ$。

例：已知总成本函数 $TC=Q^3+2Q^2+10Q+8$，求相关的其他成本函数表

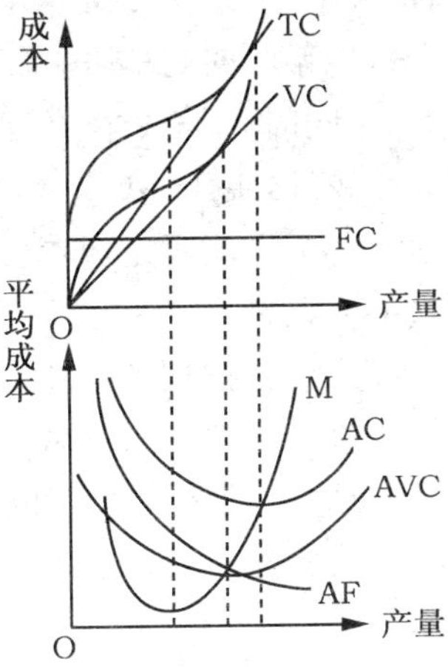

图 3—11　总成本、平均成本、边际成本

达式。

2. 短期成本函数的曲线及其关系

由短期成本函数的曲线图可以反映出下列关系。

(1)固定成本、可变成本与总成本

固定成本就是一个常数,因此表现为一条平行于横轴的直线;可变成本是一条随产量增加而增加的曲线。起点在原点,呈现倒S形;总成本就是可变成本曲线上每一个点共同上移一个固定成本的数值所形成的曲线。在形式上与可变成本类似。

(2)平均可变成本与可变成本

由于AVC=VC/Q,因此,平均可变成本在数值上就等于从原点出发与可变成本曲线上各点连线的斜率值。该斜率先减后增。其中与VC曲线相切的连线斜率最小,此时,平均可变成本达到最小值。

(3)平均固定成本与固定成本

由于AFC=FC/Q,因此,平均固定成本在数值上就等于从原点出发与固定成本曲线上各点连线的斜率值。该斜率是不断减少的。因此,平均固定成本曲线表现为不断下降并向横轴接近的曲线。

(4)平均成本与总成本

由于AC=TC/Q,因此,平均成本在数值上就等于从原点出发与总成本曲线上各点连线的斜率值。该斜率先减后增。其中与TC曲线相切的连线斜率最小,此时,平均成本达到最小值。

(5)平均成本与平均固定成本、平均可变成本

将三条曲线绘制于一个坐标系中时，三者的关系是：平均成本一直位于平均可变成本和固定成本的上方，同时平均成本的最低点的产量值要大于平均可变成本的最低点的产量值。另外，由于 AC＝AVC＋AFC，所以平均曲线就是在平均可变曲线上各点加上一个平均固定成本的数值。

(6)边际成本与总成本、可变成本

由于 MC＝ΔTC/ΔQ＝dTC/dQ，根据数学上的导数关系，边际成本就是总成本曲线上各点切线的斜率值。该斜率是先减后增的。MC 在总成本曲线上的拐点所对应的产量上达到最小。另外，由于 FC 是一个常数，所以总成本的数量变化只是由于可变成本的变化引起的，所以边际成本也可以看作可变成本曲线上各点切线的斜率。

(7)边际成本与平均可变成本、平均成本

边际成本在平均可变成本和平均成本的最低点分别与两条曲线相交。其中，与平均成本的交点在与平均可变成本交点的右上方。另外，两条曲线在与边际成本交点的前后变化趋势是不一样的，从而得到了一个边际—平均规则。即：当 MC＞AC 时，AC 曲线上升；MC＜AC 时，AC 曲线下降；MC＜AC 时，AC 曲线达到最低点。

示例

夏利车的短期成本与长期成本

对许多企业来说，总成本如何分为固定成本和变动成本取决于所考察的时间长度。在 20 世纪 90 年代初，夏利车供不应求，在短期内夏利汽车厂不能调整汽车供应的数量和规模。为了满足市场需求，工厂增加现有工人的劳动时间或多雇用工人、多购进生产汽车所需的原材料，这些成本都是短期中的变动成本。与此相比，在以后的几年中夏利无论是上马生产 15 万辆车的流水线，还是与日本本田合资生产新型夏利 2000，都属于长期成本变动。因此，从长期来看，企业的所有成本都是可以变动的。

三、长期成本函数

1. 长期成本函数的相关概念

有三个长期成本概念，即长期总成本、长期平均成本、长期边际成本。如图 3—12 和图 3—13 所示。

(1)长期总成本(LTC)

长期总成本曲线表示长期总成本与产量之间的关系。由于厂商追求成本

最小化，在长期成本曲线上的每一点，都对应于不同产量水平下的最小成本，因此，可以根据扩展线(不同产出水平下成本最小化对应投入组合)来推出长期总成本曲线。

(2)长期平均成本(LAC)和长期边际成本(LMC)

长期平均成本和长期边际成本分别为：LAC＝LTC/Q 和 LMC＝dLTC/dQ。

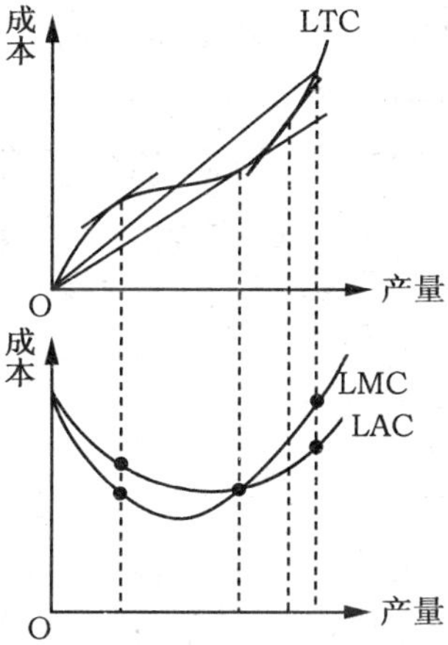

图 3－12　长期总成本曲线、长期平均成本曲线和长期边际成本曲线

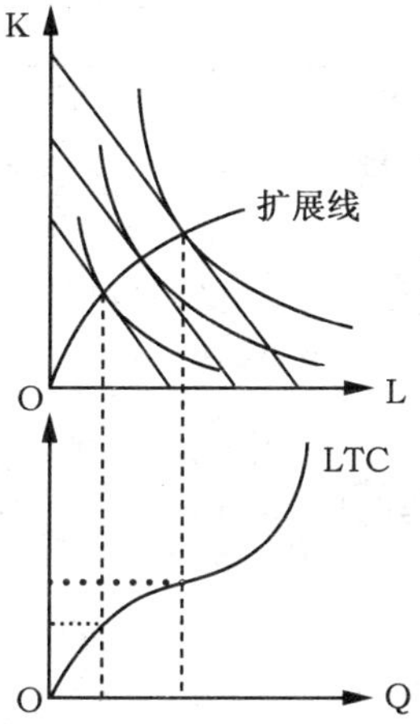

图 3－13　长期总成本曲线与扩展线

可以根据 LTC 曲线推出 LAC 曲线。LAC 就是 LTC 曲线上各点与原点连线的斜率值所形成的曲线。也可以根据 LTC 曲线推出 LMC 曲线。LMC 就是 LTC 曲线上各点切线的斜率值所形成的曲线。LAC 曲线和 LMC 曲线的形状，与 AVC、MC 曲线一样，为 U 形曲线。

2. 长期成本曲线和短期成本曲线的关系

(1)短期平均成本曲线与长期平均成本曲线

短期平均成本曲线表示生产规模一定(固定要素的投入不变)时，平均成本与产量的关系。因此对应于图 3－14 中的规模 1，短期成本曲线为 SAC_1，厂商根据产量，在 SAC_1 上生产，如产量为 Q_1。如果产量继续增加，厂商将扩大生产规模，以降低平均成本。在生产 Q_2 时，新平均成本曲线 SAC_2 对应的成本将不高于 SAC_1 的水平，因此，厂商的新短期平均成本曲线在超过 Q_1 以后，在 SAC_2 的下方。同样，当产量超过 Q_2 时，由于扩大规模后的成本低于前一规模下相同产出的成本，厂商将把生产规模扩大到 SAC_3。以此类推，结果，厂商的长期平均成本为图 3－14 中的粗线组成的曲线，为各条短期边际成本的包络线。

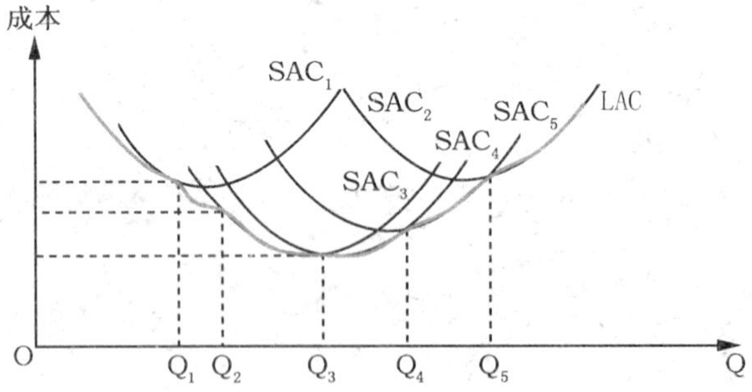

图 3－14　短期平均成本曲线与长期平均成本曲线

因此，厂商的生产点既在 SAC 曲线上，也在 LAC 曲线上。在离散的规模扩张时，LAC 由每条 SAC 曲线的部分线段组成。如果厂商的规模调整连续进行，则每条 SAC 曲线只有一个点与 LAC 曲线重合，即 SAC 曲线与 LTC 曲线相切。在规模收益开始递减的 Q 点处，长期成本的最低点与短期成本的最低点重合。从而，在长期形成的平均成本曲线就成为一条平滑的 U 形曲线。

(2)短期边际成本曲线与长期边际成本曲线

长期边际成本曲线也可由短期边际成本曲线推出。就是长期平均成本曲线同各条短期平均成本曲线切点所代表的产量水平上的短期边际成本值的连接线。如图 3－15 所示。

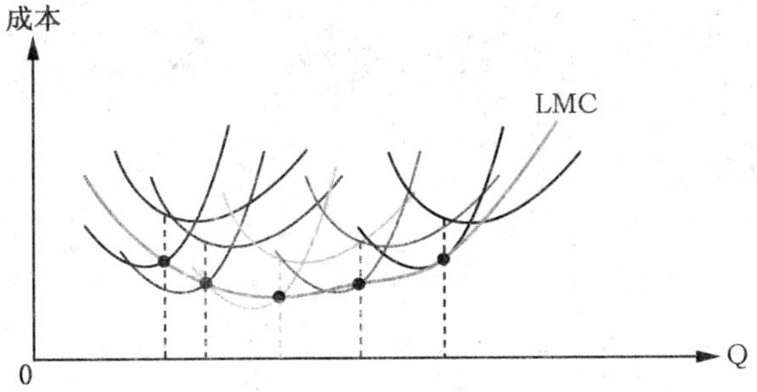

图 3—15　短期边际成本曲线与长期边际成本曲线

生活中的经济学现象——"无花边费用"业务模式

廉价航空公司 1978 年诞生于美国，美国西南航空公司首创了廉价航空公司的"无花边费用"业务模式。所谓"无花边费用"，就是指在航空服务中剔除了免费提供餐点等服务，从而节省了餐点成本和航空乘务员的人力成本。而在航线安排上，廉价航空公司则主要从事航程在 3 个小时以内的国内航线上的旅客运输服务，而且仅使用同种机型，如澳大利亚廉价航空公司 Virgin Blue 使用的飞机就全部是波音 737 系列机型，这样航空公司用于航材的投资和飞行员培训的费用就随之大大降低。

电话和网上订票也是廉价航空公司降低成本的法宝。Virgin Blue 约 85%的售票是通过呼叫中心或互联网完成的。有数据显示，分销或票务成本通常占航空公司预算的 15%～17%，如果乘客都采取在网上订票，则每名乘客的购票成本将仅是原来的 1/10。

通过在每个甚至很细微的环节上节约成本，廉价航空公司的票价往往只有同航线一般票价的一半；在某个特别优惠日，其最低票价甚至仅为主流航空公司票价的五分之一。在这个价格主导大众消费的市场环境里，这种低票价无疑对大多数消费者有着巨大的吸引力。

而今天，廉价航空公司也似乎成了航空业"低成本、高利润"的代名词。就在航空业最黑暗的 2002 年，Jet Blue 和西南等美国廉价航空公司以及瑞安和易捷等欧洲廉价航空公司的规模却迅速扩大，Jet Blue 在当年大举订购了 100 架空中客车飞机，而瑞安和易捷则订购了 120 架。

问题：廉价航空公司是如何降低成本的？

思考与检测

一、单项选择题

1. 下列说法中错误的是（　　）。

A. 只要总产量减少，边际产量一定是负的

B. 只要边际产量减少，总产量也一定减少

C. 随着某种生产要素投入量的增加，边际产量和平均产量增加到一定程度趋于下降，其中边际产量的下降一定先于平均产量

D. 边际产量曲线一定在平均产量曲线的最高点与之相交

2. 下列说法中正确的是（　　）。

A. 生产要素的边际技术替代率递减是规模报酬递减造成的

B. 边际收益递减是规模报酬递减造成的

C. 规模报酬递减是边际收益递减规律造成的

D. 生产要素的边际技术替代率递减是边际收益递减规律造成的

3. 等产量曲线是指在这条曲线上的各点代表（　　）。

A. 为生产同等产量投入要素的各种组合比例是不能变化的

B. 为生产同等产量投入要素的价格是不变的

C. 不管投入的各种要素量如何，产量总是相等的

D. 投入要素的各种组合所能生产的产量是相等的

4. 等成本线平行往外移动表明（　　）。

A. 产量提高了

B. 成本增加了

C. 生产要素的价格按相同比例提高了

D. 生产要素的价格按不同比例提高了

5. 当某厂商以最小成本生产出既定产量时，那他（　　）。

A. 总收益为零　　B. 一定获得最大利润

C. 一定未获得最大利润　　D. 无法确定是否获得最大利润

6. 如果确定了最优的生产要素组合，那么（　　）。

A. 在生产函数已知时可确定一条总成本曲线

B. 就可以确定一条总成本曲线

C. 在生产要素价格已知时可确定一条总成本曲线

D. 在生产函数和生产要素价格已知时可以确定总成本曲线上的一个点

7. 在生产者均衡点上(　　)。

A. $MRTS=P_1/P_2$　　B. $MP_1/P_1=MP_2/P_2$

C. 等产量曲线与等成本线相切　　D. 上述都正确

8. 如果等成本曲线与等产量曲线没有交点,那么要生产等产量曲线所表示的产量,应该(　　)。

A. 增加投入　　B. 保持原投入不变

C. 减少投入　　D. 上述三者都不正确

9. 在边际产量发生递减时,如果要增加同样数量的产品,应该(　　)。

A. 增加变动的生产要素的投入量

B. 减少变动的生产要素的投入量

C. 停止增加变动的生产要素

D. 同比例增加各种生产要素

10. 当 MP 为负时,我们处于(　　)。

A. 对 L 的第一阶段　　B. 对 K 的第三阶段

C. 对 L 的第二阶段　　D. 上述都不正确

11. 生产函数的斜率是(　　)。

A. 总产量　　B. 平均产量

C. 平均成本　　D. 边际成本

E. 边际产量

12. 劳动的平均产量(平均生产率)等于(　　)。

A. 平均每个工人可以生产的产量　　B. 边际产量对产出的比率

C. 产量的变化除以劳动的变化　　D. 产量对劳动使用量的比率

E. 边际成本曲线向下倾斜

13. 如果规模报酬不变,单位时间里增加了 20%的劳动使用量,但保持资本量不变,则产出将(　　)。

A. 增加 20%　　B. 减少 20%

C. 增加大于 20%　　D. 增加小于 20%

14. 等成本线围绕着它与纵轴(表示 Y 生产要素)的交点逆时针移动表明(　　)。

A. 生产要素 Y 的价格上升了　　B. 生产要素 X 的价格上升了

C. 生产要素 X 的价格下降了　　D. 生产要素 Y 的价格下降了

15. 当平均产量 AP 为正且递减时,MP 可以是(　　)。

A. 递减且为正　　B. 递减且为负

C. 为 0　　D. 上述任何一种情况

二、多项选择题

1. 企业适度规模应该是(　　)。

A. 越大越好　　B. 越小越好

C. 根据本行业的技术特点　　D. 根据原材料供给而定

E. 根据市场条件而定

2. 边际报酬递减规律发生的前提是(　　)。

A. 存在技术进步

B. 生产技术水平不变

C. 具有两种以上的可变要素的生产

D. 只有一种可变要素的生产

E. 只有不变要素的生产

3. 边际成本是指(　　)。

A. 总成本的变化量除以产量的变化量

B. 每增加一个单位的生产要素所带来的产量的增加

C. 平均成本除以产量

D. 增加生产一个单位所增加的成本

4. 下列各项中,属于可变成本的是(　　)。

A. 原材料

B. 短期贷款的利息

C. 支付给高层管理者的年薪

D. 可以无偿解雇的工人的工资

5. 以一个月的时间为限,下列投入中可以被归类为固定投入的是(　　)。

A.“掉渣儿”烧饼店的大型烘烤炉

B.“麦当劳”连锁店服务员提供的劳动

C.“农夫山泉”公司用于生产果汁的鲜橙

D. 南京路上“华伦天奴”旗舰店支付的店面租金

三、判断题

1. 可变技术系数是指在一定技术水平条件下,生产某种产品所需要的各种生产要素的组合比例不发生变化。(　　)

2. 长期是指厂商可以根据其所要达到的产量来调整其全部生产要素的时期。(　　)

3. 平均产量曲线可以和边际产量曲线在任何一点上相交。 (　　)

4. 规模收益递增是指产量的增加比例大于投入要素的增加比例。 (　　)

5. 在长期中，厂商可以根据他所要达到的产量来调整其全部生产要素，因此，一切成本都是可变的，不存在固定成本和可变成本的区别。 (　　)

6. 短期总成本和长期总成本曲线一样，都是从原点出发向右上方倾斜的一条曲线。 (　　)

7. SMC 曲线与 SAVC 曲线相交于 SAVC 曲线的最低点 A 被称为收支相抵点。 (　　)

8. SMC 曲线与 SAC 曲线相交于 SAC 曲线的最低点 B 被称为停止营业点。 (　　)

9. 边际收益等于边际成本时，厂商的利润为零。 (　　)

四、分析讨论题

1. 在生产的三个阶段中，问：

(1)为什么厂商的理性决策应在第二阶段？

(2)厂商将使用什么样的要素组合？

(3)如果 P=0，厂商应在何处经营？

2. 假定 A、B 两国各有一家钢铁厂，A 国钢铁厂生产一吨钢需 10 人，而 B 国只需 1 人，我们能否认为 B 国钢铁厂的效率比 A 国高？为什么？

3. 试说明下列说法是否正确：

(1)假定生产某产品要用两种要素，如果这两种要素价格相等，则该生产者最好要用同等数量的这两种要素投入。

(2)两种要素 A 和 B 的价格如果相等，则产出量一定时，最低成本支出的要素投入组合将出现在等产量曲线斜率为－1 的点上。

(3)假定生产 X 产品使用 A、B 两要素，则 A 的价格下降必然导致 B 的使用量增加。

(4)在要素 A 和 B 的当前使用水平上，A 的边际产量是 3，B 的边际产量是 2，每单位要素 A 的价格是 5，B 的价格是 4，由于 B 是较便宜的要素，厂商如减少 A 的使用量而增加 B 的使用量，社会会以更低的成本生产出同样多的产量。

4. 为了赢得选举，一政党领导人需要决定是加强电视宣传还是写信给潜在的投票人。请写出投票的生产函数，并分析该生产函数的有关信息(如等产量曲线的形状)如何帮助他决策。

五、问答题

1. 你空出旺市居所的底楼，开设了一家小面馆。一家三口辛苦了一个月，算算账，税后净赚了人民币5 000元，你感到很高兴，似乎勤劳致富的路就在眼前。而有人却说你这是吃力不讨好，做的是亏本生意。你同意他的说法吗？

2. 某企业打算投资扩大生产，其可供选择的筹资方案有两个：一是利用利率为10%的银行贷款，二是利用企业利润。该企业的经理认为应选择后者，理由是不用支付利息，因而成本比较低。你认为他的理由有道理吗？

第四章　透视市场竞争原理

学习目标

- 理解市场和企业的相关概念
- 理解并掌握完全竞争市场的短期均衡和长期均衡
- 理解并掌握不完全竞争市场的均衡条件及状态

第一节　完全竞争市场原理

案例导入

经济转型带来市场结构的变化(一)

从市场结构角度,计划经济向市场经济的转型表现为市场结构的演变。具体来讲,是从市场结构的两种极端类型(完全竞争和完全垄断)向介于垄断与竞争之间的市场结构(垄断竞争市场和寡头垄断市场)演变。

改革之前,长期的计划经济体制导致物品极其匮乏,因此,计划经济也被称为短缺经济。在我国渐进式改革过程中,一开始实行市场化改革的产业,面对极大释放出来的被抑制的需求,几乎生产什么就能销售什么,所以,当时的许多产品市场可以说都是完全竞争市场。

请思考下列问题:

1. 什么是完全竞争市场?

2. 从市场结构角度,在我国计划经济向市场经济转型的过程中,产生了哪些代表性的完全竞争市场?

一、完全竞争市场

完全竞争市场是指不存在任何垄断因素只有厂商之间自由竞争的市场结构。

完全竞争市场具有以下四个基本特征：

(1)市场上存在众多规模小的买者和卖者，他们的行为不会对市场价格产生影响；

(2)产品是同质的；

(3)资源能够自由流动；

(4)市场信息充分畅通。

示例

在集市上，当天同一时间的菜价基本一致，假如有人提高菜价，他的菜立刻无人问津；假如有人降低菜价，他的菜立刻销售一空。但是，降价者的菜数量有限，并不能使市场上的菜价下降，市场上仍然维持原价，降价的结果只是降价者自己受损。

二、市场需求与厂商需求

1. 市场需求

市场需求是指在某种商品市场上，需求一方对这类产品的总需求，即对该行业所有厂商产品的需求。

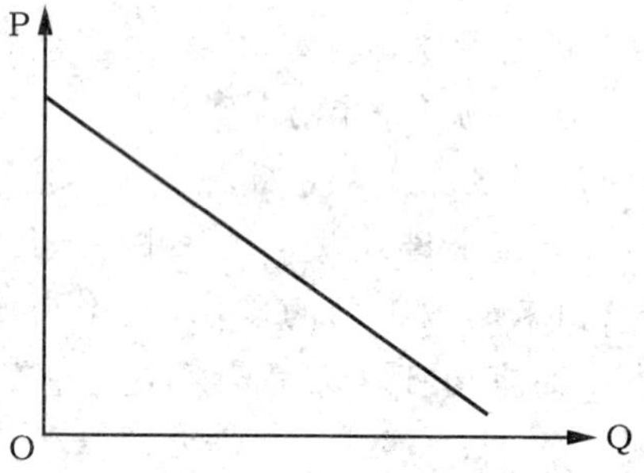

图 4—1 市场需求曲线

2. 厂商需求

厂商需求是指在特定的价格水平上，厂商所面对的需求。由于完全竞争市场内有相当多的厂商，以至于对任一厂商来说，其供给量只占对行业的需求的极小部分，因而厂商需求具有无限弹性，表现为一条水平线。

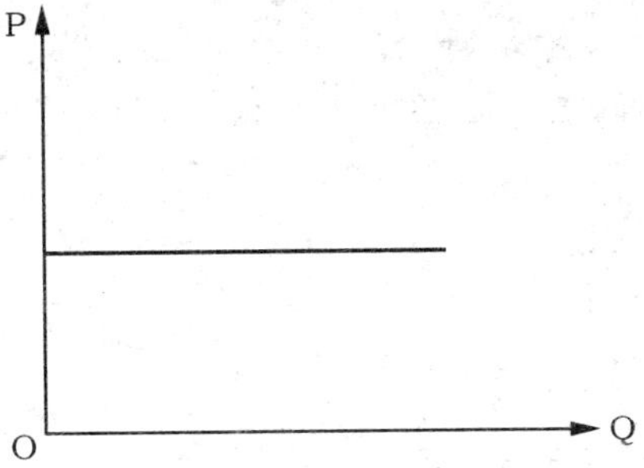

图 4—2　对厂商的需求曲线

三、厂商收益

1. 总收益

总收益(TR)是指厂商出售商品后所获得的总的货币收入，表示为：TR＝PQ，其中价格 P 为一固定值。因此，总收益曲线表现为一条从原点出发斜率为价格的直线。

2. 平均收益

平均收益(AR)是指厂商在出售一定量商品后，从每单位商品中得到的货币收入，表示为：AR＝TR/Q＝PQ/Q＝P，由于价格为一固定值，因此，平均收益曲线就是一条平行于横轴的水平线。

3. 边际收益

边际收益(MR)是指厂商每多销售一单位商品而带来的总收益的增加值。表示为：$MR=\Delta TR/\Delta Q=dTR/dQ=P$，因此，边际收益曲线和平均收益曲线重合。

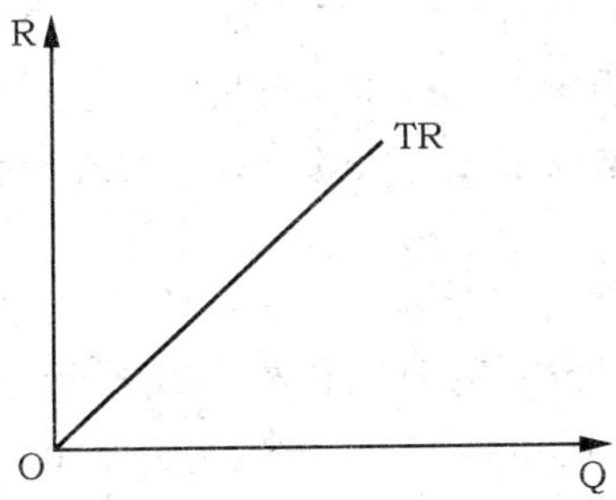

图 4—3　总收益曲线

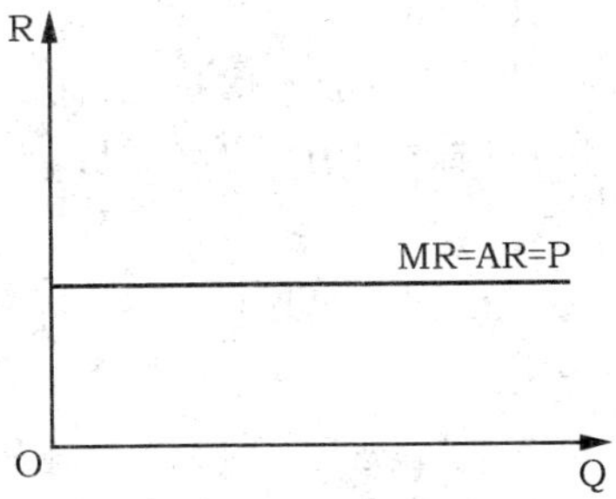

图 4—4　平均收益、边际收益曲线

四、完全竞争市场的短期均衡

1. 存在经济利润的短期均衡

存在经济利润就意味着总收益大于总成本，此时，价格大于平均成本，如图 4—5 所示。

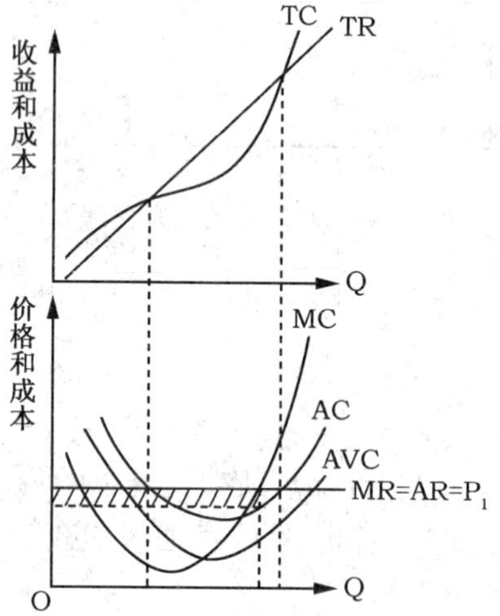

图 4—5　存在经济利润的短期均衡

图 4—5 中，总收益与总成本之间垂直距离最大时利润最大，此时，有 MC＝MR，即利润最大化的条件。其中，图中斜线矩形的面积即为此时的最大经济利润。

原因如下：

当 MR＞MC 时，说明每增加一单位产量所能带来的总收益增量超过增加产量所引起的总成本增量，因而扩大产量会使利润增加。

当 MR＜MC 时，说明每增加一单位产量所能带来的总收益增量小于增加产量所引起的总成本增量，因而减少产量反而会使利润增加。

于是，只有在 MR＝MC 时，总收益和总成本之间差额最大，也就是利润最大。

2. 经济利润为零时的短期均衡

经济利润并不是一定存在的，随着市场价格的降低，价格曲线不断降低，经济利润也不断减少，当价格线降到与平均成本线只有一个交点时，即相切时，此时，除了此点外，在其他产量位置总收益均小于总成本，出现经济亏损。

因此，只有此点是利润最佳的状态，但此时也仅仅是经济利润为零，厂商仅仅能够获得正常利润。此时，仍然是 MC＝MR。

图 4－6 中，在产量 Q_2 时，矩形 MOQ_2N 的面积既等于 PQ，也等于 AC×Q，即总收益＝总成本，经济利润为零，也达到短期均衡。

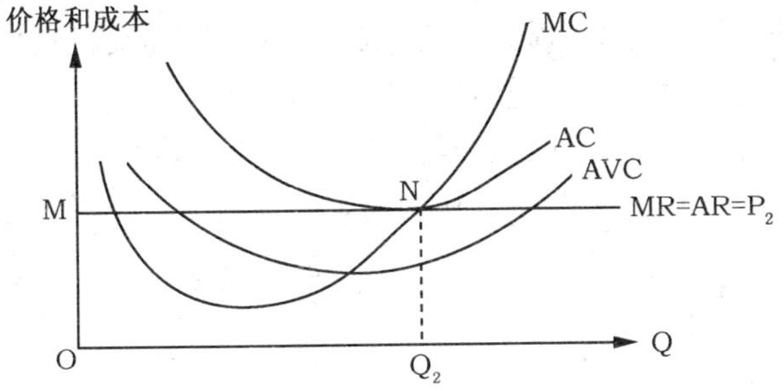

图 4－6　经济利润为零时的短期均衡

3. 厂商亏损最小的短期均衡

随着价格的进一步降低，当低于任何产量水平下的平均成本，也就是价格线降到平均成本线以下时，总收益在任何产量水平下都低于总成本，厂商出现亏损。若此时厂商停止生产，则由于在短期其不能迅速调整固定成本，所以厂商即使停止生产，也要支付其固定成本的损耗，所以，只要价格高于平均可变成本（厂商可以收回其即期可变成本投入，同时收回部分固定成本），厂商就会继续生产。当厂商出现亏损时，MC＝MR，亏损最小。

图 4－7 中，当 MC＝MR 时，矩形 FOQ_3E 的面积＝总成本，矩形 GOQ_3H 的面积＝总收益，则二者之差矩形 FGHE 的面积就是亏损最小值。此时，由于价格仍然大于平均可变成本，所以厂商总收益虽然小于总成本，但是仍然大于可变成本投入，即能够收回部分固定成本投入，厂商的生产仍然是有意

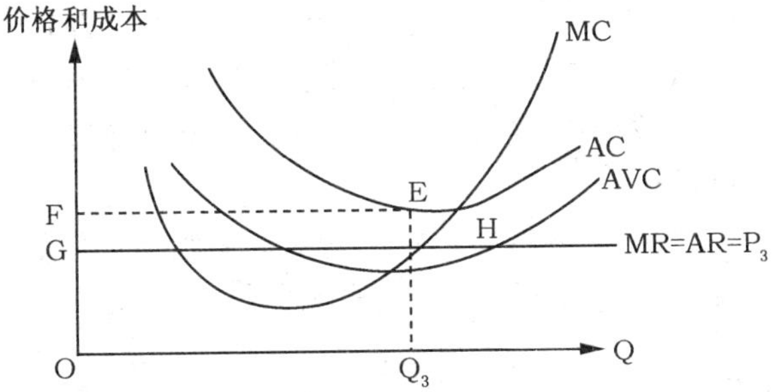

图 4－7　厂商亏损最小的短期均衡

义的。

4. 收回全部可变成本的厂商短期均衡(停止营业点)

若价格继续降低,甚至降到平均可变成本以下时,厂商的可变投入都不能完全收回,这样厂商只能关门。因此,厂商关门的临界点就是价格线与平均可变成本线相切的产量水平。此时,总收益只等于可变成本投入,厂商生产的结果和不生产是一样的,都是损失全部固定成本。厂商关门的临界点又称为停止营业点。此时,均衡条件仍然是 MC=MR。

结论:通过四种情况下厂商短期均衡的分析,可以得出结论,即厂商短期均衡的条件均为 MC=MR,称为利润最大化原则。

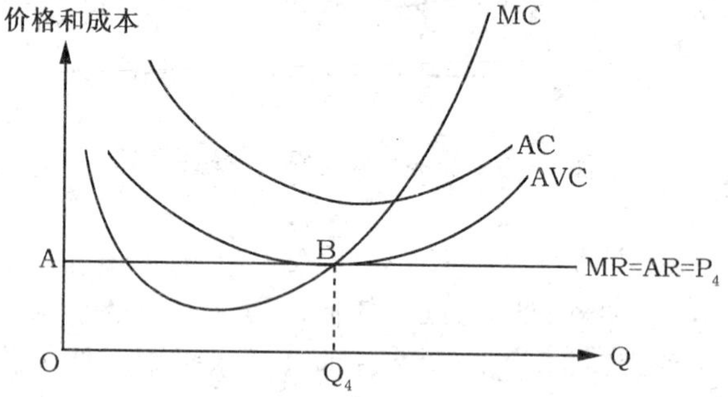

图 4—8 收回全部可变成本的厂商短期均衡(停止营业点)

五、完全竞争市场的长期均衡

1. 厂商和行业的长期均衡

长期行业内的厂商为了获取最大利润,仍然按照利润最大化原则,将生产规模调整到长期边际成本等于边际收益即市场价格的水平。

厂商长期调整过程的分析如图 4—9 所示。

假设厂商短期平均成本和边际成本函数为 SAC_1、SMC_1,则短期厂商会选择在 $SMC_1=P_1$ 时的 A 点进行生产。此时,从长期来看并不是厂商获得最大利润的状态,因此,如果价格不变,厂商将扩大规模,降低其成本,那么将到 $LMC=P_1$ 的 C 点进行生产。

但是由于其产量的扩大将导致整个行业的供给增加,供给曲线右移,价格下降,其生产点只能在 A 和 C 之间。假定移动到 S_2 位置,此时,如果没有其他厂商进入,原有厂商将在 D 点进行生产,取得长期最大利润。

然而,由于此时仍然是价格高于长期平均成本,仍存在超额利润,因此,会出现新厂商进入该行业,行业产量进一步增大,进而导致行业供给曲线进

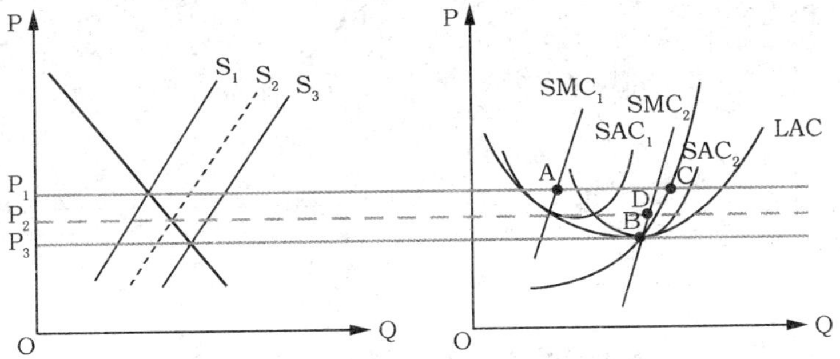

图 4—9　厂商长期调整过程

一步右移，价格下降。面对新的价格，所有厂商的规模将进一步调整，根据利润最大化原则，最终将稳定在 B 点，而行业内的价格也将稳定在 P_3 的水平，此时厂商和行业都达到了长期均衡，即长期平均成本曲线的最低点。这样，在最终的均衡状态下，对于行业内的所有厂商，都有 AR＝MR＝P＝SMC＝SAC＝LMC＝LAC，由此可以看出，经过长期的调整，最后的均衡状态将导致行业内所有厂商的经济利润都为零，此时，行业和厂商的调整都不再变化了。

2. 行业长期供给曲线

由于在长期内行业的供给是随着厂商规模和数量的变化而不断变化的，这样就形成了长期的行业供给曲线。在长期，由于行业成本的变化情况不同，因此，可以将行业的长期供给曲线分为三种，即成本不变行业的长期供给曲线、成本递增行业的长期供给曲线、成本递减行业的长期供给曲线。

(1)成本不变行业的长期供给曲线

在长期内，所有厂商在 C 点达到均衡。由于长期成本不变，在完全竞争条件下，行业内厂商的生产点如果不在 C 点，都会引起厂商的进入或退出，这样，最终会使所有厂商的生产都回到 C 点。于是，无论在长期厂商的数量发生什么样的变化，最终每个厂商都是在产量为 q 时达到均衡，也就是价格最终都回到 P。因此，长期供给曲线变化只是供给量的变化，价格不会发生变化，行业的长期供给曲线是一条水平线(见图 4—10)。

例如，软件行业就可以看成是长期成本不变的行业。

(2)成本递增行业的长期供给曲线

在长期，由于成本递增，也就是长期平均成本曲线上移，长期平均成本最低点发生变化，即行业均衡点发生移动，由此导致长期供给曲线沿着长期平均

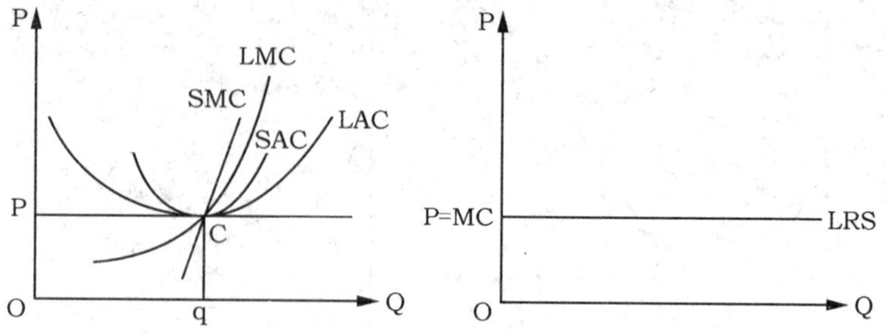

图 4—10　成本不变行业的长期供给曲线

成本的最低点发生移动，就是长期成本最低点的运动轨迹，即表现为一条向上倾斜的曲线。

例如，农业和采矿业属于成本递增行业。

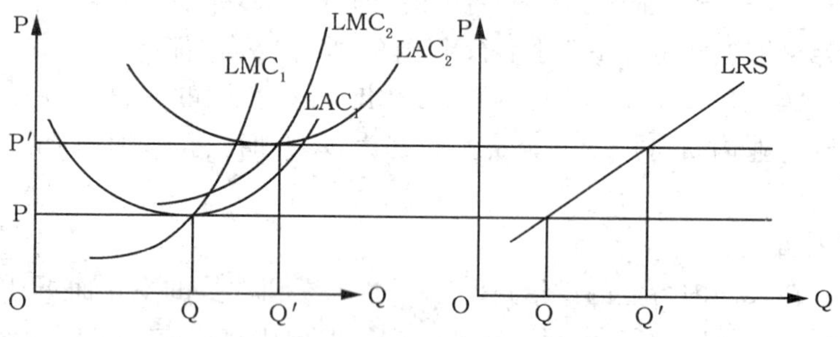

图 4—11　成本递增行业的长期供给曲线

(3)成本递减行业的长期供给曲线

在长期成本递增行业的长期平均成本曲线下移，长期平均成本最低点向下移动，即行业均衡点下移，由此导致长期供给曲线沿着长期平均成本的最低点运动，即表现为一条向下倾斜的曲线。

生活中的经济学现象——农村春联市场：完全竞争市场的缩影

贴春联是中国民间一大传统，每到春节临近，春联市场红红火火。例如某农村春联市场，需求者有5 000多家农户，供给者为 70 多家零售商，市场中存在许多买者和卖者；供应商的进货渠道大致相同，且产品的差异性很小，产品具有高度同质性（春联所用纸张、制作工艺相同，区别仅在于春联所书写内容的不同）；供给者进入与退出没有限制；农民购买春联时的习惯是逐个询价，最终决定购买，信息充分；供应商的零售价格水平相近，提价基本上会使销售量为零，降价会引起利润损失。原来，我国有着丰富文化内涵的春联，其销售市场结构竟是一个高度近似的完全竞争市场。

该市场条件简陋，春联商品习惯性席地摆放，大部分供应商都将春联放入透明的塑料袋中以防尘保持产品质量。而少部分供应商则更愿意损失少部分产品，将其暴露于阳光下、寒风中，以此展示产品。因此就产生了产品之间的鲜明对照。暴露在阳光下的春联更鲜艳，更能吸引消费者目光、刺激购买欲望，在同等价格下，该供应商的销量必定高于其他同行。由此可见，在价格竞争达到极限时，价格外的营销竞争对企业利润的贡献不可小视。

在商品种类上，例如"金鸡满架"一类小条幅，批发价为 0.03 元/副，零售价为 0.3 元/副；小号春联批发价为 0.36 元/副，零售价为 0.50 元/副。因小条幅在春联中最为便宜且为春联中的必需品，统一价格保持五六年不变，因此消费者不会讨价还价。小条幅春联共 7 类，消费者平均购买量为 3～4 类，总利润可达 1.08 元，并且人工成本较低。而小号春联相对价格较高，在春联支出中占比重较大，讨价还价较易发生；由此，价格降低和浪费的时间成本会造成较大的利润损失，对小号春联需求量较大的顾客也不过购买 7～8 副，总利润至多 1.12 元。因此，我们不难明白浙江的小小纽扣风靡全国、使一大批人致富的原因；同时也提醒我们，在落后地区发展劳动密集、技术水平低、生产成本低的小商品生产不失为一种快速而行之有效的致富方法。

问题：

从市场结构角度，你如何看待农村春联市场？

第二节　不完全竞争市场原理

案例导入

经济转型带来市场结构的变化(二)

随着改革的进行，一些收入水平上升较快的消费者开始对产品的质量提出各种要求，企业面对已经出现的挑剔又有支付能力的顾客，开始打造产品品质，此时的产品市场已经从完全竞争市场演变为垄断竞争市场。在更进一步的竞争过程中，也有一些行业进一步演变为寡头垄断市场。

另一方面，渐进式改革到一定阶段，几乎所有竞争性领域已经市场化了，剩下来的都是具有自然垄断和行政垄断性质的行业。这些行业在计划经济时期都是全国性或区域性的完全垄断市场，如铁路、通信、电力、自来水等，因而，凭借其长期的垄断地位，往往提供的产品数量少，质量差，而价格高，企业的生产效率和资源配置效率都很低。反垄断、引入竞争机制的结果，就是使完全垄断市场走向寡头垄断，甚至在一些寡头垄断行业，伴随技术进步，还能继续演变为垄断竞争市场。

请思考下列问题：

1. 不完全竞争市场包括哪些不同的类型?

2. 从市场结构角度，在我国计划经济向市场经济转型的过程中，产生了哪些代表性的市场?

一、完全垄断市场原理

1. 完全垄断市场

完全垄断市场是指没有任何竞争因素，市场处于一家厂商控制的状态。大多由于规模经济、原料控制、特许专利等原因形成，如铁路运输、电力、水利、邮政等公用事业行业。完全垄断市场具有行业体现为厂商、产品不能替代、单独决定价格、存在进入壁垒四个特点。

示例

我国电力、铁路等市场只有一家厂商，控制整个行业的商品供给，它不存在竞争的威胁，同时产品的价格由厂商决定。

2. 需求与收益

(1)需求

完全垄断市场由于只有一家厂商，所以市场需求曲线就等于厂商需求曲线，即一条向下倾斜的曲线。

(2)收益

完全垄断厂商也存在总收益、平均收益和边际收益三条曲线。它们的含义与完全竞争厂商相同，但具体曲线的形状却不一样。

总收益曲线为一条倒U形曲线。平均收益曲线表示为 AR＝TR/Q＝PQ/Q＝P，实际上就是价格线，即需求曲线。边际收益表示为 MR＝dTR/dQ，设需求曲线为线性，P＝a－bQ，则总收益曲线为 TR＝PQ＝aQ－bQ2，对其求导，得出 MR＝a－2bQ。

由此，可知边际收益曲线也是一条向下倾斜的曲线，斜率是需求曲线的2倍。

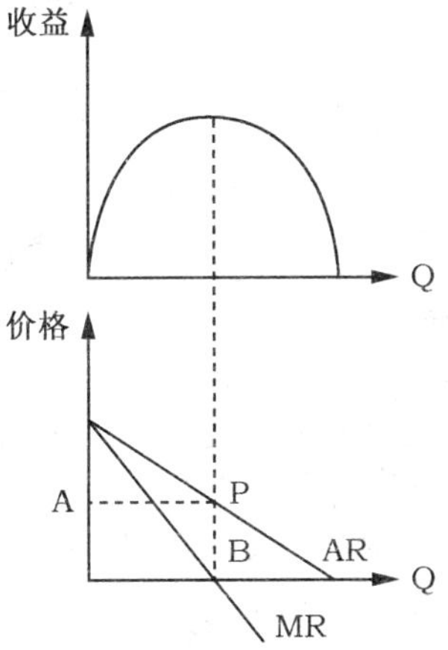

图4—12　总收益曲线、平均收益曲线和边际收益曲线

(3)需求价格弹性

完全垄断厂商虽然可以控制价格，但也不是随意定价的。收益的多少还要受到产品的需求价格弹性的影响，并不是价格越高收益越大。二者存在一定的关系：

设总收益 TR＝PQ，需求函数 Q＝f(P)

那么 MR＝dPQ/dQ＝P＋Q·dP/dQ＝P(1＋Q/P·dP/dQ)

因为需求价格弹性 Ed＝dQ/dP·P/Q＜0

所以，$|E_d|$＝－dQ/dP·P/Q

这样，MR＝P(1－1/$|E_d|$)

于是就有：

①$|E_d|$＞1时，MR＞0。此时，TR递增，也就是降低价格能使总收益增加。

②$|E_d|<1$ 时，MR<0。此时，TR 递减，也就是降低价格反而使总收益减少。

③$|E_d|=1$ 时，MR=0。此时，TR 最大，降低价格不会使总收益发生变化。

3. 完全垄断市场的短期均衡

(1)利润最大的短期均衡

垄断厂商利润最大化的条件也是 MR=MC。

原因如下：

当 MR>MC 时，每增加一单位产量会使收益增量大于成本增量，于是扩大产量可使利润增大。

当 MR<MC 时，每增加一单位产量会使收益增量小于成本增量，于是减少产量可使利润增大。

所以，只有 MR=MC 时，利润最大，此时垄断厂商达到短期均衡。最大利润为矩形 APCB 的面积。

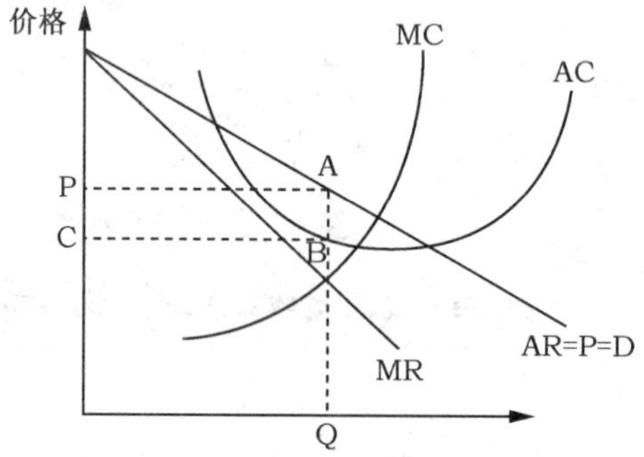

图 4—13　利润最大的短期均衡

(2)亏损最小的短期均衡

垄断厂商虽然自己制定价格，但也不总是盈利的。在市场疲软的情况下，厂商只能将销售价格下调，从而有可能出现亏损的情况。那么，厂商就要使其亏损最小，从而应用利润最大化原则，在 MC=MR 时，厂商亏损最小。

如图 4—14 所示，价格低于全部平均成本，厂商亏损，在产量 Q 的水平上达到亏损最小，此时 MC=MR。

亏损额为矩形 EPAD 的面积。由于此时价格仍然大于平均可变成本，所以厂商会继续生产。如果价格线低于全部平均可变成本，那么厂商就会停止生产了。

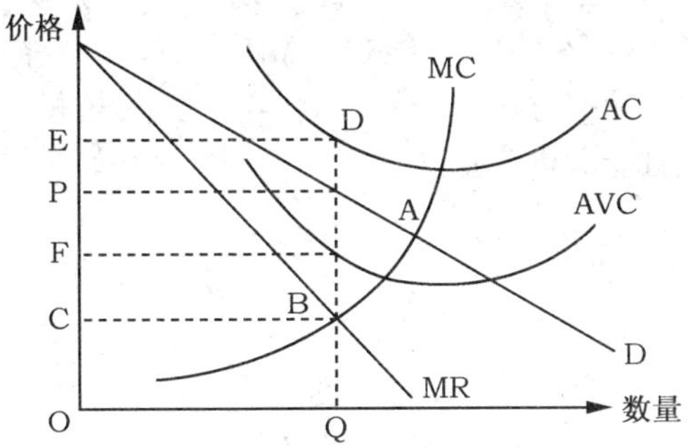

图 4—14　亏损最小的短期均衡

4. 完全垄断市场的长期均衡

(1)需求不变条件下

假设需求曲线长期不发生变动，那么垄断厂商根据利润最大化原则，将在 MR＝SMC＝LMC 时，达到长期均衡。

厂商如果在短期内有亏损，在长期就会关闭并退出这个行业；如果有盈余，厂商将调整工厂规模，达到长期均衡。

如图 4—15 所示，设厂商现有规模为 SAC_1，为了得到最大利润，他销售的产量为 Q_1，价格为 P_1，此时，MR＝SMC，但其利润在长期不是最大的。在长期，厂商将扩大规模，当扩大到 SMC_2 时，MR＝SMC＝LMC，达到长期均衡，在长期取得最大利润。

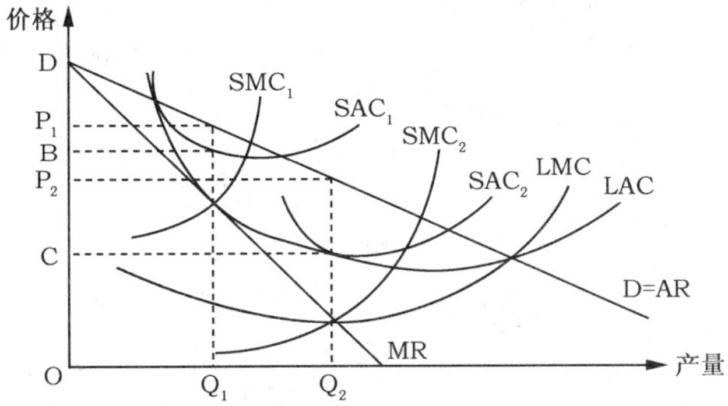

图 4—15　需求不变条件下完全垄断市场的长期均衡

(2)需求变化条件下

上述分析的是需求曲线不变时长期均衡的情况。有时，需求曲线会发生变动，此时 MR 曲线也会相应变动，因此长期均衡情况就不一样了。假设需求曲线向右上方移动，那么 MR 曲线也会相应向右上方移动，于是，与 LMC、SMC 在更高的产量水平上相交。即厂商将再扩大其规模，销售量将大于 Q_2，假定在 Q_3，厂商长期均衡再次形成。

5. 垄断厂商的差别定价

(1)差别定价的定义及条件

差别定价是指厂商对成本相同的同一种产品向不同购买者索取不同的价格。例如，医生对收入不同的病人的差别收费、电力公司对家庭用电和工业用电的不同收费、通信公司对于话费量大小不同的客户实行不同定价、在旅游旺季和淡季航空公司机票的不同票价等。

差别定价需满足以下条件：

①并不是所有厂商都可以差别定价，需要具备一定的条件；

②定价厂商必须具有相当的垄断能力；

③定价厂商必须能够有效分割市场；

④分割开的市场对同一产品必须具有不同的需求价格弹性。

(2)差别定价的类型

根据商品价格差别的程度不同，可以将差别定价分为三种情况：

①一级价格差别(完全价格差别)

一级价格差别是指垄断厂商对每个消费者购买每单位商品都按照消费者愿意支付的最高价格来确定不同的售价。实际上就是按照消费者的心理价位定价。例如，利用第一章消费者购买胶卷的例子加以说明。此时，消费需求曲线成为垄断厂商的边际收益曲线。一级价格差别事实上就是垄断厂商将消费者剩余转化为自己的收益。如图 4－16 所示，图中阴影部分的面积就是原来的消费者剩余，现在也成了厂商的收益。

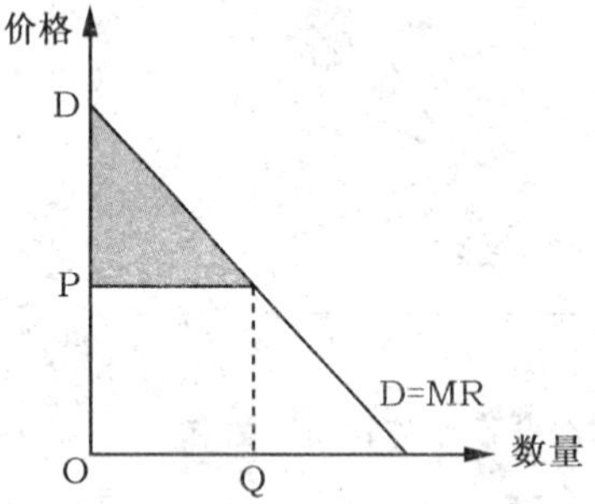

图 4－16　一级价格差别

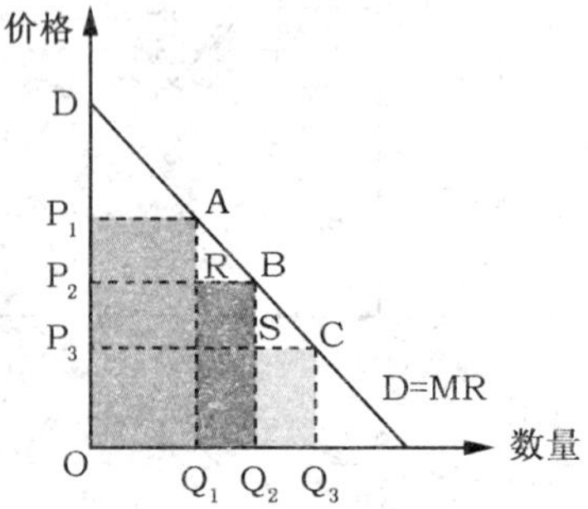

图 4－17　二级价格差别

②二级价格差别

二级价格差别是指垄断厂商根据消费者购买商品数量的多少而收取不同的价格。如批量购买优惠、手机话费消费量越多单价越低等。如图 4—17 所示，当消费者消费 OQ_1 时，价格为 P_1，当消费量为 OQ_2 时，OQ_1 部分的价格仍为 P_1，而 Q_1Q_2 部分的价格为 P_2，同样如果消费量为 Q_3，则 Q_2Q_3 部分的定价为 P_3。对于总消费量为 OQ_3 的消费者，垄断厂商得到的总收益为：矩形 OP_1AQ_1 面积＋矩形 Q_1RBQ_2 面积＋矩形 Q_2SCQ_3 面积，此时，消费者剩余比非价格歧视下的三角形 P_3DC 的面积减少了。由此可见，在二级价格差别下，垄断厂商只能获得部分消费者剩余，从而垄断厂商获得的超额利润要比在一级价格差别下少。

③三级价格差别

三级价格差别是指垄断厂商对不同市场的不同消费者实行不同的价格。例如，出口商品与内销商品的价格不同，工业用电与民用电价格不同等。

(3)差别定价的影响

差别定价主要有利于垄断者，可以使垄断者获得更多的利润。但它对于消费者却是有利有弊。因为差别定价具有歧视性，它对于不同消费者采取不同的待遇，即收取不同的价格，这对消费者是不利的。

然而，差别定价对于消费者也有好处。由于差别定价，会使一部分消费群体获得利益。例如，学生群体在购买火车票回家时就可以享受半价的优惠。

另外，它还有促进或抑制消费的作用。比如消费多、价格低会促进消费，消费少、价格高会抑制消费。

示例

塑料门窗型材是建筑行业使用的塑钢门窗主体材料，20 世纪 90 年代后期以来在我国迅速发展。加拿大皇家集团于 1997 年在上海设立子公司，定位在塑窗型材的高端产品市场，经营业绩良好。然而进入 2001 年下半年后，市场环境发生剧变，受市场旺盛需求的刺激，各地纷纷上马塑窗型材生产项目，供给能力很快扩大，加上铝门窗技术也有重大改进，在全国掀起一股声势强劲的销售热浪，塑窗型材市场向供大于求方向转变。

随着市场竞争压力日趋激烈，企业纷纷大幅度降价销售，未随之降价的皇家产品虽在沿海地区销量没有太大变化，但在内地市场明显下滑。公司营销人员经调研分析，建议对定价方式进行调整。如对购买不同数量段的客户收取不同价格，最高打折幅度可随购买量递增到 18%；对于在消费淡季下单的客户给予折扣优惠；对于经济欠发达、消费水平较低地区的客户，进一步额外降价。该企业决策层接受了这一价格调整建议，收到了较好效果。

问题：

1. 什么是差别定价？

2. 在何种情况下，应实行差别定价？

3. 请举一个身边区别定价的例子，并加以分析说明。

6. 完全垄断与完全竞争的比较

(1)完全垄断的缺点

在完全竞争市场条件下，每个厂商都是在长期平均成本最低点进行生产，所以可以使生产资源得到充分的利用和有效的配置。但是完全垄断市场却无法做到这一点。主要表现为：在其他条件相同时，完全垄断厂商的产量低于完全竞争厂商的产量，价格高于完全竞争条件下的价格。

如图4－18所示，P_2、Q_2 为完全垄断市场长期均衡时的价格和产量；P_1、Q_1 为完全竞争市场条件下厂商长期均衡时的价格和产量。通过比较可知，$P_2>P_1$，$Q_2<Q_1$。可见，垄断条件下，厂商的生产成本较高，说明资源没有得到最充分的利用和最有效率的配置。另一方面，由于消费者必须付出较高的价格购买商品，这样就不会达到消费者均衡，使其在既定收入条件下不能达到最大满足。

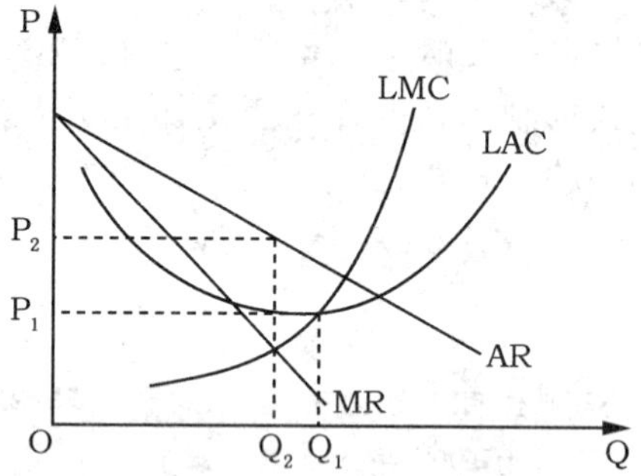

图4－18　完全垄断

完全垄断条件下厂商的外部激励机能较差。由于厂商凭借其垄断地位就可以获得超额利润，所以他改进技术、管理水平的动力就减弱了，不利于企业生产效率的提高。

(2)完全垄断的优点

完全垄断也有其有利的地方，表现在以下两个方面：

①由于厂商之间是自由竞争，那么某一个厂商发明出来的产品就得不到

保护,很快将被其他竞争者效仿,于是使发明产品的厂商损失很大。这样大家就都不愿意生产新产品,从而削弱了厂商技术创新的积极性,因而不利于技术进步。但垄断市场却不一样,由于国家对新产品赋予发明者专利权,所以防止了其他竞争者的效仿,从而在这个意义上有利于技术进步。

②完全垄断的规模一般比较大,这样大规模生产可以降低生产成本,从而可能以低廉的价格提供给消费者,让消费者享受较多的利益。当然这并不是说,垄断一定带来低价格,有时也会有高价格。这样看来,完全垄断从某种角度来讲,并不是完全不利于消费者和生产的,也在另一个角度有其积极的一面。

二、垄断竞争市场原理

1. 垄断竞争市场

垄断竞争市场就是在这个市场中有许多厂商生产和销售有差别的同种产品的市场结构。它具有以下几个特征:

(1)每个厂商的产品是不同质的。

(2)市场上有很多厂商,可以凭借产品的有限差别对市场施加有限的影响,是市场价格的影响者,但却无法互相勾结控制市场价格。

(3)由于每个厂商所占的市场份额不大,厂商自以为可以不考虑其他厂商的反应而独立行事。

(4)厂商进出比较容易。如彩电市场、牙膏市场、洗发液市场、同一星级的宾馆等轻工业、服务业市场。

2. 厂商需求曲线

垄断竞争厂商的需求曲线是一条略为向右下方倾斜的斜线。这是因为,其产品虽有差别但差别不大,所以降低或提高价格会引起销量的较大变化。产品差别越小,需求曲线的斜率也就越小;反之亦然。

每个垄断竞争厂商都面对两条需求曲线:一是别的厂商保持价格不变,自己的价格变化后市场对自己产品的需求曲线(d),即主观需求曲线。二是别的厂商与自己采取相同行动时,市场对自己产品的需求曲线(D),即客观需求曲线。客观需求曲线就是市场需求曲线,是固定不变的,而厂商的主观需求曲线 d 则随着不同的价格水平发生变化。

3. 垄断竞争厂商的竞争

垄断竞争厂商的竞争分为价格竞争和非价格竞争两大类。价格竞争就是厂商通过竞相降低价格来达到排挤竞争对手的目的。非价格竞争就是厂商采取价格以外的手段来达到排挤竞争对手的目的,如产品品质竞争、营销竞

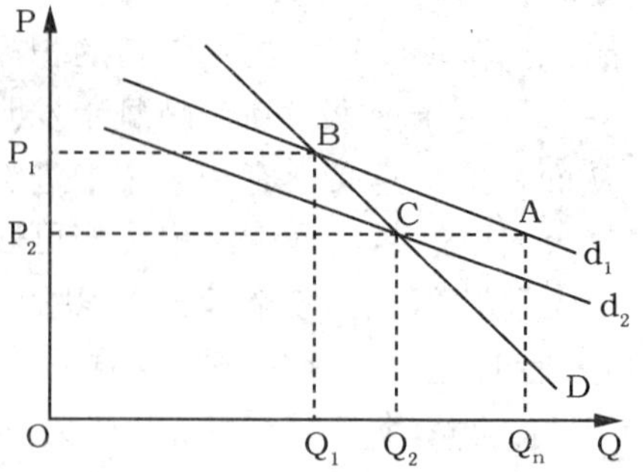

图 4—19　垄断竞争

争等。

在价格竞争条件下，垄断竞争厂商存在短期和长期两种均衡，在短期均衡时厂商还可以获得超额利润，短期均衡的条件是 MR＝MC；在长期均衡时，超额利润消失。长期均衡条件是 LMC＝MR，此时 AR＝LAC，超额利润为零。因此，厂商一般不会轻易变动价格，而采取非价格竞争的方式。无论是价格竞争，还是非价格竞争，最后均衡条件都是 MC＝MR。

4. 对垄断竞争市场的评价

(1)优点

垄断竞争厂商通过提升产品品质来进行竞争，有利于多样化产品的出现，可以满足消费者多方面、多层次的需求。对于生产者而言，没有竞争就没有创新，由于竞争的存在，迫使生产者不断改进生产技术，有利于促进技术进步。

(2)缺点

垄断竞争市场中非价格竞争非常普遍，厂商将大量的资源花费在广告等营销宣传上，这样做的结果往往不是使厂商销售量增加很多，而是导致了其销售成本的上升。例如，央视广告标王企业秦池酒、爱多 VCD 破产等。

(3)效率方面

①与完全竞争市场相比，垄断竞争市场是缺乏效率的。

因为它导致较少的产量和较高的出售价格。厂商的生产没有在平均成本的最低点的产量水平上进行，这意味着生产资源未得到最有效率的配置。

②与完全垄断市场相比，垄断竞争市场的资源配置效率又是较高的。

因为其内部生产要素可以自由流动，生产能力利用程度较高，也就是其平均成本低于完全垄断时的平均成本。

三、寡头垄断市场原理

1. 寡头垄断市场

寡头垄断市场是指少数几家厂商生产和销售一个行业的全部或大部分产品，每家厂商的产量在总产量中都占有相当大的份额。例如，寡头垄断多见于钢铁、有色金属、汽车制造等重工业行业。它具有以下几个特征：

(1)厂商极少。

(2)相互依存。

(3)产品同质或异质。其中同质产品的称为纯粹寡头，如钢铁、冶金、水泥、石油等行业；异质产品的称为差别寡头，如汽车、轮船、化工产品等行业。

(4)行业进出不易。

2. 市场结构类型特征的比较

表 4—1　　市场结构类型特征的比较

市场结构	厂商数目	产品性质	市场控制能力	行业进入难度	举例
完全竞争	很多	同质商品	无	自由进入	粮食市场
完全垄断	一个	不可替代商品	完全控制	不能进入	公用事业
垄断竞争	较多	可替代的差异产品	有一定控制能力	容易进入	品牌商品
寡头垄断	很少	同质或差异产品	较大控制能力	进入困难	汽车、钢铁等

生活中的经济学现象——雷克航空公司的终结

1977 年，英国人弗雷迪·雷克开办了一家名为"雷克"的航空公司，经营从伦敦飞往纽约的航班，票价是 135 美元，远远低于当时的最低票价 382 美元。毫无疑问，其票价非常具有竞争力。事实证明，雷克公司成立后，发展非常迅速，到 1981 年，其年营业额达到 5 亿美元，连其竞争对手，一些老牌的世界知名航空公司也感受到了威胁。但是好景不长，到了 1982 年雷克公司破产，从此销声匿迹。

究竟发生了什么事？原来包括泛美、环球、英航和其他航空公司在内的竞争对手们采取联合行动，一致大幅降低票价，甚至低于雷克，而且还达成协议，运用各自的影响力阻止各大金融机构向雷克公司贷款，使其难以筹措资金，导致了雷克公司的破产。一旦把雷克挤出市场，它们的票价马上回升到了原来的水平。但弗雷迪并不甘心，他依照美国反垄断法提出诉讼，指责上述公司联手实施价格垄断，为了驱逐一个不愿接受其“游戏规则”的公司，不惜采用毁灭性价格来达到目的。1985年8月，被告各公司以800万美元的代价同雷克公司达成庭外和解，雷克随即撤诉。

赔款达成和解不等于认罪。从技术上讲，没有官方的说法来认定雷克公司是被垄断价格驱逐出市场的，但是这个案例已经明显地透露出一个威胁信号，即如果谁企图加入跨越大西洋的航空市场，他必须首先考虑其中可能面临的破产威胁。

问题：

1. 此例是寡头垄断市场吗？

2. 理论上讲，寡头垄断市场是否存在进入障碍，实际如何呢？

思考与检测

一、单项选择题

1. 假如某厂商的平均收益曲线从水平线变为向右下方倾斜的曲线，这说明（　　）。

A. 既有厂商进入，也有厂商退出该行业

B. 完全竞争被不完全竞争所取代

C. 新的厂商进入了该行业

D. 原有厂商退出了该行业

2. 假定在某一产量水平上，某厂商的平均成本达到了最小值，这意味着（　　）。

A. 边际成本等于平均成本　　B. 厂商获得了最大利润

C. 厂商获得了最小利润　　D. 厂商的超额利润为零

3. 在完全竞争条件下，如果厂商把产量调整到平均成本曲线最低点所对应的水平（　　）。

A. 他将取得最大利润　　B. 他没能获得最大利润

C. 他是否获得最大利润仍无法确定　　D. 他一定亏损

4. 在完全竞争市场上，已知某厂商的产量是500单位，总收益是500美元，总成本是800美元，总不变成本是200美元，边际成本是1美元，按照利润最大化原则，他应该（　　）。

A. 增加产量　　B. 停止生产

C. 减少产量　　D. 以上任何一个措施都采取

5. 完全竞争市场中的厂商总收益曲线的斜率为（　　）。

A. 固定不变　　B. 经常变动

C. 1　　D. 0

6. 完全竞争市场的厂商短期供给曲线是指(　　)。

A. AVC>MC 中的那部分 AVC 曲线

B. AC>MC 中的那部分 AC 曲线

C. MC≥AVC 中的那部分 MC 曲线

D. MC≥AC 中的那部分 MC 曲线

7. 总利润达到最大是在(　　)。

A. TR=TC 处

B. TR 曲线和 TC 曲线平行处

C. TR 曲线和 TC 曲线平行,且 TC 超过 TR 处

D. TR 曲线平行于 TC 曲线,且 TR 曲线超过 TC 曲线处

8. 在最好或最优短期产出水平厂商将(　　)。

A. 取得最大利润

B. 使总损失最小

C. 使总损失最小,或使总盈利最大

D. 使单位产品中所获利润最大

9. 在厂商倒闭点(　　)。

A. P=AVC　　B. TR=TVC

C. 企业总损失等于 TFC　　D. 以上都对

10. 当完全竞争厂商(并非整个行业)处于长期均衡时(　　)。

A. P=MR=SMC=SAC

B. P=MR=LMC=LAC

C. P=MR=SMC=LMC,SAC=LAC;但前后两等式并不相等,即P≠SAC

D. P=MR=SMC=SAC=LMC=LAC

11. 当完全竞争厂商和行业都处于长期均衡时(　　)。

A. P=MR=SMC=LMC　　B. P=MR=SAC=LAC

C. P=MR=LAC 的最低点　　D. 以上都对

12. 在完全竞争市场中,行业的长期供给曲线取决于(　　)。

A. SAC 曲线最低点的轨迹　　B. SMC 曲线最低点的轨迹

C. LAC 曲线最低点的轨迹　　D. LMC 曲线最低点的轨迹

13. 在完全竞争行业中,成本递增行业的长期供给曲线是(　　)。

A. 水平直线　　B. 自左向右上倾斜

C. 垂直于横轴　　D. 自左向右下倾斜

14. 对完全垄断厂商来说，(　　)。

A. 提高价格一定能够增加收益

B. 降低价格一定会减少收益

C. 提高价格未必能增加收益，降低价格未必减少收益

D. 以上都不对

15. 如果在需求曲线上有一点，$E_d=-2$，$P=20$，则 MR 为(　　)。

A. 30 元　　B. 10 元　　C. 60 元　　D. −10 元

16. 当垄断市场的需求富有弹性时，MR 为(　　)。

A. 正　　B. 负　　C. 0　　D. 1

17. 完全垄断厂商的平均收益曲线为直线时，边际收益曲线也是直线。边际收益曲线的斜率为平均收益曲线斜率的(　　)。

A. 2 倍　　B. 1/2 倍　　C. 1 倍　　D. 无法确定

18. 在短期，完全垄断厂商(　　)。

A. 无盈利　　B. 无边际利润

C. 发生亏损　　D. 以上任何一种情况都可能出现

19. 完全垄断厂商达到长期均衡的条件是(　　)。

A. MR＝MC　　B. MR＝SMC＝LMC

C. MR＝SMC＝LMC＝SAC　　D. MR＝SMC＝SAC＝LAC

20. 完全垄断厂商如果处于(　　)。

A. 长期均衡时，一定处于短期均衡

B. 长期均衡时，不一定处于短期均衡

C. 短期均衡时，一定处于长期均衡

D. 以上都不对

二、多项选择题

1. 垄断产生的三个原因是(　　)。

A. 自然垄断　　B. 资源垄断

C. 人为垄断　　D. 政府垄断

2. 垄断市场的特点是(　　)。

A. 许多生产者　　B. 唯一生产者

C. 没有替代品　　D. 厂商有定价权

E. 其他厂商难以进入该市场

3. 垄断竞争市场的特点是(　　)。

A. 许多生产者　　B. 唯一生产者
C. 产品相似，又有差别　　D. 其他厂商可以自由进出该行业

三、判断题

1. 专利权保护属于资源垄断。（　）
2. 寡头垄断市场由于存在勾结，所以就不存在竞争。（　）
3. 长期来看，完全竞争厂商既无利润也无亏损。（　）

四、分析讨论题

1. “在完全竞争市场中，如果一厂商的 MP=5，MP=12，同时 P=3 美元，P=7.20 美元，则这个厂商达到了利润极大均衡”。你认为这句话对吗？

2. “虽然很高的固定成本会是厂商亏损的原因，但永远不会是厂商关门的原因”。你同意这一说法吗？

3. 如果一个厂商使用唯一可变要素劳动，它与不变要素一起生产产品，如果产品市场是完全竞争的，是否可以说该厂商均衡时工人的边际产量等于平均产量的话，必然是亏损的？

4. 在完全竞争市场中，如果行业中每个企业都处于长期均衡状态，整个行业是否处于长期均衡状态，反之亦然否？

5. 在完全竞争市场中，当行业处于长期均衡状态时，同一行业的所有厂商必须具有相同的成本，且各厂商只能获得正常利润。这句话是否正确？

6. “假定一完全竞争行业已处于长期均衡状态，市场对该行业产品需求有单位弹性，而在短期中，资本是固定的，劳动是可变投入。这时如果资本价格（利率）提高，则所有厂商会发生亏损；相反，如果劳动价格提高，则所有厂商会获得经济利润”，试评论这一说法。

7. “假定一个完全竞争行业的所有企业合并为一个垄断厂商，再假定合并前这个完全竞争行业产量的需求价格弹性为 0.5，那么，不管这种合并的规模经济如何，只要垄断者是追求利润极大的，则这种合并必然导致产量下降而价格上升”。你同意这一说法吗？

8. 国内某景区的入场券采取差别价格政策，国内游客的入场票价为 20 元，外国人的入场券为 50 元，试用经济理论分析：

(1)为什么采用差别价格？

(2)在怎样的条件下，施行这种政策才能有效？

9. 如果某个行业是由 1 个领导价格的大厂商和 50 个小厂商组成，该行业的需求曲线为 Q=500−5P，每个小厂商的边际成本函数是 MC=3Q，大厂

商的成本函数为 $C=Q+0.2Q$。

(1)试求所有小厂商的总供给函数。

(2)试求大厂商的需求函数。

(3)试求厂商的最大利润,此时价格将是多少?大厂商的产量是多少?市场的总供给量是多少?

五、问答题

1. 为什么有线电视费可以涨价?

2. 为什么服装商家一年要有几次打折销售活动?

3. 为什么上海的蔬菜、水果市场会出现销地价格低于产地价格的“产销倒挂”现象?

第五章　运用分配原理

学习目标

- 理解并掌握工资、利息、地租和利润的有关概念及原理
- 掌握生产要素的需求、供给及决定

第一节　生产要素

案例导入

华为的魅力

在深圳，华为公司新建的华为城分为生活区、科研开发区和生产厂房三个部分，均由来自美国、德国和中国香港的工程师规划和设计。这个设施齐全、技术先进、环境优美的现代化工业城为员工提供“比这个城市的其他人相对优越的生活和待遇”。

据猎头公司介绍，摩托罗拉和贝尔等外资企业要想挖华为的人很难，但华为要挖他们的人就容易多了。其中，工资是重要的因素。一名刚毕业的硕士生可拿到10万元的年薪；一名刚工作两年、本科毕业的技术或市场人员可派发8万股内部股票；对于一名总监级的员工(约占公司人数的2%)，平均拥有300万的内部股票。华为的基本管理费用都比竞争对手(如中兴通讯)要高。

高薪和巨大的持股计划，使得华为员工都很关心公司的市场前景和

发展，也使他们愿意用自己的努力创造企业的神话。

请思考下列问题：

1. 华为的魅力在哪里？

2. 生产要素的价格由什么决定？

一、生产要素的需求

1. 生产要素

生产要素市场具有以下几个特征：

(1)在产品市场，需求来自消费者，供给来自生产者；要素市场的情形正好相反。

(2)在产品市场，属于直接需求，要素市场属于派生需求。

(3)产品市场价格是指产品本身价格，购买后归购买者所有；要素市场价格是指使用要素的价格，购买者只有一定期限的使用权。

(4)产品市场价格决定了厂商的收益，要素市场价格决定了要素所有者的收入。

(5)要素市场与产品市场互相依存。

示例

几年前，可口可乐公司为了扩大可口可乐的销售量，异想天开地修改了可口可乐的配方，本想用新口味刺激销售量，但是没想到新配方的可乐一上市，就遭到老顾客的强烈反对，这些消费者甚至上街游行，迫使可口可乐公司恢复老配方，才度过一场危机。

2. 生产要素的需求

(1)完全竞争市场

①边际产品价值

边际产品价值(VMP)是指投入劳动每增加1个单位所增加的产量(即边际物质产品MPPL)的销售值。在完全竞争的产品市场中，厂商可以按既定销售价格卖出任何数量的产品，VMP等于边际物质产品与其销售价格之乘积：$VMP=P\times MPPL$。在非完全竞争条件下，由于产品的销售价格随销售量增多而下降，这时投入劳动每增加1个单位带来的产品销售价值的增加，将不再是$MPPL\times P$，而是$MPP\times MR$(边际收益)。

②边际要素成本

厂商在决定使用多少生产要素投入时，必须考虑成本和收益的比较，即追加1单位生产要素所获得的收益MRP能否补偿他为使用该单位要素所需支付的成本。这种成本即增加1单位投入要素所增加的成本支出可称为边际要素成本(MFC)。同使用要素的收益情况相类似，MFC的变化也取决于要素的市场结构。如果要素市场是完全竞争的市场，则MFC不变且等于要素的价格，比如说劳动的价格(W)，即MFC＝W；如果该要素市场为不完全竞争的市场，则MFC将随要素需求量的增加而递增且总大于要素价格。

③完全竞争市场中厂商使用要素的原则：VMP＝MFC

与厂商通过调整产出量以实现最大利润所需具备的条件是MC＝MR＝P完全一样，厂商通过调整可变要素(这里是劳动)投入量以实现最大利润的条件，是他雇用的劳动总量的最后1个单位带来的收益(边际产品价值VMP)恰好等于他增加雇用的最后那个单位劳动所付出的工资，即VMP＝MFC＝W。道理很简单：假如VMP＞W，这表示继续增加劳动投入量带来的收益会超过为此付出的成本，因而增加劳动投入量可以使利润总量有所增加；反之，假如VMP＜W，这表示最后增加雇用的那个单位劳动反而造成损失，从而导致利润总量较前减少。所以当厂商把雇用的劳动量作为选择变量，以确定他对可变要素劳动的需求量时，实现最大利润的条件是雇用的劳动总量的VMP＝MFC＝W。

(2)不完全竞争市场

①边际收益产品

厂商投入的一种可变要素(如劳动)的边际收益产品(MRP)可定义为总收益的变化与可变要素的变化这两者的比率。或者说，可变要素每增加(或减少)1个单位引起的总收益的增加(或减少)，即MRP＝ΔTR/ΔL。

②不完全竞争市场中厂商使用要素的原则：MRP＝MFC

由于MRP意指非完全竞争产品市场中的厂商雇用的劳动量中最后雇用的那1个单位的劳动带来的总收益的增加量，而工资率W意指雇用1个单位劳动所付出的成本，所以当非完全竞争厂商考虑其雇用的劳动量时，能使他赚得最大利润的雇用量，是该雇用量的MRP恰好等于最后雇用的那个工人所付出的工资，即

$$MRP = MPP \times MR = MFC = W$$

二、生产要素的供给

1. 要素供给与供给者

(1)要素供给

要素供给是指要素市场供给量与要素价格之间的函数关系。不同种类的生产要素各有自己的特点。就一个社会来说，经济分析中一般假定自然资源的供给是既定不变的。其次，资本财货的供给曲线，遵循产品分析的原则。最后，非物质的人的劳动又有不同于物质的生产要素的特点。但一般来说，假定资本财货和劳动的供给曲线是自左向右上方上升，即要素的价格越高，该要素的供给量越多。不过它有一些共同的特点：要素供给只提供其使用特性，而不是要素本身；要素供给在短期内是固定的。

(2)要素供给者

这里所讨论的要素供给者完全局限为消费者。比如，厂商生产产品所需要的各种固定资本，如厂房、机器等，不论它是通过银行借贷购置的，还是通过证券市场发行股票或债券筹集而来的，其最终的供给者是家庭或消费者。

2. 厂商所面临的要素供给曲线

(1)完全竞争要素市场上厂商所面临的要素供给曲线

完全竞争要素市场上厂商所面临的要素供给曲线是一条水平的边际要素成本曲线：S＝MFC。

从厂商的角度具体分析，由于单个厂商所愿意购买的要素数量在整个要素市场供给量(或需求量)中只占很小份额，所以在他有限的需求范围(相对于整个市场而言)内无论怎样调整其需求量，都不至于引起整个市场需求量易于觉察的变化，从而不至于引起由市场供求双方共同决定的要素价格的变动。这样，厂商可以在既定价格水平上获得任意数量的要素(这里是劳动)。显然，完全竞争要素市场上单个厂商所面临的要素供给曲线是一条水平的边际要素成本曲线，即 S＝MFC。

(2)要素市场为买方垄断时的厂商所面临的要素供给曲线

要素市场为买方垄断时的厂商所面临的要素供给曲线是一条向右上方倾斜的平均要素成本曲线：S＝AFC。

当要素市场为买方垄断时，如果该垄断厂商要购买更多的生产要素，将导致市场需求的增加。而市场需求的增加，在市场供给不变的情况下，必然使要素价格上升。厂商在增加该要素购买时，不仅要对增加购买的部分支付新的更高的价格，而且要对所购买的全部要素，不论新旧都支付新的更高的价格。也就是说，要素市场为买方垄断时的厂商所面临的要素供给曲线是一条向右上方倾斜的平均要素成本曲线，即 S＝AFC。在要素购买增加的过程中，厂商面临的边际要素成本曲线始终位于要素供给曲线的上方，而且随着购买量的增加，二者的差距在不断扩大。

三、生产要素均衡价格的决定

根据产品市场和要素市场的竞争和不完全竞争的情况，要素均衡价格有着不同的决定原则。

1. 产品市场完全竞争——要素市场完全竞争下的厂商均衡条件

由于产品市场为完全竞争的市场，所以产品价格 P 等于边际收益 MR，要素的边际收益产品 MRP 等于边际产品价值 VMP，即 MRP 曲线和 VMP 曲线重合，构成要素需求曲线。又由于要素市场为完全竞争市场，所以边际要素成本 MFC 始终等于要素价格 W_0，二者亦重合为一条水平线，构成要素的供给曲线。需求曲线和供给曲线在相交点所对应的 W_0 即为此时的要素均衡价格，L_0 为此时要素的均衡使用量。显然，在这样的要素市场上，要素的价格不是由某一单个厂商决定的，为厂商所决定的仅是要素的使用量。由此可确定产品市场、要素市场均为完全竞争情况下的厂商均衡条件为：W_0(MFC)＝VMP(MRP)。

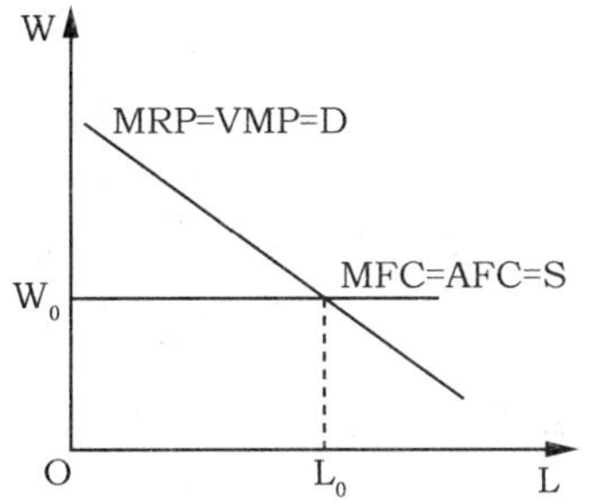

图 5—1　产品市场完全竞争——要素市场完全竞争下的厂商均衡条件

2. 产品市场不完全竞争——要素市场完全竞争下的厂商均衡条件

由于产品市场是不完全竞争市场，产量的增加将会引起价格的下降，进而使 MR 下降更快。由于此时 MR＜P，所以 MRP＜VMP，厂商决定对要素的需求只能根据增加要素带来的实际收益 MRP 的变化，所以 MRP 曲线为此时的要素需求曲线。又因要素市场仍为完全竞争市场，所以要素价格 W_0 和边际要素成本 MFC 不随要素供给量的变动而改变，且二者仍旧相等并重合构成水平的要素供给曲线。要素需求曲线和供给曲线的相交点所对应的 W_0 为此时要素均衡价格，L_0 为此时要素的均衡使用量，该种市场情况下厂商的均衡条件为：W_0(MFC)＝MRP。

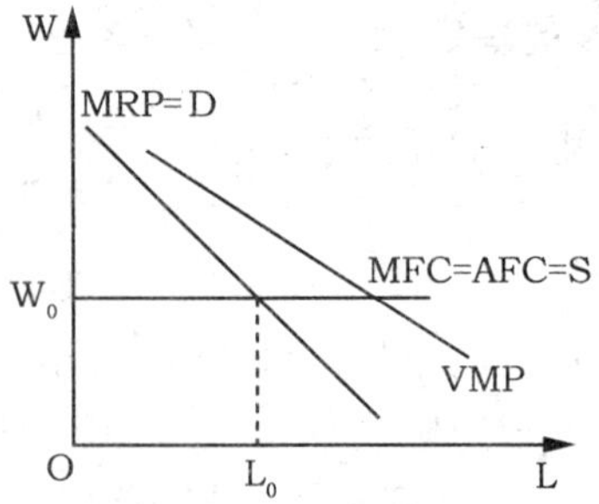

图 5—2 产品市场不完全竞争——要素市场完全竞争下的厂商均衡条件

3. 产品市场完全竞争——要素市场不完全竞争下的厂商均衡条件

当产品市场为完全竞争而要素市场为不完全竞争时，厂商的边际产品价值曲线与边际收益产品曲线是重合的（VMP＝MRP），而要素的平均成本曲线（要素的供给曲线）与边际要素成本曲线却是分离的（AFC≠MFC）。如果其他要素不变，只有一个变动要素时，厂商将要素使用量调整到边际产品价值曲线与边际要素成本曲线的交点，即 VMP＝MFC 时，才能取得最大利润。在产品市场完全竞争而要素市场不完全竞争的情况下，要素的均衡价格和使用量要分两步来确定。第一步由 VMP 与 MFC 曲线的交点确定要素的均衡使用量；第二步再找出要素供给曲线上与该购买量对应的点所指示出的要素价格，即均衡价格。该种市场情况下的厂商均衡条件为：VMP(MRP)＝MFC。

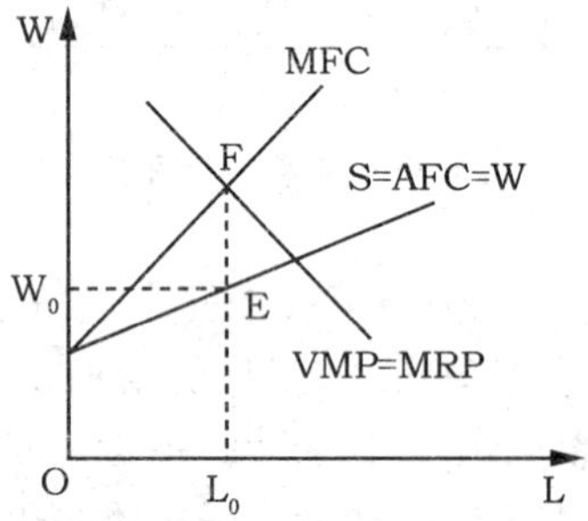

图 5—3 产品市场完全竞争——要素市场不完全竞争下的厂商均衡条件

4. 产品市场不完全竞争——要素市场不完全竞争下的厂商均衡条件

当产品市场和要素市场均处于垄断情况下，则兼有前面 2、3 两种市场类型的特点，边际产品价值曲线高于边际收益产品曲线，后者为此时的要素需求曲线；边际要素成本曲线高于要素平均成本曲线（供给曲线）。如果其他要素不变，只有一个要素变动时，厂商将雇用量调整到边际收益产品曲线与边际要素成本曲线交点 F，即调整到 MRP＝MFC 时，可以取得最大利润。此时，F 点所对应的 L_0 为要素的均衡使用量，均衡使用量 L_0 同要素供给曲线的交点 E 所对应的 W_0 为此时的要素均衡价格。产品市场与要素市场均处于垄断情况下的厂商均衡条件为：MRP＝MFC。

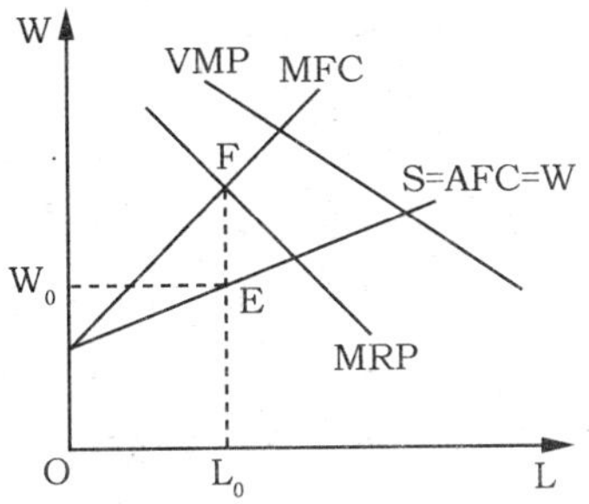

图 5—4　产品市场不完全竞争——要素市场不完全竞争下的厂商均衡条件

生活中的经济学现象——天津丑女"张静事件"

1993 年，初中未毕业的张静就外出谋生。因相貌长得丑，10 年求职竟无一成功。张静全家四口人均有残疾证，除了每月 400 元的医疗费，就只能靠五六百元维持生活，每天只能吃一顿午饭，还有一万元债务需要偿还。2003 年 7 月，张静向《新报》求助，希望得到一份工作以养家糊口。此事经报道后，张静先后接到 30 多家单位的邀请，后成为友缘养老院的一名编外人员。更有一位北京郊区的男士表示，相貌远不及心灵重要，如果张静愿意，他愿给她家的温暖。深受相貌丑陋之苦的张静后来接受了整容，在整容成功后她的生活开始出现可喜的变化，目前正准备出一本描述自己经历的书。

张静事件在社会上引起了强烈反应，中央电视台、香港凤凰卫视、南方都市报等数十家媒体和网站纷纷报道、转载此事，张静事件引发的"悦目情结"和"容貌歧视"问题更成为社会生活中一个极致表现的范例。

美国劳动经济学家丹尼尔·哈莫米斯和杰文·比德尔曾在《美国经济评论》上发表过一份调查报告，该报告显示，长相漂亮的人其收入比长相一般的人高出约 5%，而长相一般的人又比长相丑陋的人的收入高出 5%～10%。该结论对男性和女性都适用。

问题：

1. 生产要素的价格由什么决定？
2. 你如何看待这一事件？

第二节　工资、利息、地租

案例导入

从经济圈看收入的地区差异

2008 年，长三角地区 16 个城市城镇居民人均可支配收入为22 110元，同比增长 12.3%。作为长三角的龙头，上海市人均可支配收入达到26 675元，同比增长 12.9%。江苏 8 市城镇居民人均可支配收入20 591元，增长 13.9%。浙江 7 市城镇居民人均可支配收入23 193元，增长10.4%。从 16 个城市居民收入看，最高的上海市是最低的泰州市的1.5 倍；而在另一个人均年收入超万元的珠三角经济圈中，2008 年人均可支配收入最高的深圳市是最低的肇庆市的 2.19 倍，差距悬殊。

目前，城市居民可支配收入的主要来源仍是工薪收入，经营净收入、财产性收入和转移性收入也是城市居民收入的重要来源。

请思考下列问题：

1. 城市居民可支配收入的来源有哪些？
2. 如何看待收入的地区差异？

示例

在生活中，人们以各种方式赚取收入。王先生是一名技术工人，他在工厂里面工作，以工资的形式获取收入，李老板和田老板是土地所有者和资本所有者，他们把土地租给其他人和把资金进行投资，以地租和利息、利润的形式获取他们的报酬。

一、劳动市场：工资理论

劳动的供给受多种因素的影响，如劳动的价格、劳动人口的数量、劳动人口的年龄结构、性别结构、劳动者的文化结构等。但这些因素中最内在且决定劳动供给的还是劳动的价格，即工资。这里的工资事实上指的是单位工资，也就是一个工资率的问题。那么，劳动的供给量和工资率是什么关系呢？

工资的变化对于劳动供给会产生替代效应和收入效应。这是由于劳动者将其时间分为劳动时间和休闲时间所引起的。替代效应就是当工资提高后，休闲成本增加，从而劳动者会增加部分劳动时间以替代休闲时间。在这个过程中，同时也发生着收入效应，即工资提高后使人们收入增加，这样人们会增加对于休闲这种特殊商品的消费，从而休闲时间增多，劳动时间又减少了。由于两种效应同时存在，而且又作用相反，因此，最终劳动供给量的变化要取决于二者的差量。当工资提高产生的替代效应大于收入效应时，劳动供给会最终增加；反之，劳动供给最终将会减少。

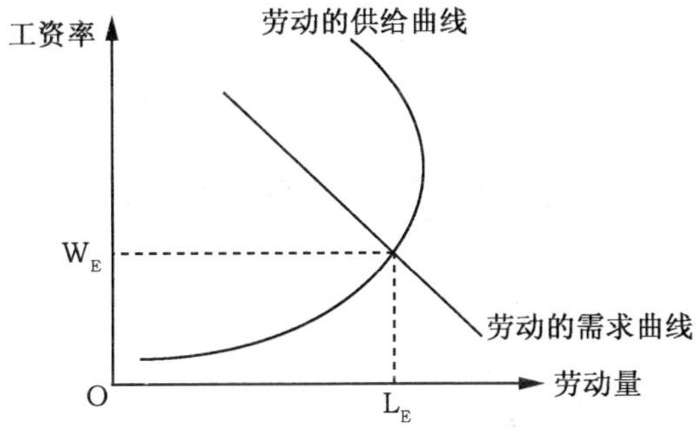

图 5—5　劳动的供给曲线与需求曲线

在现实的劳动市场中，起初当工资提高时，替代效应大于收入效应，因而劳动供给量会随工资率的提高而增加，表现为向右上方倾斜；但当工资提高到一定水平后，工资再提高产生的收入效应会大于替代效应，从而导致劳动供给减少。这是因为，高工资使人们的物质生活已达到一定水平，接下来将会追求休闲生活的享受，从而人们会增加更多休闲时间，减少劳动时间，因而劳动供给曲线总体上表现为一条向后弯曲的曲线。工资决定于劳动的供求状况，即劳动供给曲线和需求曲线的交点位置。工资可分为货币工资和实际工资，货币工资是每单位时间以货币形式得到的工资；实际工资是用货币工资能买到的物品和劳务的数量，因而也称为货币工资的实际购买力。

二、资本市场：利息理论

资本主要是指借贷资本，因而其价格就表现为利息，利息在理论分析中一般用利率来表示。利率是一定时期内利息占资本总额的百分比。利率的高低决定于资本的供求状况。

资本的供给曲线自左向右上方上升，表示利率越高，储蓄者愿意提供的储蓄越多，资本的供给越多。资本的需求曲线自左向右下方倾斜。二者的交点就是均衡利率。均衡利率是实际利率的基础,政府总是采取措施管制利率,影响利率水平,但不会偏离均衡利率太远(如图5—6所示,就是均衡利率的决定)。利率具有调节储蓄和消费、调节投资的功能。

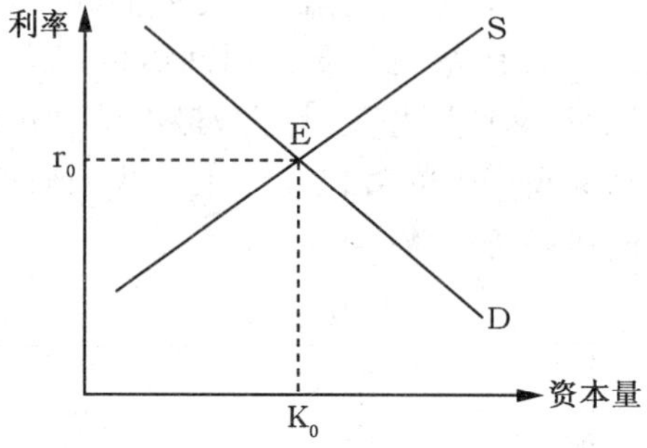

图5—6　资本市场的均衡利率

示例

货币资本为20 000元,利息为1年2 000元,则利息率为10%,或称年息10%。这10%就是货币资本在1年内提供生产性服务的报酬,即这一定量货币资本的价格。

三、企业家市场(经理市场):利润理论

利润可以区分为正常利润和经济利润。正常利润可以看作是企业家的高级、特殊的管理才能的价格,远远高出普通工人的工资。经济利润则有三种来源:第一,创新。例如,引进新的生产技术和方法,开发、生产新产品等。第二,风险。承担巨大失败风险的回报。第三,垄断。垄断厂商压低成本、提高价格所获得的超额利润。

利润具有三个特点:第一,利润无法像其他要素价格那样由边际生产力决定。第二,利润不是事先议定的,最多只能事先预测和估算利润量。第三,利润可正可负,不必非是正值。

利润具有三个功能:第一,利润不仅是厂商从事生产经营活动的动机,也是评价厂商生产经营活动优劣的标准。第二,利润不仅影响整个社会的收入分配,也影响整个社会的资源配置。第三,利润也是厂商进一步扩大生产经营活动的基础。

四、土地市场:地租理论

1. 土地与地租

使用土地的报酬称为地租,也就是使用土地的价格。它构成土地所有者的收入。地租由土地的需求和供给决定。土地需求曲线和供给曲线的交点决定地租水平。

土地的需求取决于土地的边际生产力,由于边际生产力递减规律的存在使得土地需求曲线表现为向右下方倾斜的曲线。一般来讲,经济发展水平的提高,会带来对土地需求的提高。比如,需求曲线由 D_1 移动到 D_2,相应地,地租也会上升,由 R_1 上升到 R_2 位置。由于土地供给基本不变,所以地租的大小基本取决于对土地的需求。

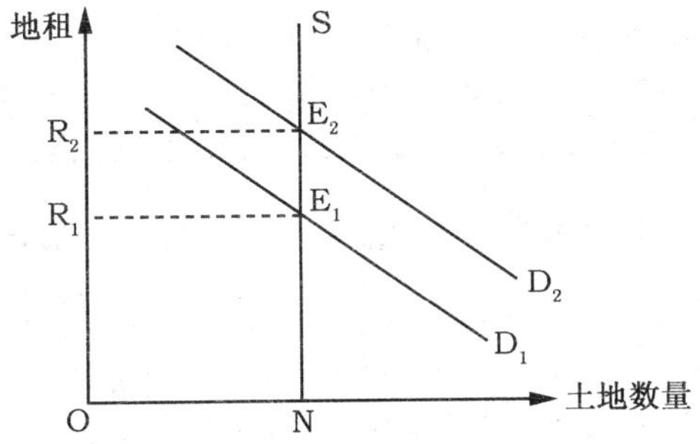

图 5—7 地租的确定

2. 转移地租

转移地租是在特定地块的用途发生转移时所形成的地租概念。例如,原来用作农田的土地改为商品房用地。

由于土地改变用途,其所有者便会进行收益与成本的比较,以获得最大利益。这种特定的地块的供给曲线就表现为一条向右上方倾斜的曲线。此时,它与土地需求曲线的新交点就决定了此时的地租,即转移地租。转移地租反映的是特定地块用途转移的价格。

3. 级差地租

级差地租是根据土地本身的不同状况所形成的不同地租概念。由于土地的状况不同,又可以分为级差地租Ⅰ和级差地租Ⅱ。

4. 准地租和经济租金

除了以上直接源于土地的地租概念以外,还有准地租和经济租金。准地租是指固定资产在生产中形成的收入。之所以说它是准地租,是因为固定资产在短期内是固定不变的，这点与土地类似，短期供给可以看作与土地供给一样是不变的。因而，它的收入就与土地的收入类似。经济租金是指支付给要素所有者的报酬中超过为防止要素转移用途而必须支付的最低报酬之间的差额。

示例

一块土地种大豆可得收入1 200元，但若改种小麦可得收入1 000元，则其差额200元就是经济租金。实际上，经济租金就可以理解为要素的实际所得与转移所得之间的差额。

一名经理人年收入为15万美元，若他从事服装设计行业，则年收入为10万美元，从而经济租金为5万美元。

正是由于经济租金的存在，才能够保证生产要素继续现有的用途，而不致转作他用。因此，经济租金的存在是生产要素用途稳定的前提。

生活中的经济学现象——明星的巨额收入

无论在国外还是国内，影视和体育明星们的收入都是天文数字。在美国，像汤姆·克鲁斯和科比·布莱恩特这样的大牌明星年收入达几千万美元并不奇怪。在国内，名气冲天的大腕们的年收入也不下几百万元。人们对明星有一种矛盾的心态。一方面，看着他们开着保时捷跑车飞驰而过时，心理颇不平衡；另一方面，又不惜用高价弄到一张票去看他们的演出。

问题：

1. 你认为明星们的这种高收入合理不合理？
2. 用经济学的语言分析，他们的这种收入公平不公平，有没有效率？

思考与检测

一、单项选择题

1. 如果厂商处于完全竞争的产品市场中，且要素A是其唯一的可变要素，则该厂商对要素A的需求曲线由(　　)给出。

A. MP_A 曲线　　B. MPP_A 曲线

C. MFC_A 曲线　　D. 以上都对

2. 为了得到某一厂商多个可变要素中一个要素的需求曲线，我们必须考虑(　　)。

A. 要素价格变化的内部效应　　B. 要素价格变化的外部效应

C. 垄断剥削　　D. 垄断购买剥削

3. 若厂商处于不完全竞争的产品市场中，且要素 A 是其唯一的可变要素，则该厂商对要素 A 的需求曲线由(　　)给出。

A. MP_A 曲线　　B. MPP_A 曲线

C. MFC_A 曲线　　D. 以上都对

4. 一行业全体厂商对某种生产要素的需求曲线，与单个厂商对这种生产要素的需求相比，(　　)。

A. 前者与后者重合　　B. 前者比后者陡峭

C. 前者比后者平坦　　D. 无法确定

5. 完全竞争产品市场与非完全竞争产品市场的生产要素的需求曲线相比，(　　)。

A. 前者与后者重合　　B. 前者比后者陡峭

C. 前者比后者平坦　　D. 无法确定

6. 工资率的上升导致的替代效应系指(　　)。

A. 工作同样长的时间可以得到更多的收入

B. 工作较短的时间也可以得到同样的收入

C. 工人宁愿工作更长的时间，用收入带来的享受替代闲暇带来的享受

D. 以上均正确

7. 某工人在工资率为每小时 2 美元的时候每周挣 80 美元，每小时 3 美元的时候每周挣 105 美元，由此可以断定(　　)。

A. 收入效应起着主要作用

B. 替代效应起着主要作用

C. 收入效应和替代效应都没有发生作用

D. 无法确定

8. 在完全竞争的产品和要素市场中经营的厂商，其总利润达到最大的条件是(　　)。

A. $P=MC$，且 MC 上升

B. $MPP_1/P_1=MPP_2/P_2$

C. $MPP_1/P_1=MPP_2/P_2=1/MC$

D. $MPP_1/P_1=MPP_2/P_2=1/MC=1/P$(设厂商以要素 a、b 生产商品 x)

9. 假定生产要素市场 A、B、C 的边际物质产品分别是 12、8、2，它们的价格分别是 6、4、1，那么这一生产要素的组合(　　)。

A. 是最小成本的组合

B. 不是最小成本的组合

C. 是否为最小成本的组合，视不同产品和要素市场而定

D. 是否为最小成本的组合，视不同要素市场而定

10. 如果政府大力提倡用先进的机器来替代劳动，这将导致(　　)。

A. 劳动的供给曲线向右移动　　B. 劳动的需求曲线向右移动

C. 劳动的供给曲线向左移动　　D. 劳动的需求曲线向左移动

11. 当运用到劳动供给决策时，预算约束为(　　)。

A. 效用约束　B. 时间约束　C. 成本约束　D. 收入约束

E. 工资约束

12. 小李通过使(　　)相等来决定供应多少劳动。

A. 边际收益与总收益　　B. 总收益与总成本

C. 边际收益与边际成本　　D. 边际收益与总成本

E. 总收益与边际成本

13. 工资率上升的收入效应导致闲暇消费的(　　)，而其替代效应则导致闲暇消费的(　　)。

A. 减少，减少　B. 减少，增加　C. 不变，减少　D. 增加，减少

E. 增加，增加

14. 工资率上升有收入效应和替代效应，两者作用相反，如果工资率一直增长到使收入效应起主要作用，则劳动供给曲线是(　　)。

A. 向上倾斜　B. 垂直　C. 向下倾斜　D. 水平

E. 向后弯曲

15. 如果任何工资变化的收入效应(　　)，当工资收入税变化时，对劳动供给量的影响小。

A. 起重要作用　　B. 加强替代效应

C. 可忽略　　D. 不重要，替代效应起重要作用

E. 很大

16. 储蓄决策是(　　)的决策。

A. 谁消费　B. 消费什么　C. 如何消费　D. 什么时候消费

E. 为什么消费

17. 在分析储蓄决定时，预算约束描述了在(　　)之间的关系。

A. 两个时期的花费　　B. 不同的利息率

C. 储蓄和投资　　D. 储蓄和利息率

E. 投资和利息率

18. 个人储蓄成本的出现是因为他(　　)。

A. 必须推迟现时储蓄　　B. 必须推迟未来消费

C. 必须推迟现时消费　　D. 要减少未来消费

E. 要减少未来储蓄

19. 储蓄的生命周期假说是基于认为人们想(　　)这个前提。

A. 均匀化他们毕生的储蓄数额

B. 均匀化他们毕生的收入数额

C. 消除他们的决策中商业周期的影响

D. 避免做决策直到退休时

E. 避免储蓄直到退休

20. 利息率上升带来的收入效应(　　)。

A. 保持现在和将来的消费不变

B. 改善个人情况,所以现在的消费减少,将来的消费增加

C. 改善个人情况,所以现在的消费增加,将来的消费增加

D. 改善个人情况,所以现在的消费增加,将来的消费减少

E. 恶化个人情况,所以现在的消费减少,将来的消费减少

二、多项选择题

1. 用机器设备代替劳动,这会导致(　　)。

A. 劳动的供给曲线向左平行移动

B. 劳动的需求曲线向左平行移动

C. 劳动的需求曲线向右平行移动

D. 资本的需求曲线向右平行移动

E. 资本的需求曲线向左平行移动

2. 经济利润的来源为(　　)。

A. 正常利润　　B. 创新利润

C. 风险利润　　D. 垄断利润

E. 逃税利润

3. 在现实社会中,不同行业或同一行业的不同个人的工资差异非常大,这主要是由(　　)因素造成的。

A. 劳动质量差异　　B. 货币利益的差异

C. 非货币利益的差异　　D. 市场的不完全竞争

三、判断题

1. 因为消费者对产品的需求引发了企业对生产要素的需求，所以经济学中将这种需求称之为直接需求。 （ ）

2. 在完全竞争的市场条件下，企业对要素的需求曲线向左下方倾斜。 （ ）

3. 劳动的“边际成本”就是每增加一单位的劳动时间给劳动者带来的边际效用。 （ ）

四、分析讨论题

1. 假设原来是完全竞争的许多厂商合并为一个纯粹垄断者。又假设垄断者使用原有各厂商的厂房设备和生产技术，并且市场对该行业产品的需求状况没有发生变化。

问：垄断者使用的可变生产要素的数量，为什么不是原有各厂商使用的要素相加之和？

2. 假设厂商使用的生产要素中有两种要素（如劳动与资本）可以变动，作图考察劳动价格的变动引起的替代效应、产出效应和利润极大化效应对劳动的需求的影响并由此构造新的需求曲线（产品市场分为完全竞争与非完全竞争）。

3. 判断下述说法的正误，并说明理由：

(1)一个竞争性的厂商，在其最后雇用的那个工人所创造的产值大于其雇用的全部工人的平均产值时，他必定没有实现最大的利润。

(2)即使劳动的边际物质产品保持不变，一个垄断厂商对劳动的需求曲线仍然是向下倾斜的。

(3)如果一个厂商在完全竞争的劳动市场上同时雇用了熟练劳动力和非熟练劳动力，那么，厂商支付给他们的工资将与他们的边际生产力成比例。

(4)假定一个厂商同时在产品市场和劳动市场上都具有垄断力量，那么，他所支付的工资率只有在等于劳动的边际收益产品时，他才能获得最大利润。

(5)在一个竞争性的劳动市场上，如果最低工资高于均衡工资，必定引起失业。

(6)假设一个厂商使用一可变要素（劳动）和一固定要素，且可变要素市场是完全竞争的。如果可变要素的边际物质产品等于其平均物质产品，那么该厂商在产品市场完全竞争的情况下销售产品必定遭受净亏损，在产品市场完全垄断的情况下销售产品则可能获净利润。

(7)在长期均衡和完全竞争劳动市场条件下，一个竞争性厂商雇用的工人的工资将等于他对企业增加的产出的价值。由于垄断厂商雇用的工人获得与他们相同的工资率,因此他们获得的工资也与他们对产出的贡献的价值相等。

(8)如果劳动市场是完全竞争的,同时男女工人具有相同的生产力,那么在完全竞争产品市场上销售其产品的厂商绝不会因对男女工人支付差别工资而获利,但是在垄断产品的市场上销售其产品的厂商会发现实行差别工资是有利可图的。

(9)如果男女工人具有相同的生产力,那么不会有厂商以不同的工资率雇用他们,因为以低工资工人取代高工资工人总是有利可图的。

(10)即使女工生产力高于男工生产力,对于垄断购买厂商来说,分别雇用一定数量的男女工人并且支付给男工比女工更高的工资率仍可能是有利可图的。

4. 某厂商为商品 X 的完全竞争的销售者和可变要素 A 与 B 的完全竞争购买者。

(1)指出厂商利润最大时商品 X 的产出水平;

(2)列出任何产出水平时,成本最小的条件;

(3)解释 $MPP/P=1/MC$ 的原因;

(4)列出厂商利润最大化的条件。

5. 假定厂商的生产函数是 $Q=12L-L^2$,$0<L<6$,其中 L 是每天的劳动投入,Q 是每天的产出。如果产出品在竞争性市场上以 10 美元出售,导出并画出厂商的劳动需求曲线。当工资率为每天 30 美元时,厂商将雇用多少工人?

五、问答题

最近几年,全国各地的房产价格不断上升,你能否从经济学的角度分析其原因?你认为政府应采取怎样的措施才能有效遏制房价的“疯涨”?

第二篇
宏观经济学

第六章　了解国民收入理论

学习目标

- 理解并掌握国内生产总值的含义
- 了解国民收入核算体系中的其他指标及其关系
- 了解国内生产总值的计算方法
- 理解和掌握两部门、三部门、四部门经济的构成及恒等关系

第一节　国民收入核算理论

案例导入

“黄金周”拉动假日经济

中国的“黄金周”休假制度始于1999年，政府旨在启动消费和刺激“内需”。这个极具中国特色的公众集中休假期被安排在每年的农历春节、“五一”和“十一”。“黄金周”让刚刚富裕起来的中国人体会到了前所未有的“休闲之乐”，一时间，在中国掀起了一股“假日经济”的热潮。据统计，每年中国超过10%的旅游者是集中在3个黄金周里出游的。

权威部门的统计资料显示，1999年国庆“黄金周”，全国出游2 800万人次，旅游综合收入实现141亿元。2004年的“五一黄金周”全国共接待旅游者1.21亿人次，实现旅游收入467亿元，分别比1999年的第一个“黄金周”增长了332%和231%。

截至2005年，过去的14个“黄金周”全国累计有10.7亿人次出游，累计旅游消费4 292亿元，不仅为众多衍生行业提供了巨大发展机会，也使黄金周休假逐步成为中国人合家团聚、举家出行、游历山水的一个“新民俗”。

问题：

1. 为什么我国政府要实施“黄金周”休假制度？

2. “黄金周”的“黄金”体现在何处？

3. “黄金周”背后的经济学原理是什么？

一、国民收入的总量及其相互关系

1. 国内生产总值

(1)国内生产总值的定义

国内生产总值(GDP)是指一个经济社会在某一给定时期内运用生产要素所生产的全部最终产品和劳务的市场价值。

示例

某个工厂某年售出150万元的产品，其中，这一年生产出100万元人民币的产品，那么只有这一年生产出的100万元产品计入这一年的国内生产总值(GDP)。

国内生产总值包括以下几个方面：

①国内生产总值是一个市场价值概念；

②国内生产总值测度的是最终产品而不是中间产品的价值；

③国内生产总值指的仅仅是一个时期内生产的最终产品的价值，而不是一定时期内所出售的最终产品的价值；

④国内生产总值仅仅是一定时期内生产的价值，故包括时间要素；

⑤国内生产总值是一个地域概念，而不是国民概念；

⑥除少数例外，国内生产总值仅仅是指为市场而生产的物品和劳务的价值，非市场活动不包括在内。

最终产品是指在计算期间生产的但不重复出售的而是最终使用的产品。

中间产品是指用于再出售，或供生产别种物品用的产品。

(2)国内生产总值与国民生产总值(GNP)的联系与区别

①区别

国内生产总值是一国范围内生产的最终产品的价值，是一个地域概念；而国民生产总值是一国所拥有的生产要素所生产的最终产品价值，是一个国民概念。

②联系

第一，国民生产总值中有一部分是利用本国拥有的生产要素在国外生产的最终产品的价值。

第二，从量上看，一国的国民生产总值大于国内生产总值，说明本国公民在外国取得的收入大于外国公民在本国取得的收入，反之亦然。

示例

原中国诺基亚公司归芬兰人所有，所以该公司在中国经营得到的利润，虽是中国GDP的一部分，但不被统计为中国GNP，而应归入芬兰GNP。

类似的道理，中国海尔在美国工厂的利润，应作为美国GDP的一部分，但应被统计为中国的GNP。

随着国际经济联系加强，强调身份区别的GNP相对重要性下降，重视地域范围的GDP相对重要性上升，从而使GDP成为越来越重要的总产出指标。

（3）名义GDP与实际GDP

①名义GDP

名义GDP是用生产物品和劳务的那个时期的价格计算出来的价值。2014年美国的名义国内生产总值是2014年生产的全部最终产品和劳务用2014年的市场价格计算出来的市场价值。

②实际GDP

实际GDP是用某一年作为基年的价格计算出来的价值。如果把1984年作为基年，那么2014年的实际国内生产总值是指2014年生产出来的全部最终产品用1984年的价格计算出来的市场价值。

2. 国内生产净值（NDP）和国民生产净值（NNP）

（1）国内生产净值是指国内生产总值扣除了生产过程中的资本消耗即折旧以后的价值。

（2）国民生产净值是国民生产总值扣除资本消耗即折旧以后的价值（而国民生产总值又等于国内生产总值加来自国外的要素净支付）。

3. 国民收入（NI）

狭义的国民收入，是一国生产要素在一定时期内提供服务所获得的报酬的总和，即工资、利息、租金和利润的总和。从国民生产净值中扣除企业间接税和企业转移支付，加政府补助金就得到这一狭义的国民收入。

4. 个人收入(PI)

个人收入是指个人实际得到的收入。国民收入不是个人收入，一方面国民收入中有三个项目不会成为个人收入，这就是公司未分配利润、公司所得税和社会保险税；另一方面政府转移支付(包括公债利息)虽然不属于国民收入(生产要素报酬)，却会成为个人收入。因此从国民收入中减去公司未分配利润、公司所得税和社会保险税，加政府转移支付，就得到个人收入。

5. 个人可支配收入(DPI)

个人可支配收入是指缴纳了个人所得税以后留下的可为个人所支配的收入。

二、国民收入的核算方法

1. 生产法

生产法是从生产的角度出发，把所有企业单位投入的生产要素新创造出来的产品和劳务在市场上的销售价值，按产业部门分类汇总而成。

由于国民生产总值是指一个国家在一年中新生产出来的商品和劳务的价值，因此可以对各个生产阶段创造的价值进行加总来核算国民生产总值。这就是所谓的生产法或者增值法。

标准形式的生产法由以下几个步骤组成：

第一步，计算各产业部门的总产值。

第二步，计算各产业部门的中间消耗，即各部门生产单位在生产中所消耗的购自其他生产单位的货物和服务。

第三步，从总产值中减去中间消耗，得出各产业部门的增加值。所有产业部门增加值的总和，便是国内生产总值。

第四步，对第三步所得结果进行调整，即从国内生产总值中扣除支付给外国居民的要素收入，加上本国政府和居民来自国外的要素收入，其结果即为国民生产总值(GNP)。

核算国民收入可用生产法、支出法和收入法，但最为常用的是支出法和收入法。

2. 支出法

支出法是把一国一定时期投入的生产要素生产出来的物品与劳务按需求者支出的金额分类汇总而成。

国民产品和劳务的需求者在GDP核算体系中分为四类：

(1)个人消费支出总额(C)：不包括居民购买新建住宅的支出。

(2)国内总投资支出(I):增加或替换资本资产的支出,包括固定资产投资与存货投资。其中,总投资=净投资+重置投资(补偿固定资本损耗和意外损坏)。

(3)政府购买支出(G):指各级政府部门对商品和劳务的购买支出,包括政府在军事设施和物资方面的支出和政府雇员的薪金支出。但政府转移支付不计入 GDP。

(4)商品和劳务的净出口(X−M)。

所以,用支出法核算 GDP,公式为:$Y=C+I+G+(X-M)$ 或 $Y+M=C+I+G+X$。

示例

产品	数量	性质	价值	中间价值	增值
棉花	10 千克	中间	100 元	0	100
棉纱	10 千克	中间	150 元	100 元	50 元
白布	1 匹	中间	200 元	150 元	50 元
花布	1 匹	中间	250 元	200 元	50 元
衣服	20 件	最终	300 元	250 元	50 元
总计			1 000 元	700 元	300 元

衣服是最终产品,其他均为中间产品。

在计算国民生产总值时,只计算服装的价值 300,或计算在各生产阶段的增值,同样也是 300。

3. 收入法

收入法是把生产要素在生产中所得到的各种收入加总而成,由于要素的收入从企业角度看即是产品的成本(包括企业利润),所以这种方法又称要素成本法。

以收入法核算的 GDP 应包括的项目有:

(1)工资、利息和租金等生产要素的报酬。

(2)非公司企业主收入,如小店铺主的收入。

(3)公司税前利润,包括公司所得税、社会保险税、股东红利及公司未分配利润等。

(4)企业转移支付及企业间接税。这些虽然不是生产要素创造的收入,但要通过产品价格转嫁给购买者，故也应视为成本。企业转移支付包括对非营利组织的社会慈善机构捐款和消费者呆账，企业间接税包括货物税或销售税、周转税。

(5)资本折旧。它虽不是要素收入，但包括在总投资中，也应计入 GDP。

按收入法计算，国民总收入＝工资＋利息＋利润＋租金＋间接税和企业转移支付＋折旧＋统计误差。

三、国民收入中的恒等关系

1. 两部门经济循环流量图及收入恒等式

两部门经济的收入经济循环模型是简单的收入经济循环模型。假定一个国家只有居民和企业两个部门。这时，国民经济的收入流量循环模型可以用图 6－1 来表示。图中曲线箭头代表国民经济循环流动中的货币流向。

(1)居民户向厂商提供各种生产要素，同时从厂商那里得到相应的货币收入。

(2)居民户向厂商购买消费品，相应地用于消费的货币支出流向厂商。

(3)如果居民户不把所有的收入都用于消费，那么就会发生储蓄。这些储蓄流入金融市场，厂商则从金融市场得到贷款，进行投资。与货币投资相应的实物形态的产品流动则发生在厂商部门的内部。

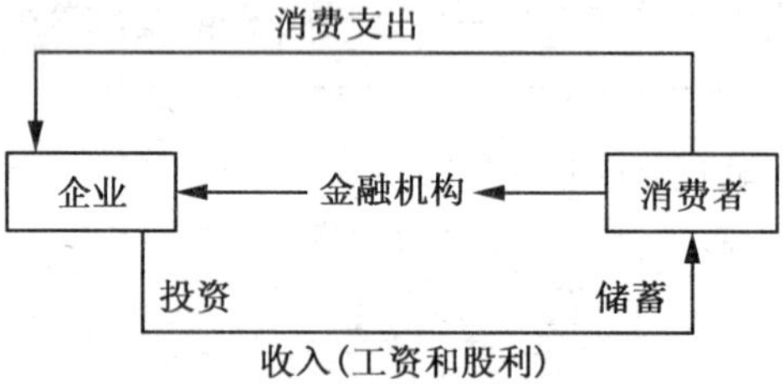

图 6－1　两部门收入流量循环

以上三方面的流动，形成一个完整的收入流量循环。

从总需求来看，总产出(Y)＝消费需求＋投资需求＝消费(C)＋投资(I)。

从总收入也就是总供给来看，总产出(Y)＝要素收入总和＝工资＋利息＋地租＋利润＝消费(C)＋储蓄(S)。

由于有 Y=C+I，Y=C+S，所以 C+I=C+S，即 I=S。

2. 三部门经济循环流量图及收入恒等式

三部门经济是指在两部门经济的基础上加上政府部门。政府是一个非营利的社会管理部门。三部门经济中的收入流量循环模型可以用图 6－2 来表示。政府要向厂商和消费者征税。同时也向厂商购买产品，向居民户购买劳动。因而政府与居民户、政府与厂商之间的货币流动是双向的。

从总需求来看，总产品(Y)＝消费需求＋投资需求＋政府需求＝消费(C)＋投资(I)＋政府购买(G)。

从总供给来看，总产品(Y)＝要素收入总和＝工资＋利息＋地租＋利润＋税收＝消费(C)＋储蓄(S)＋税收(T)。

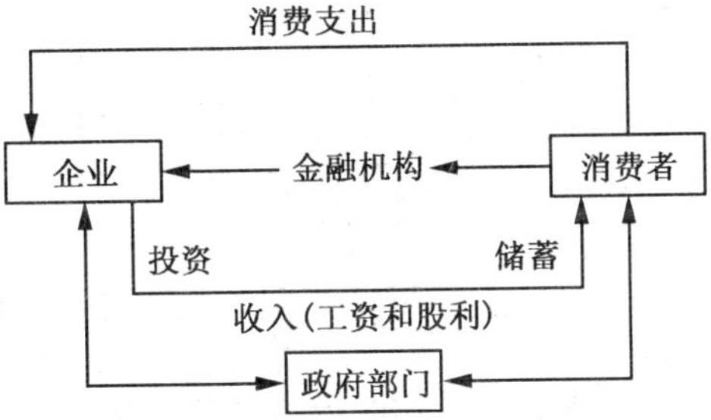

图 6—2　三部门收入流量循环

由于有 $Y=C+I+G$，$Y=C+S+T$，所以 $C+I+G=C+S+T$。即 $I+G=S+T$。也就是 $I-S=T-G$。其中，$T-G$ 是政府的储蓄。$T>G$ 时，差额为预算盈余；$T<G$ 时，差额为预算赤字。

3. 四部门经济循环流量图及收入恒等式

四部门经济是指在三部门经济的基础上加上国外部门。在宏观经济学中，我们把本国以外的所有国家和地区都看作国外部门。四部门经济的收入流量循环模型可以用图 6—3 来表示。为了简化问题，这里假定只存在对外贸易关系。

国外部门向国内厂商购买产品。这是本国产品的出口，它会增加对本国产出的需求。本国的政府、厂商和居民户向国外购买产品。从总需求看，总产出(Y)＝对本国产出的消费需求＋对本国产出的投资需求＋政府对本国产出的需求＋国外对本国产出的需求＝消费＋投资＋政府购买＋出口(X)，即 $Y=C+I+G+X$。从总供给看，总产出(Y)＝要素收入总和＝对本国产出的消费＋储蓄＋税收＋进口(M)。即 $Y=C+S+T+M$。于是有 $C+I+G+X=Y=C+S+T+M$，即 $I+G+X=S+T+M$。

在三部门和四部门经济中，储蓄 S 等于消费者的储蓄加上厂商未分配利润和折旧。政府的税收 T 是税收净额，即各级政府的总税收减去政府无偿(至少是在本期)支付给消费者和厂商的转移支付，再减去政府利息支付和津贴。由于有 I+G+X=S+T+M，所以，(S−I)+(T−G)=X−M=NX。其中的 NX 代表净出口。当 NX>0 时，差额为贸易赢余；当 NX<0 时，差额为贸易赤字。

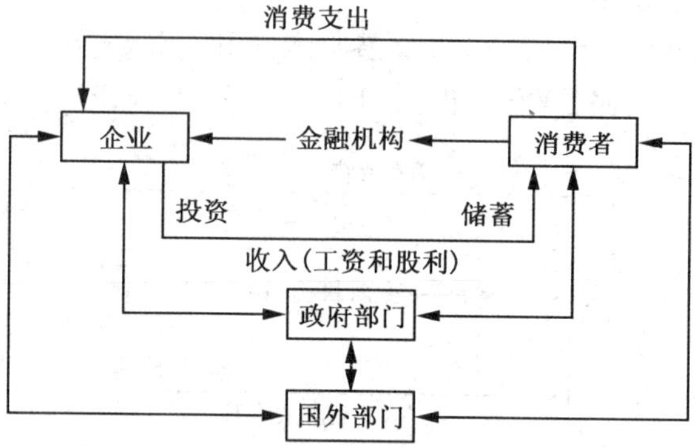

图 6−3　四部门收入流量循环

生活中的经济学现象——“绿色 GDP”警示中国经济

早在十届全国人大二次会议的政府工作报告中，温家宝总理就提出，我国要积极实施可持续发展战略，按照统筹人与自然和谐发展的要求，做好人口、资源、环境工作。

“可持续发展”亦称“持续发展”，即“既满足当代人的需要，又不对后代人满足其需要的能力构成危害的发展”。可持续发展问题已成为世界各国普遍关注的问题。为了量化可持续发展的经济指标，联合国有关统计机构提出了生态国内产出 EDP 的概念，EDP 就是“绿色 GDP”，即从现行 GDP 中扣除环境资源成本和对环境资源的保护服务费用。

中国的人口密度是世界平均值的 3 倍，国土严重超载；人均自然资源是世界平均值的约 1/2；人均水资源量只有2 500立方米，是世界人均水量的 1/4。同时，单位产值的矿产资源消耗与能源消耗却是世界平均值的 3 倍；单位产值的废物排放量是世界平均值的数倍，而单位面积的污水负荷量是世界平均数的 16 倍多；中国工人的劳动生产率约为发达国家的 1/35。通过上述测算，中国的绿色 GDP 增长是负数。

问题：

1. 绿色 GDP 与原有的 GDP 有哪些差异？
2. 你认为应该如何推动我国“绿色 GDP”的实施？

第二节 国民收入决定理论

案例导入

石油对总供给曲线的冲击

石油是现代经济社会的一种重要的投入品，而世界大部分石油来自中东国家。当某个事件导致中东地区的石油供给减少时，世界石油价格就上升。各国生产汽车、轮胎和许多其他产品的企业的成本会增加，结果总供给曲线向左移动，一起通货膨胀。20 世纪 70 年代，有大量石油储藏的国家作为欧佩克成员走到了一起，减少产量以提高石油价格，从 1973 年到 1975 年，石油价格几乎翻了一番。世界石油进口国都经历了同时出现的通货膨胀和经济衰退。在美国，通货膨胀率几十年来第一次超过了 10%，失业率从 1973 年的 4.9%上升到 1975 年的 8.5%。

世界石油市场也可对总供给产生有利的影响。1986 年欧佩克成员之间爆发了争执。成员国违背石油生产的协议，结果在世界市场上，价格下降了一半左右。石油价格的下降减少了各国企业的成本，这又使总供给曲线向右移动。结果，美国经济复苏：产量迅速增长，失业减少，而通货膨胀率达到了多年来的最低水平。

问题：

1. 什么是总需求和总供给？
2. 从国民收入决定理论的角度，你有何感想和启示？

一、消费函数与储蓄函数

1. 消费函数

示例

李小姐是中华人民共和国公民，公司高级金领，年收入百万元，暑假旅行去法国，买了好几个喜欢的奢侈品，共计消费 1 万欧元。尽管她的消费地是在国外，但是这个高消费还是计入中国国民生产总值(GNP)，同时也反映出她属于高收入高消费人群。

(1)消费函数的形式

凯恩斯认为，随着收入的增加，消费也会增加，但消费的增加不及收入增加的多，消费和收入的这种关系称作消费函数或消费倾向，即 $C=f(Y)$。如果消费和收入之间存在线性函数关系，则边际消费倾向为一常数，这时消费函数可表示为 $C=a+bY$，式中，a 表示自发性消费部分，即收入为零时举债或动用过去储蓄也必须要有基本生活消费；b 表示边际消费倾向，b 和 Y 的乘积表示收入引致的消费。因此，$C=a+bY$ 的含义是：消费等于自发消费与引致消费之和。消费曲线是一条向右上方倾斜的曲线。

(2)边际消费倾向与平均消费倾向

①边际消费倾向

边际消费倾向是指增加的消费和增加的收入之比率，也就是增加的一单位收入中用于增加消费部分的比率。其公式是：$MPC=\Delta C/\Delta Y$ 或 $b=\Delta C/\Delta Y$。

若收入增量和消费增量为极小时，上述公式可写成：$MPC=dC/dY$。

②平均消费倾向

平均消费倾向是指任一收入水平上消费在收入中的比率。其公式是：$APC=C/Y$。消费曲线上任何一点切线的斜率，就是与这一点相对应的边际消费倾向。而消费曲线上任一点与原点相连而成的射线的斜率，则是与这一点相对应的平均消费倾向。随着这条曲线向右延伸，曲线上各点的斜率也越来越小，这表明边际消费倾向递减。同时曲线上各点与原点的连线的斜率也越来越小，说明平均消费倾向也递减。但平均消费倾向始终大于边际消费倾向。由边际消费倾向的定义可知，由于消费增量只是收入增量的一部分，因此边际消费倾向总大于零而小于 1。但平均消费倾向则可能大于、等于或小于 1，因为消费可能大于、等于或小于收入。

2. 储蓄函数

(1)储蓄函数的形式

储蓄函数是储蓄与收入之间的依存关系，其公式是 $S=S(Y)$。它的线性表达式为 $S=Y-C=Y-(a+bY)=-a+(1-b)Y$，表示储蓄与收入之间呈线性关系。

(2)边际储蓄倾向与平均储蓄倾向

①边际储蓄倾向

边际储蓄倾向(MPS)是指储蓄曲线上任一点斜率即该点上的储蓄增量对收入增量的比率。其公式是：$MPS=\Delta S/\Delta Y$。如果收入与储蓄增量极小，上述公式可写成：$MPS=dS/dY$，此即储蓄曲线上任一点切线的斜率。

②平均储蓄倾向

平均储蓄倾向(APS)是指储蓄曲线上任一点与原点相连而成射线的斜率,即一定收入水平上储蓄在收入中所占的比率。其公式是:APS=S/Y。在储蓄函数线性表达式 S=－a+(1－b)Y 中,(1－b)为边际储蓄倾向,它的大小取决于边际消费倾向 b,由于边际消费倾向递减,因而随着收入的增加,边际储蓄倾向递增。

3. 消费函数和储蓄函数的关系

(1)消费函数和储蓄函数互为补数,二者之和等于总收入,从公式看,C=a+bY,S=－a+(1－b)Y,所以 C+S=a+bY－a+Y－bY=Y。

(2)若 APC 和 MPC 随收入增加而递减,但 APC>MPC,则 APS 和 MPS 都随收入增加而递减,但 APS<MPS,表现在图形上,储蓄曲线上任一点与原点连成的射线的斜率总小于储蓄曲线上该点切线斜率。

(3)APS 和 APC 之和等于 1,MPC 和 MPS 之和也等于 1。

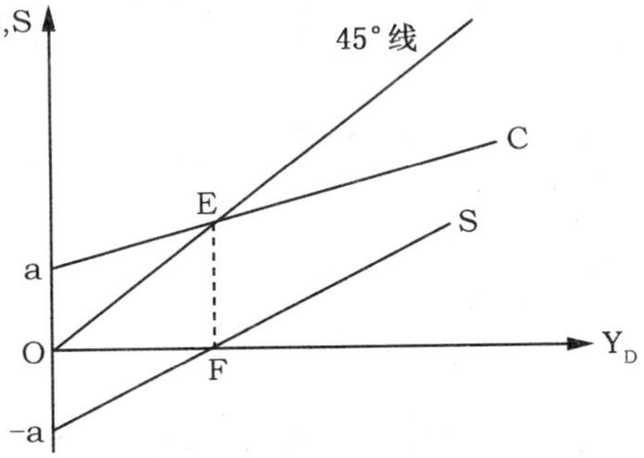

图 6－4　消费函数和储蓄函数

二、简单的国民收入决定模型

1. 均衡条件:AE=NI 或 I=S

国民收入是由总供给与总需求共同决定的。如果总需求小于总供给,社会需求不足,产品卖不出去,价格必然下降,生产势必收缩,从而总供给减少,国民收入也减少。如果总需求大于总供给,社会上供给不足,产品供不应求,价格必然上升,生产势必扩大,从而总供给增加,国民收入也增加。这就意味着,无论总供给大于还是小于总需求,都有自动走向均衡的趋势。如果总需求等于总供给,则生产既不增加也不减少,从而国民收入处于均衡状态,国民收入水平也就确定了。因此,国民收入达到均衡的条件是:总供给等于总需求。

2. 均衡的国民收入

(1)消费函数决定的国民收入

支出由消费和投资构成,即 Y=C+I。由于在两部门经济国民收入决定模型中总假定计划投资是一个固定的量,不随国民收入水平变化,根据这一假定,只要把收入恒等式和消费函数联系起来便可求得均衡收入:Y=C+I,C=a+bY,解得均衡收入为 Y=(a+I)/(1-b)。利用上式,如果知道消费函数和投资量,就可求得均衡的国民收入。

在图 6—5 中,消费曲线与投资曲线所形成的总支出曲线与消费曲线相平行,总支出曲线和 45°线相交点 E 决定的收入水平就是均衡收入。这时家庭和厂商的总需求正好等于总供给。离开该均衡点,厂商的销售就会大于或小于其产出。这样,就要进行存货调整,从而引起生产的扩大或收缩,直到回到 E 点为止。

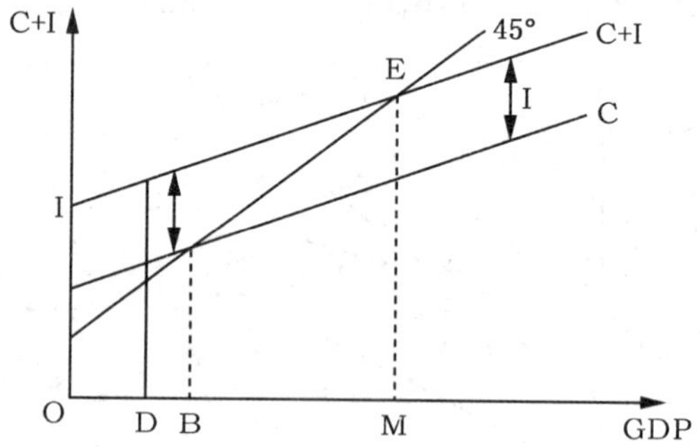

图 6—5　两部门经济的国民收入决定

(2)储蓄函数决定的国民收入

储蓄函数决定的国民收入也就是总供给等于总需求所决定的均衡收入。由于 S=I,储蓄函数为 S=-a+(1-b)Y,联立求解,得均衡收入为 Y=(a+I)/(1-b)。

在图形上,投资曲线与储蓄曲线相交于 E 点,与 E 点对应的收入为均衡收入。这时 S=I。在 E 点左边,S<I,投资大于储蓄,生产供不应求,厂商存货投资减少,这时企业就会扩大生产,使国民收入增加,一直到 E 点为止。在 E 点右边,S>I,投资小于储蓄,生产供过于求,企业存货投资增加,这时企业就要减少生产,使收入水平向左移动,直到均衡点 E 为止。只有在 E 点,S=I,厂商生产才会稳定下来。

以上两种方法其实是从同一关系中引申出来的,因为储蓄函数本来就是从消费函数中派生出来的。因此，无论使用消费函数，还是使用储蓄函数，求得的均衡收入都一样。

三、乘数原理

1. 乘数的定义

乘数是指收入的变化与带来这种变化的支出变化的比率。如用 ΔI 表示投资增量，ΔY 表示国民收入增量，K 表示乘数，则 $K=\Delta Y/\Delta I$。

2. 乘数效应

乘数的大小取决于边际消费倾向（在乘数公式中常用 b 表示），乘数大小与边际消费倾向同方向变动。边际消费倾向越大，乘数越大；边际消费倾向越小，乘数也越小。这主要因为，边际消费倾向越大，所增加的国民收入中用于消费支出的部分就越大，从而所引起下轮的总需求增加也就越大，以后国民收入的增加就越多。在现实经济中，乘数是大于 1 的，因为国民经济各部门之间存在着密切的联系。社会总需求的增加首先会使国民收入等量增加，这种国民收入中必然有一部分用于支出，从而使总需求又一次增加，这种总需求的增加又会使国民收入再增加。这种总需求与国民收入的增加会不断进行，最终使国民收入的增加数倍于最初总需求的增加。当然，如果社会总需求减少，也同样会有乘数作用，最终使国民收入的减少数倍于总需求的减少。因此，西方经济学家把乘数称为一把“双刃剑”。

但乘数发挥作用是需要一定条件的。这种条件就是经济中存在没有得到充分利用的资源。这样，总需求的增加才会使国民收入增加，否则，国民收入的增加将受到资源条件的限制，总需求增加起不到刺激经济的作用。同时也应看到，社会上某种资源的“瓶颈状态”也会制约“乘数效应”。

3. 两部门经济中投资乘数的表达公式

投资乘数是指收入的变化与带来这种变化的投资增加量的比率。用 Y 代表增加的收入，I 代表增加的投资，则二者之比率 $K=Y/I$。乘数 $KI=1/(1-\text{边际消费倾向})$ 或 $KI=1/(1-MPC)$。如果用 b 代表 MPC，则 $KI=1/(1-b)$，由于 $MPS=1-MPC$，因此：

$$KI=1/(1-b)=1/(1-MPC)=1/MPS$$

四、IS - LM 模型

1. IS 曲线

(1)IS 曲线表示产品市场均衡时的曲线，即产品市场均衡时国民收入与利率之间的反方向变动关系的曲线。用来解释财政政策——I ：investment，投资;S:saving,储蓄。在两部门经济中是指投资与储蓄相等的情况下利率与收入之间反方向变动关系的曲线,如图6—6所示。

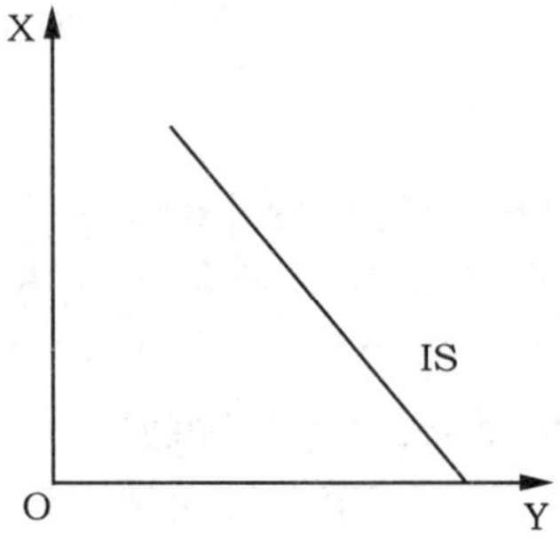

图6—6　IS曲线

(2)产品市场的均衡:产品市场上总供给与总需求相等。即在两部门经济中,投资等于储蓄时均衡国民收入和均衡利率的组合。

(3)IS曲线的移动。增加政府支出和减税,是增加需求的膨胀性的财政政策,IS曲线上移;减少政府支出和增税是减少需求的紧缩性的财政政策,IS曲线下移。

2. LM 曲线

(1)LM曲线表示货币市场均衡时,即货币供给等于货币需求时,均衡国民收入和均衡利率的组合。用来解释货币政策——L:liquidity,货币需求;M:money,货币供给。如图6—7所示。

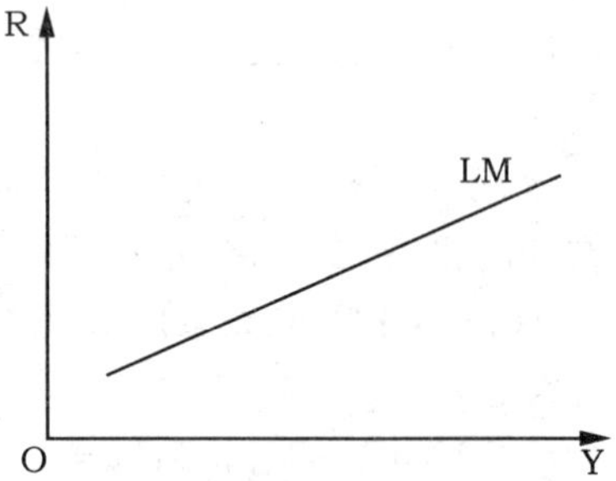

图6—7　LM曲线

(2)货币市场的均衡:货币市场上货币的供给一般由中央银行外生给定,一定时期内为常数;货币的需求包括货币的交易需求和投机需求,货币的交易需求是国民收入的增函数,货币的投机需求是利率的减函数。

(3)LM 曲线的移动。货币供给增加、货币需求减少（如物价下降），LM 曲线向右下方移动；货币供给减少、货币需求增加（如物价上升），LM 曲线向左上方移动。

3. IS-LM 模型

(1)产品市场和货币市场同时均衡时的利率和收入分别为均衡利率和均衡收入

前面分析的是单个市场的均衡，运用 IS-LM 模型则是把产品市场和货币市场均衡同时考虑。把 IS 曲线和 LM 曲线放在同一个图像中，则两条曲线的交点所形成的利率和国民收入就是实现货币市场和产品市场同时均衡的利率和国民收入。IS 曲线与 LM 曲线相交的交点就表示产品市场和货币市场同时均衡，如图 6—8 所示。

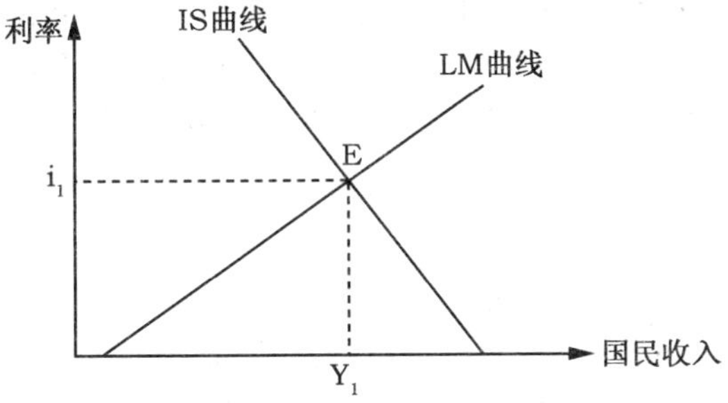

图 6—8　产品市场和货币市场同时均衡

(2)非均衡状态

①IS 曲线以上的点，I＜S；IS 以下的点，I＞S。

②LM 曲线以上的点，L＜M；LM 以下的点，L＞M。

在图 6—8 中 IS 曲线和 LM 曲线相交的 E 点上，表示产品市场和货币市场同时实现了均衡，也就是在此时的利率 i_1 和国民收入 Y_1 下，投资等于储蓄，货币供给等于货币需求，任何偏离 E 点的利率和国民收入的组合，都不能实现产品市场和货币市场的同时均衡，如图 6—9 中 A、B、C、D 的状态。

IS 和 LM 曲线把整个图分成四个区域，A 点位于 LM 曲线的左上方和 IS 曲线的右上方。这个区域中的利率都相对高于均衡利率，对产品市场来说储蓄大于投资，对货币市场来说，货币供给大于货币需求，这都使利率承受下降的压力。B 点位于 LM 曲线的右下方和 IS 曲线的右上方。在这个区域中，利率相对于产品市场的均衡偏高，以致储蓄大于投资，但却相对于货币市场的均衡偏低，以致货币供给小于货币需求。这就使 B 点既承受利率下降的压力，

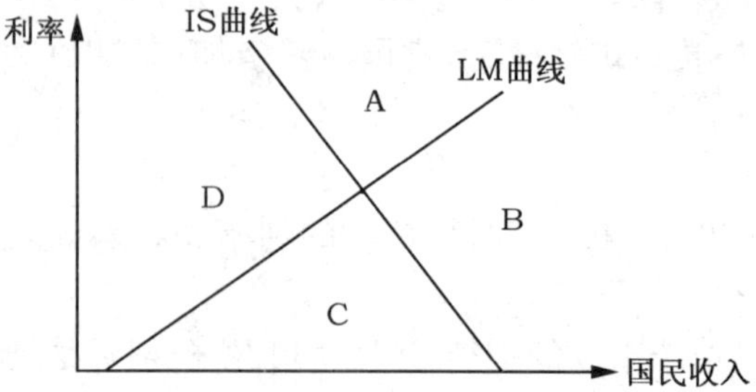

图 6—9 IS-LM 曲线把整个图分成四个区域

又承受利率上升的压力。C 点处在 LM 曲线的右下方和 IS 曲线的左下方。在这个区域中，利率相对低于均衡利率，这就使得产品市场的储蓄小于投资、货币市场的货币供给小于货币需求，这就使利率承受上升的压力。D 点位于 LM 曲线的左上方和 IS 曲线的左下方。在这个区域中，利率相对于产品市场的均衡偏低，以致储蓄小于投资，相对于货币市场的均衡又偏高，以致货币供给大于货币需求。D 点因此既承受利率上升的压力，又承受利率下降的压力。

(3)均衡收入和利率的变动

①自发总需求变动对国民收入与利率的影响

在 LM 曲线不变的情况下，自发总需求增加，IS 曲线向右上方平行移动，从而国民收入增加，利率上升；反之，自发总需求减少，IS 曲线向左下方平行移动，从而国民收入减少，利率下降。如图 6—10 所示。

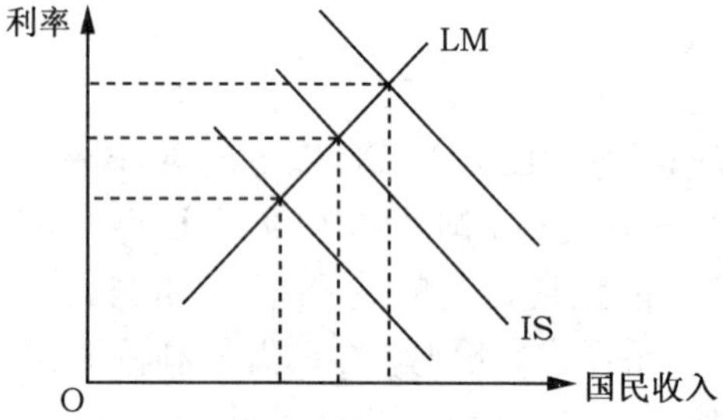

图 6—10 自发总需求变动对国民收入与利率的影响

②货币量变动对国民收入和利率的影响

在 IS 曲线不变的情况下，货币量增加，LM 曲线向右下方平行移动，从而国民收入增加，利率上升；反之，货币量减少，LM 曲线向左上方移动，从而国民收入减少，利率上升。如图 6—11 所示。

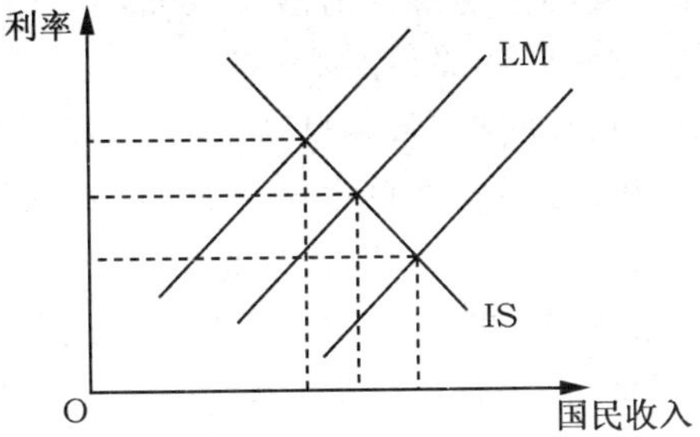

图 6—11　货币量变动对国民收入和利率的影响

五、AD-AS 模型

1. AD 曲线

(1)总需求及与价格的关系

总需求是指全社会在一定时间内，对产品和劳务的需求总量。社会总需求表现为全社会各经济主体的总支出。社会总需求除受价格水平影响外，还受收入水平、对未来的预期、财政政策和货币政策等因素的影响。

如果只考察总需求和价格的关系，用 AD 代表总需求，则 AD=f(P)。

第一，价格水平上升，将导致利率上升，进而引起投资和总支出水平下降。可称为利率效应。

第二，价格水平上升，人们所持有的货币及以货币表示的资产的实际价值降低，人们的消费水平必然降低，因而使总支出水平和国民收入水平下降。可称财富效应。

第三，价格水平上升，使人们的名义收入增加，必然引起税收增加和可支配收入减少，进而使人们的消费水平下降，总支出水平和国民收入水平必将随之下降。

分析表明，价格水平上升，从投资和消费两个方面，必然引起总支出水平和收入水平的下降；反之，价格水平下降，将引起总支出水平和收入水平的提高。

(2)总需求曲线的特点

在两部门经济中，总需求曲线向右下方倾斜的原因是消费支出和投资支出随着价格总水平上升而减少。

在既定的收入条件下，价格总水平提高使得个人持有的财富可以购买到的消费品数量下降，从而消费减少。反之，当价格总水平下降时，人们所持有财富的实际价值升高，人们会变得较为富有，从而增加消费。价格总水平与经济中的消费支出呈反方向变动关系。

此外，随着价格总水平的提高，利息率上升，投资减少，即价格总水平提高使得投资支出减少。相反，当价格总水平下降时，实际货币供给量增加，从而利息率下降，引起厂商的投资增加，即价格总水平下降使得经济中的投资支出增加。因此，价格总水平与投资支出呈反方向变动关系。

考察以上两个方面的影响，当价格总水平提高时，消费支出和投资支出同时减少，从而社会总支出水平下降；反之，当价格总水平下降时，消费和投资支出同时增加，从而社会总支出水平提高。也就是说，总支出水平随着价格总水平的上升而下降，即总需求曲线是一条向下倾斜的曲线。

(3)总需求曲线的移动

在特定的价格总水平下，任何引起总支出变动的因素都将导致总需求曲线的移动。总支出增加，总需求曲线向右上方移动；反之，总支出减少，总需求曲线向左下方移动。具体地说，在三部门经济中引起总需求变动的主要因素是消费需求、投资需求和政府支出。

首先，消费者的需求增加，每一价格总水平对应的总支出增加，从而总需求曲线向右上方移动；反之，需求减少，总需求曲线向左下方移动。在既定的收入条件下，由于消费与储蓄呈反方向变动，因而储蓄增加使得总需求下降，从而总需求曲线向左下方移动，而储蓄减少，总需求曲线向右上方移动。

其次，投资增加导致总支出增加，从而使得总需求曲线向右上方移动；反之，投资减少，总需求曲线向左下方移动。

另一方面，当货币供给量增加时，利息率下降，从而投资增加，总需求曲线向右上方移动；反之，货币供给量减少，总需求曲线向左下方移动。

最后，政府购买增加，经济中的总需求曲线向右上方移动；政府购买减少，总需求曲线向左下方移动。如图 6－12 所示。

我们可以得到结论：

第一，一定的价格变动引起的国民收入变动程度，取决于总需求曲线 AD 的斜率。AD 的斜率越大，一定的价格水平变动所引起国民收入的变动越小；AD 的斜率越小，一定的价格水平变动所引起的国民收入变动越大。

第二，一定的价格变动引起的国民收入变动程度，也取决于总需求曲线的截距。AD 在横轴上的截距越大，即离原点越远，一定的价格水平所引起国民收入的变动越大；反之，AD 在横轴上的截距越小，则所引起的国民收入变动越小。

投资增加或储蓄减少造成的 IS 曲线向右上方移动，货币供给增加或货币

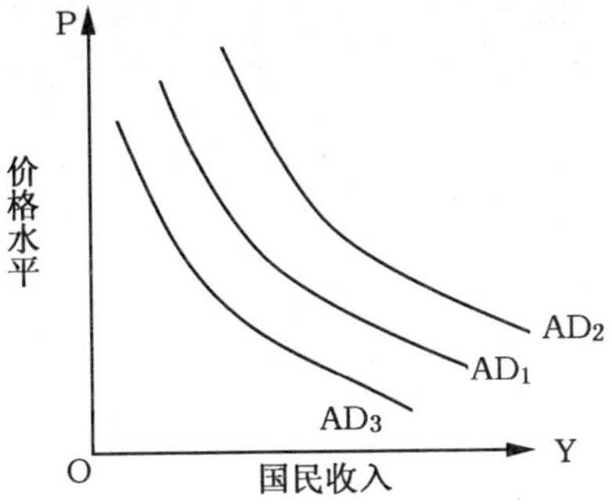

图 6—12　总需求曲线的移动

需求减少造成的 LM 曲线向右下方移动，必然使总需求曲线向右上方移动，即同样的价格下降，引起国民收入较多地增加。

投资减少或储蓄增加造成的 IS 曲线向左下方移动，货币供给减少或货币需求增加造成 LM 曲线向左上方移动时的需求曲线 AD 必然向左下方移动，即同样的价格下降，引起国民收入较少地增加。

2. AS 曲线

(1)总供给

总供给是指全社会在一定时间内的总产出或总产量。总供给实际上是全社会利用各种资源生产和提供的产品和劳务的总和。社会总供给除受价格水平影响外，还受劳动、资本和技术水平影响。只考察总供给和价格的关系，用 AS 代表总供给，则 $AS=f(P)$。

(2)总供给曲线的特点

总供给曲线向右上方倾斜，价格水平越高，整个社会生产和销售的产品相应越多。总供给曲线最初随着价格总水平提高而平缓上升，当价格总水平上升到一定程度之后，总供给曲线在潜在产出水平附近接近一条垂直的直线。短期总供给曲线呈现此种形状的原因是短期生产要素价格不变造成的。由于在短期内工资等要素价格保持不变，价格总水平提高引起厂商供给量的增加，从而使得商品和劳务的总额增加。当存在大量超额生产能力时，价格提高使得产量以较大幅度增加，但当经济水平接近于生产能力时，受生产能力的限制，价格提高，产量增加幅度很小。因而随着价格总水平的提高，总供给曲线呈现先缓慢上升、后逐渐陡峭而至垂直的特点，如图 6—13 所示。

AS 曲线可分为三段：

①开始阶段，AS 比较平坦，呈水平线，整个社会资源严重过剩，弹性很大

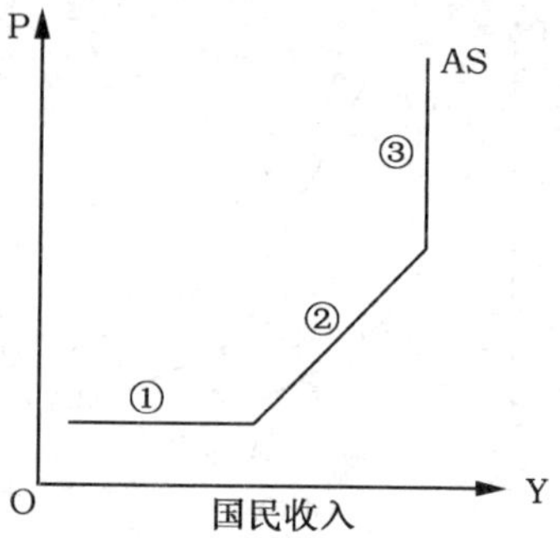

图 6－13　总供给曲线

(凯恩斯主义总供给曲线)。

②第二阶段,AS 向右上方倾斜,产出的增加要以物价上升为代价(短期总供给曲线)。

③第三阶段,AS 呈垂直线,整个社会资源达到极限,生产能力利用完毕,产出弹性为零(长期总供给曲线)。

(3)总供给曲线的移动

导致总供给曲线移动的因素主要有以下几个方面。

第一,自然的和人为的灾祸。例如,地震或战争会极大地减少经济的总供给,使得总供给曲线向左上方移动。

第二,技术变动。引起总供给曲线移动的一个重要原因是技术的变化。技术变动通常是正向,即技术水平倾向于提高,所以技术变动的影响一般使得总供给曲线向右移动。

第三,工资率等要素价格的变动。当工资下降时,对于任一给定的价格总水平,厂商愿意供给更多的产品,因而降低工资将使总供给曲线向右下方移动;反之,工资上升,总供给曲线向左上方移动。

此外,进口商品价格的变化也会引起总供给曲线的移动。如果厂商以进口商品作为原料,那么进口商品的价格变化时,厂商的成本就会发生变动,从而愿意生产的数量也会变动。

总之,生产技术水平提高或生产成本下降,经济的总供给增加,总供给曲线向右下方移动;反之,生产技术水平下降或生产成本提高,经济的总供给减少,总供给曲线向左上方移动。

3. AD-AS 模型

(1)总需求变动对国民收入与价格水平的影响

①凯恩斯主义总供给曲线

在这种总供给曲线下，总需求的增加会使国民收入增加，而价格水平不变；总需求的减少会使国民收入减少，价格水平也不变。即总需求的变动不会引起价格水平的变动，只会引起国民收入同方向变动，如图 6—14 所示。

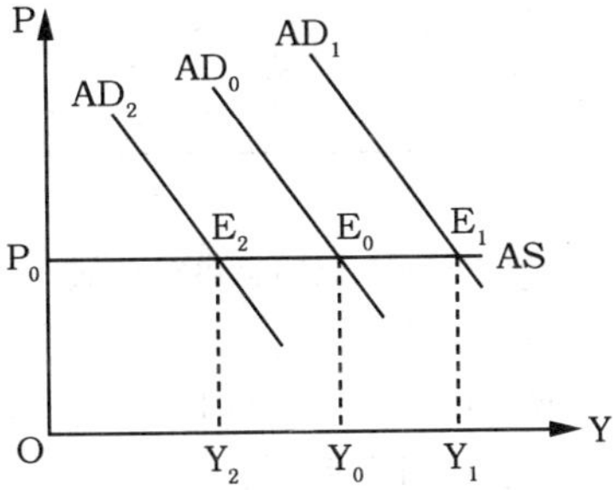

图 6—14　凯恩斯主义总供给曲线

②短期总供给曲线

在这种总供给曲线下，总需求的增加会使国民收入增加，价格水平也上升；总需求的减少会使国民收入减少，价格水平下降。即总需求变动引起国民收入与价格水平同方向变动，如图 6—15 所示。

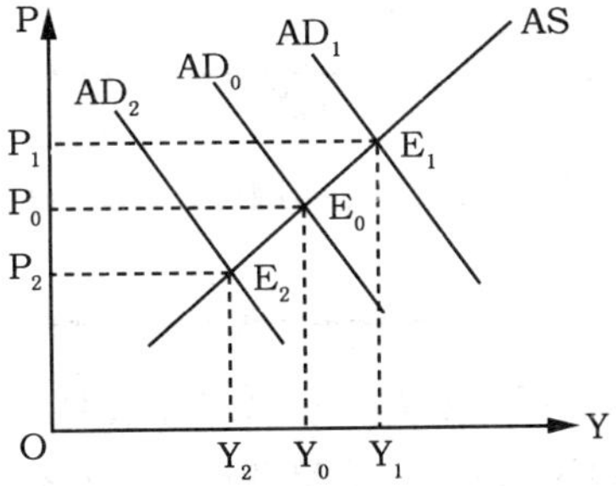

图 6—15　短期总供给曲线

③长期总供给曲线

在长期总供给曲线下，由于资源得到了充分利用，所以总需求的增加只会使价格水平上升，而国民收入不会变动；总需求的减少会使价格水平下降，而国民收入不会变动。即总需求变动会引起价格水平的同方向变动，而不会引起国民收入的变动，如图 6—16 所示。

(2)短期总供给变动对国民收入与价格水平的影响

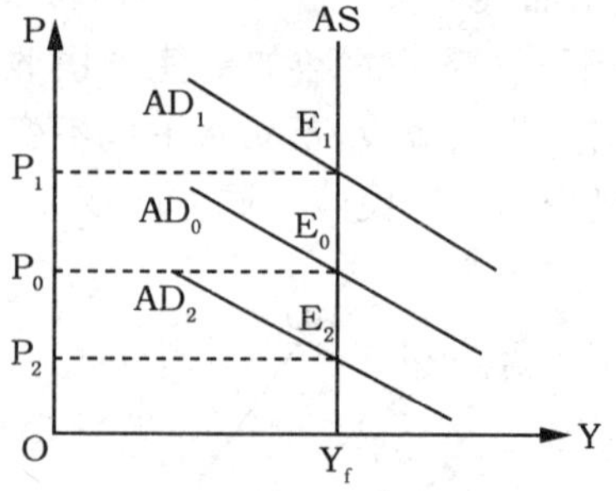

图 6—16　长期总供给曲线

短期总供给曲线的增加或减少，会引起国民收入的同方向变动，同时引起价格水平的反方向变动，如图 6—17 所示。

结论：增加总供给，不但可以增加国民收入，还可以降低价格水平。

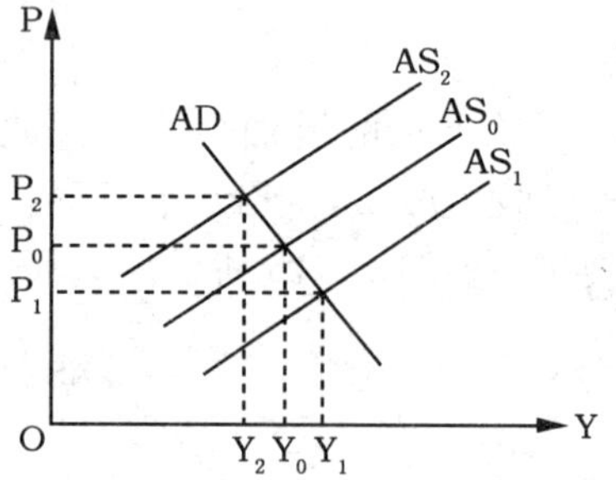

图 6—17　短期总供给变动对国民收入与价格水平的影响

生活中的经济学现象——总需求和总供给错位，房价调控实质是调节收入分配

房地产价格一路飙升，引发了政府对房地产市场的屡次宏观调控。房价不单是一个价格问题，而是经济增长模式和收入分配方式等体制性障碍在房地产市场的集中体现。这与房地产的多重属性如基本消费品、财产属性、投资品属性及衡量社会生活水平和社会保障状况、社会和政治属性有关。

从 1998 年中国经济遭遇了生产过剩、消费不足、新增长点难觅等困扰后，由于房地产业的关联产业带动效应很强，对经济增长指标的促动作用非常明显，本身也创造了大量就业机会，因而自然成为中国进入新一轮经济快速增长周期的领头羊。

而活跃的房地产行业又吸引了经济飞跃过程中迅猛积累甚至泛滥的货币财富大量涌进。

在这种产业增长背景下,房地产业容易形成价格虚高。目前,房地产价格的上涨幅度已经远远超出了社会平均劳动力价值的提升幅度,不仅低收入家庭买不起,连中等收入家庭也望而却步。高房价还产生了"挤出效应",导致居民的其他消费进一步萎缩。在住房已成为居民财产结构中最重要资产的背景下,调控房价不是遏制房地产业的发展,也不是让房价一味下行,而是引导社会财富分配,缩小收入分配差距。反之,盲目地炒地、炒高档楼宇,表面上热闹,实际上供求关系严重失调,泡沫就不可避免了。

问题:

1. 高房价产生的原因有哪些?

2. 你认为房价调控的实质是什么?

思考与检测

一、单项选择题

1. 当消费函数为C=3+5Y时,表明平均消费倾向(　　)。

A. 大于边际消费倾向　　B. 小于边际消费倾向

C. 等于边际消费倾向　　D. 以上三种情况都可能

2. 潜在国民生产总值是指(　　)。

A. 一国居民在一特定时期内生产的所有物品和劳务的货币价值总和

B. 在劳动和资本设备得到充分利用的情况下一国居民在一特定时期内所能生产的物品和劳务的货币价值总和

C. 一国居民在一特定时期内生产的所有物品和劳务的货币价值根据价格变化调整过的数值总和

D. 一国居民在一特定时期内生产的所有物品和劳务的货币价值总和扣去折旧的部分

3. 如果在消费—收入图形上,消费曲线向上移动,这意味着消费者(　　)。

A. 由于减少收入而减少储蓄S

B. 由于增加收入而增加了储蓄S

C. 不是由于增加收入,而是其他原因使储蓄S增加

D. 不是由于增加收入,而是其他原因使储蓄S减少

4. 假定其他条件不变，厂商投资增加将引起(　　)。

A. 国民收入增加，但消费水平不变

B. 国民收入增加，同时消费水平提高

C. 国民收入增加，但消费水平下降

D. 国民收入增加，储蓄水平下降

5. 如果投资支出 I 突然下降，那么凯恩斯模型预期(　　)。

A. GNP 将开始持续下降，但最终下降将小于投资 I 的下降

B. GNP 将迅速下降，其下降量大于投资 I 的下降量

C. GNP 将迅速下降，其下降量小于投资 I 的下降量，但没有进一步下降的趋势

D. GNP 将开始持续下降，直至下降量大大超过投资 I 的下降量

6. GNP 的均衡水平与充分就业的 GNP 水平的关系是(　　)。

A. 两者完全等同

B. 除了特殊失衡状态，GNP 均衡水平通常就意味着充分就业时的 GNP 水平

C. GNP 的均衡水平完全不可能是充分就业的 GNP 水平

D. GNP 的均衡水平可能是也可能不是充分就业的 GNP 水平

7. 在凯恩斯 45°线图中，消费函数与 45°线相交点的产出水平表示(　　)。

A. 净投资支出 I 大于零时的 GNP 水平

B. 均衡的 GNP 水平

C. 消费 C 和投资 I 相等

D. 没有任何意义，除非投资 I 恰好为零

8. GNP 高于均衡水平，意味着(　　)。

A. 计划储蓄 S 大于计划投资 I

B. 计划的消费支出 C 的总额超过计划投资 I 的总额

C. GNP 偶然沿着消费曲线超过收入均衡点

D. 计划投资 I 的总额和计划消费 C 总额之和超过现值 GNP 水平

9. 如果由于投资支出下降而导致 GNP 下降，可预期(　　)。

A. 消费 C 和储蓄 S 将上升

B. 消费 C 和储蓄 S 将下降

C. 消费 C 将下降，但储蓄 S 将上升

D. 消费 C 将上升，但储蓄 S 将下降

10. 在一个不存在政府和对外经济往来的经济中，若现期 GNP 水平为

5 000亿元，消费者希望从中支出3 900亿元用于消费，计划投资支出总额为1 200亿元，这些数字表明(　　)。

A. GNP 不处于均衡水平，将下降

B. GNP 不处于均衡水平，将上升

C. GNP 处于均衡水平

D. 以上三种情况都可能

11. 如果边际储蓄倾向为 0.3，投资支出增加 60 亿元，可以预期，这将导致均衡水平 GNP 增加(　　)。

A. 20 亿元　　B. 60 亿元　　C. 180 亿元　　D. 200 亿元

12. 在国民收入和生产中的个人储蓄可以明确表示为(　　)。

A. 家庭所有资产的总额

B. 当期所得收入中不用于消费的部分

C. 当期所得收入中仅用于购买证券或存入银行的部分

D. 家庭所持有的所有资产总额减去他们的负债总额

13. 如果人们不是消费其所有收入，而是将未消费部分存入银行或购买证券，这在国民收入和生产中是(　　)。

A. 储蓄而不是投资

B. 投资而不是储蓄

C. 既非储蓄又非投资

D. 储蓄，但购买证券部分是投资

14. 经验表明长期消费函数是一条过原点的直线，所以(　　)。

A. 边际消费倾向小于平均消费倾向

B. 边际消费倾向等于平均消费倾向，且为常数

C. 边际消费倾向大于平均消费倾向

D. 平均储蓄倾向等于 1

15. 投资往往是易变的，其主要原因是(　　)。

A. 投资在很大程度上取决于企业家预期

B. 消费需求变化得如此反复无常，以至于它影响投资

C. 政府开支代替投资，而政府开支波动剧烈

D. 利率水平波动相当剧烈

16. 如果灵活偏好曲线接近水平状，这意味着(　　)。

A. 利率稍有变动，货币需求就会大幅度变动

B. 利率变动很大时，货币需求也不会有很大变动

C. 货币需求丝毫不受利率影响

D. 以上三种情况都可能

17. 当利率很低时，人们购买债券的风险将会(　　)。

A. 变得很小　　B. 变得很大

C. 可能很大也可能很小　　D. 就发生变化

18. IS-LM 曲线表示满足(　　)的关系。

A. 收入—支出均衡　　B. 总供给与总需求均衡

C. 储蓄与投资均衡　　D. 以上都对

19. 在 IS 曲线上存在储蓄与投资均衡的收入和利率的组合点有(　　)。

A. 一个　　B. 无数个

C. 一个或无数个　　D. 一个或无数个都不可能

20. 自发投资支出增加 10 亿美元，会使 IS 曲线(　　)。

A. 右移 10 亿美元

B. 左移 10 亿美元

C. 右移支出乘数乘以 10 亿美元

D. 左移支出乘数乘以 10 亿美元

二、多项选择题

1. 下列各项中，不计入 GDP 的是(　　)。

A. 私人建造的住宅　　B. 政府向失业者提供的救济金

C. 保险公司收取的保险金　　D. 国库券利息

2. 下列各项中，不计入 GDP 的是(　　)。

A. 在证券市场上购买股票　　B. 购买一套旧住宅

C. 银行向企业收取的贷款利息　　D. 专利所有人获得的专利使用费

3. 下列各项中，可以成为政府收入来源的是(　　)。

A. 个人所得税　　B. 社会保险税

C. 企业间接税　　D. 政府公债

4. 下列各项中，不计入 GDP 的是(　　)。

A. 修建自家的草坪的收入　　B. 购买二手汽车

C. 购买长虹公司的股票　　D. 收到少数民族补贴

5. 国民收入核算的主要指标是(　　)。

A. 国内生产总值　　B. 国内生产净值

C. 国民收入　　D. 个人收入

三、判断题

1. 农民生产并用于自己消费的粮食不应计入 GDP。 (　　)

2. 在国民收入核算中，只要一国名义 GDP 在增长，那么该国的经济规模就在扩大。 (　　)

3. 在进行国民收入核算时，政府为公务人员加薪，应视为政府购买。 (　　)

4. 对一个国外净要素收入为负的国家而言，GDP 应小于 GNP。 (　　)

5. 同样是建筑物，如被居民和企业购买，属于投资，如被政府购买，则属于政府购买。 (　　)

四、分析讨论题

1. 判断下列说法的正误，并说明理由。

(1)如果一企业用 5 台新机器替换 5 台报废的旧机器，它没有使 GNP 增加，因为机器的数量未变。

(2)总投资增加时，资本存量就增加

(3)总投资不可能是负数。

(4)净投资不可能是负数。

2. 为什么人们购买债券和股票从个人来说可算是投资，但在经济学上不能称为投资？

3. 为什么住宅建筑支出不被看作是耐用消费品支出而看作是投资支出的一部分？

4. 假设某经济社会的消费函数为 $C=100+0.8Y$，投资为 50。

(1)求均衡收入、消费和储蓄；

(2)如果当时实际产出为 800，企业非意愿存货为多少？

(3)若投资增至 100，求增加的收入。

5. 假定某经济社会的消费函数为 $C=0.8(1-t)Y$，税率 $t=0.25$，投资函数为 $I=900-50r$，政府购买 $G=800$，货币需求 $L=0.25Y-62.5r$，实际货币供给 $M/P=500$，试求：

(1)IS 曲线；

(2)LM 曲线；

(3)两处市场同时均衡时的利率和收入。

五、问答题

1. 有人认为：战争可以增加政府支出、增加对军需品的投资，因而能够拉动本国的 GDP 增长，所以某超级大国总希望发起战争，事实上他们也不断挑起战乱。你认为是这么回事吗？说出你的理由。

2. 在中国，投资是发展的动力，因此在 GDP 增长中是投资唱主角；而在美国，消费是发展的源泉，GDP 组成中消费占主要份额。你认为哪种增长方式更有可持续性？为什么？

第七章　聚焦失业与通货膨胀理论

学习目标

- 理解并掌握充分就业的含义和类型
- 理解周期性失业的原因
- 了解通货膨胀的含义和类型
- 理解通货膨胀对经济的影响
- 了解奥肯定律的含义

第一节　失业理论

案例导入

经济增长背后的失业

中国虽然保持了很长时间的经济增长，但是依然要面对严峻的就业和失业问题。受国际金融危机影响，加上国内本身的结构性问题，2009年中国的就业形势异常严峻，城镇劳动力供过于求，缺口为1 200万～1 900万人。今后一个时期，这种供大于求的局面不会明显改变。

我国目前的就业再就业工作正面临着前所未有的挑战：劳动力供给量的迅猛增长，正成为当前就业工作中的最大"心病"。人力资源和社会保障部提供的资料显示，在经过多年的高速增扩之后，近期我国新成长劳动力的供给将升至峰值，2011 年城镇新增就业 900 万人。

让人不能乐观的还有失业率。2009 年一季度，我国城镇登记失业率为4.3%。尽管这一数字尚未超过国际公认的"警戒线",但一方面它相对于以往3%左右的数字已经呈现了较大幅度的增长,另一方面它尚未包括与原单位"藕断丝连"的国有、集体企业下岗职工及数目庞大的农民工,实际的失业数字应高于现有的统计。总的说来,中国的就业形势不容乐观。

请思考下列问题:

1. 什么是失业?

2. 你认为中国失业问题的根源在哪里?如何解决?

一、失业的定义

失业(unemployment)是指有劳动能力、愿意接受现行工资水平但仍然找不到工作的现象。所有那些未曾受雇以及正变换工作岗位或未能按当时通行的实际工资率找到工作的、有劳动能力的人都是失业者。失业人口与就业人口之和就是劳动人口,失业人口占劳动人口的比重即为失业率。

示例

2007年8月,次贷危机开始席卷美国,许多公司破产,产生了大量的失业人口,随着美国经济的复苏,失业率也不断降低,2015年4月份失业率为5.4%,达到7年来的最低点。

宏观经济学有四大目标,即充分就业、经济增长、物价稳定和国际收支平衡。充分就业有广义和狭义之分,广义的充分就业是指所有的生产要素都参与生产的状态,即所有的生产要素都就业;狭义的充分就业专指劳动这一生产要素,即消灭周期性失业的就业状态。由于衡量资本和自然资源的就业比较困难,所以通常所说的充分就业就是指劳动这种生产要素。

二、失业的种类及原因

1. 自愿失业与非自愿失业

失业有很多种类,根据主观愿意就业与否,分为自愿失业与非自愿失业。所谓自愿失业,是指工人所要求的实际工资超过其边际生产率,或者说不愿意接受现行的工作条件和收入水平而未被雇用所造成的失业。由于这种失业是由于劳动者主观不愿意就业而造成的,所以被称为自愿失业,无法通过经济手段和政策来消除，因此不是经济学所研究的范围。另一种是非自愿失业，是指有劳动能力、愿意接受现行工资水平但仍然找不到工作的现象。这种失业是由于客观原因所造成的，因而可以通过经济手段和政策来消除。经济学中所讲的失业是指非自愿失业。

2. 摩擦性失业、结构性失业和周期性失业

非自愿失业可以分为摩擦性失业、结构性失业和周期性失业。

(1)摩擦性失业是指生产过程中难以避免的、由于转换职业等原因而造成的短期、局部失业。这种失业的性质是过渡性的或短期性的。它通常起源于劳动的供给一方，因此被看作一种求职性失业，即一方面存在职位空缺，另一方面存在着与此数量对应的寻找工作的失业者，这是因为劳动力市场信息的不完备，厂商找到所需雇员和失业者找到合适工作都需要花费一定的时间。摩擦性失业在任何时期都存在，并将随着经济结构变化而有增大的趋势，但从经济和社会发展的角度来看，这种失业存在是正常的。

(2)结构性失业是指劳动力的供给和需求不匹配所造成的失业，其特点是既有失业，也有职位空缺，失业者或者没有合适的技能，或者居住地点不当，因此无法填补现有的职位空缺。结构性失业在性质上是长期的，而且通常起源于劳动力的需求方。结构性失业是由经济变化导致的，这些经济变化引起特定市场和区域中的特定类型劳动力的需求相对低于其供给。造成特定市场中劳动力的需求相对低可能由以下原因导致：第一是技术变化，原有劳动者不能适应新技术的要求，或者是技术进步使得劳动力需求下降。第二是消费者偏好的变化。消费者对产品和劳务的偏好的改变，使得某些行业扩大而另一些行业缩小，处于规模缩小行业的劳动力因此而失去工作岗位。第三是劳动力的不流动性。流动成本的存在制约着失业者从一个地方或一个行业流动到另一个地方或另一个行业，从而使得结构性失业长期存在。

(3)周期性失业是指在经济周期中的衰退或萧条期，因社会总需求下降而造成的失业。当经济发展处于一个周期中的衰退期时，社会总需求不足，因而厂商的生产规模也缩小，从而导致较为普遍的失业现象。周期性失业对于不同行业的影响是不同的，一般来说，需求的收入弹性越大的行业，周期性失业的影响越严重。也就是说，人们收入下降，在产品需求大幅度下降的行业，周期性失业情况比较严重。通常用紧缩性缺口来说明这种失业产生的原因。紧缩性缺口是指实际总需求小于充分就业的总需求时，实际总需求与充分就业总需求之间的差额，图 7—1 说明了紧缩性缺口与周期性失业之间的关系。

在图 7—1 中，横轴 OY 代表国民收入，纵轴 AD 代表总需求，当国民收入为 Y_f 时，经济中实现了充分就业，Y_f 为充分就业的国民收入，实现这一国民

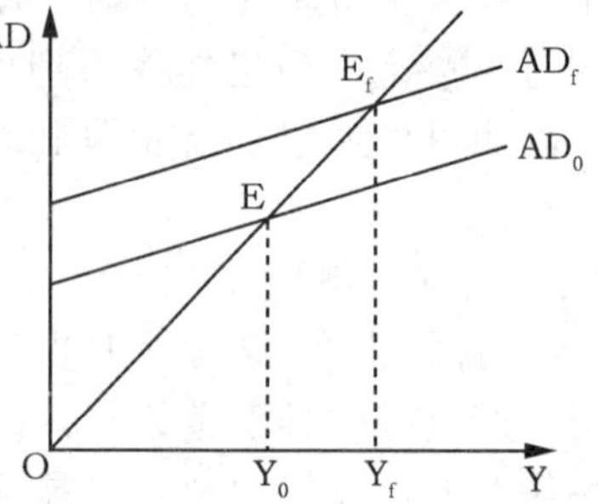

图 7—1　紧缩性缺口

收入水平所要求的总需求水平为 AD_f，即充分就业的总需求。但实际的总需求为 AD_0，这一总需求水平决定的国民收入为 Y_0，Y_0 小于 Y_f，这就必然引起失业。Y_0 小于 Y_f 是由于 AD_0 小于 AD_f 造成的。因此，实际总需求 AD_0 与充分就业总需求 AD_f 之间的差额就是造成这种失业的根源。这种失业是由于总需求不足引起的，故而也称为“需求不足的失业”。

除了这几种主要失业类型外，经济学中常说的失业类型还包括隐性失业。所谓隐性失业是指表面上有工作、但实际上对产出并没有做出贡献的人，即有“职”无“工”的人，也就是说，这些工作人员的边际生产力为零。当经济中减少就业人员而产出水平没有下降时，即存在着隐性失业。美国著名经济学家阿瑟·刘易斯曾指出，发展中国家的农业部门存在着严重的隐性失业。

三、失业的影响

失业会产生诸多影响，一般可以将其分成两种：社会影响和经济影响。失业的社会影响虽然难以估计和衡量，但它最易为人们所感受到。失业威胁着作为社会单位和经济单位的家庭的稳定。没有收入或收入遭受损失，户主就不能起到应有的作用。家庭的要求和需要得不到满足，家庭关系将因此而受到损害。西方有关的心理学研究表明，解雇造成的创伤不亚于亲友的去世或学业上的失败。此外，家庭之外的人际关系也受到失业的严重影响。一个失业者在就业的人员中失去了自尊和影响力，面临着被同事拒绝的可能性，并且可能会失去自尊和自信。最终，失业者在情感上受到严重打击。

失业的经济影响可以用机会成本的概念来理解。当失业率上升时，经济中本可由失业工人生产出来的产品和劳务就损失了。衰退期间的损失，就好像是将众多的汽车、房屋、衣物和其他物品都销毁掉了。从产出核算的角度看，失业者的收入总损失等于生产的损失，因此，丧失的产量是计量周期性失业损失的主要尺度，因为它表明经济处于非充分就业状态。20 世纪 60 年代，美国经济学家阿瑟·奥肯根据美国的数据，提出了经济周期中失业变动与产出变动的经验关系，被称为奥肯定律。

奥肯定律的内容是：失业率每高于自然失业率一个百分点，实际 GDP 将低于潜在 GDP 两个百分点。换一种方式说，相对于潜在 GDP，实际 GDP 每下降两个百分点，实际失业率就会比自然失业率上升一个百分点。

西方学者认为，奥肯定律揭示了产品市场与劳动市场之间极为重要的关系，它描述了实际 GDP 的短期变动与失业率变动的联系。根据这个定律，可以通过失业率的变动推测或估计 GDP 的变动，也可以通过 GDP 的变动预测失业率的变动。例如，实际失业率为 8%，高于 6%的自然失业率 2 个百分点，则实际 GDP 就将比潜在 GDP 低 4%左右。

未来的一二十年是我国改革开放的关键时期，大量的农村富余劳动力要转移到城镇就业，城镇新增的适龄就业人员也有较大的就业需要，这就使得我国在未来一二十年内面临着较大的就业压力，就业问题是我国政府宏观经济政策要解决的最主要问题之一。奥肯定律给我们提供了一个可能的解决方案，即一定要保持 GDP 的高速增长，这样一方面能迅速提高我国人民的生活水平，同时也能较好地解决未来的就业压力。

四、充分就业

充分就业是宏观经济学的首要目标，那么如何才算得上是充分就业呢？能不能实现充分就业呢？前文的分析让我们认识到现实生活中永远达不到百分之百的就业，因为即使有足够的职位空缺，失业率也不会等于零，也仍然会存在摩擦性失业和结构性失业。在一个变化快速的现代社会中，永远存在着职业流动和行业的结构性兴衰，所以，总有少部分人会处于失业的状态。

因此，现代经济学认为，当一个社会中的周期性失业被消灭，只剩下摩擦性失业和结构性失业等失业类型时，这个经济社会就实现了充分就业。与充分就业相对应的一个概念是自然失业，所谓自然失业率是指在没有货币因素干扰的情况下，让劳动市场和商品市场的自发供求力量起作用时，总需求和总供给处于均衡状态下的失业率。换句话说，自然失业率(natural rate of unemployment)就是指经济中消灭了周期性失业以后的失业率，即摩擦性失业和结构性失业占劳动人口的比重。自然失业率并不是一个固定不变的值，它随着经济社会的发展而变化，一般由政府根据有关调研数据来确定，如美国在一个较长的时期内确认其自然失业率为 5%，也就是说当美国的失业率为 5%或以下时，政府就不会采取有关措施来干预劳动市场的运行。

生活中的经济学现象——经济发展的不均衡与春运

我国每年都有1亿多人次的春运规模，形成了一个独特现象。春运的主体是两部分：民工和学生，其中，民工是主流。跨地区流动的成本是非常高昂的，不但有很高的物质成本，还有信息搜集的成本。实证研究表明，民工外出找工作绝大部分是通过同乡或者亲戚介绍的，这就意味着，如果没有这两个介绍源，则外出找工作很难，从而可能不会流动了。不流动就意味着失业，所以，远距离流动的高成本导致了一部分摩擦性失业。民工流动的原因是因为更远的地方，即沿海发达地区，有更好的就业机会，而农村没有，所以必须外出，同时说明了在农村内部存在着很高的隐性失业率。

经济发展的不均衡性导致了民工流动，户籍制度限制了民工获得工作地户口，从而不能获得医疗、社保、教育机会等；地区竞争要求政府协助当地企业限定工资和各种福利，以便减少企业成本，从而留住企业。这样，一方面有利于创造GDP和税收，另一方面也能减少竞争对手的GDP和税收，从而在地区竞争中取胜。正是由于上述原因，民工流动不畅，摩擦性失业多。另外，本地人的失业率其实比外来务工人员更多，原因恐怕就在于民工有着极具优势的低廉“价格”，这个价格在某种程度上又是由地方政府造成的。

问题：

1. 什么是摩擦性失业？
2. 春运大军的背后蕴涵了哪些经济学原理？

第二节　通货膨胀理论

案例导入

金圆券发行过量造成通货膨胀

金圆券是民国时期国民党政府在中国大陆发行的一种货币。从1948年8月开始发行，至1949年7月停止流通，只使用了十个月左右，贬值却超过两万倍。金圆券发行之初，政府以行政手段强迫民间以黄金、外币兑换。由于没有严守发行限额，造成的恶性通胀令民间经济陷入混乱。至1949年7月3日，当时国民党广州政府宣布停发金圆券，改以银圆券替代，结束了金圆券的历史。

问题：

1. 什么是通货膨胀？

2. 通货膨胀产生的原因有哪些？

一、通货膨胀的定义与类型

1. 通货膨胀的定义

通货膨胀(inflation)是指物价水平在一定时期内持续的、普遍的上升过程，或者说货币实际购买力在一定时期内持续的下降过程。理解通货膨胀要注意两点：一是少数几种商品的价格上涨不能称为通货膨胀，必须是大部分商品的价格同时上涨；二是偶尔的价格上涨也不能称为通货膨胀，必须是物价在一段时间内持续地上涨。

示例

有一个商人每天出售5斤猪肉，后来由于一些原因，这个商人决定每天只出售一斤猪肉，原来有5个人，每个人每天要买1斤肉，现在只有一个人可以买到，于是其中有人愿意用更高的价格去争得这块肉，商人觉得这样可以赚钱，于是将肉的价格提高，国家为了让每个人都可以买得起肉，只能增加货币的发售，让每个人有更多的钱，每个人的钱多了，但是商人卖的肉只有一斤，于是又开始一轮新的涨价。

2. 通货膨胀的衡量

衡量通货膨胀的指标是物价指数。物价指数是表明商品价格从一个时期到下一个时期变动程度的指数。物价指数一般采用加权平均的方式，即根据某种商品在总支出中所占的比重来确定其价格的加权数的大小。物价指数的计算公式如下：

$$物价指数=\frac{\sum P_t Q_t}{\sum P_0 Q_t}\times 100\%$$

上式中，P_0，P_t 是基期和本期的价格水平，Q_t 是本期的商品量(注：上式中采用了报告期加权平均法，计算物价指数还有一种方式，即采用基期加权法，即用基期的商品量作为权数来计算物价指数)。

根据计算物价指数时包括的产品和劳务种类的不同，可以计算出三种主要的物价指数：

(1)消费者价格指数(简称 CPI)，也称零售物价指数或生活费用指数，是衡量各个时期居民个人的日常生活用品和劳务的价格水平变化的指标。这是与居民个人生活最为密切的物价指数，因为这个指标最能衡量居民货币的实际购买力水平。

(2)生产者价格指数(简称 PPI)，又称批发价格指数，是衡量各个时期生产者在生产过程中所用产品的价格水平的变动而得到的指数。通常这些产品包括产成品和原材料。

(3)GDP 折算指数，是衡量各个时期所有产品和劳务的价格变化的指标。

可以根据物价指数计算出一定时期内物价上升或下降的精确幅度，也就是通常所说的通货膨胀率，所谓通货膨胀率，是指从一个时期到另一个时期内价格水平变动的百分比。其计算公式为：

$$\text{通货膨胀率}=\frac{P_t-P_{t-1}}{P_{t-1}}\times 100\%$$

P_t 和 P_{t-1} 分别为 t 时期和(t－1)时期的价格水平。假定某国去年的物价水平为 102，今年的物价水平上升到 108，那么这一时期的通货膨胀率就为(108－102)÷102×100％＝5.88％。

3. 通货膨胀的类型

对于通货膨胀，可以从三个不同的角度来进行划分。按价格上升的速度，可以将通货膨胀分成三类：第一，温和的通货膨胀，指每年物价上升的比例在10％以内。一般认为这种温和的通货膨胀不会对经济造成巨大的恶性影响，甚至还有经济学家认为这种缓慢而持续的价格上升能对经济和收入的增长有积极的刺激作用。第二，奔腾的通货膨胀，指年通货膨胀率在 10％以上和在100％以下。这时，货币流通速度提高而货币的实际购买力下降，这种通货膨胀对于经济具有较大的破坏作用，因为这种通货膨胀发生以后，由于价格上涨速度快、上涨幅度大，公众预计价格还会进一步上涨，因而会采取各种手段，如将货币换成房产、汽车、黄金和珠宝等保值商品，或者大量地囤积商品，从而使得产品市场和劳动市场的均衡遭到破坏，正常的经济运行秩序被破坏，经济体系受损。第三，超级通货膨胀，指通货膨胀率在 100％以上。发生这种通货膨胀时，价格持续猛涨，人们都尽快地使货币脱手，从而大大加快货币流通速度。其结果是货币完全失去了人们的信任，货币的购买力大幅下降，各种正常的经济联系遭到破坏，以致货币体系中的价格体系最后完全崩溃，在严重的情况下，还会出现社会动乱。

按照对不同商品的价格影响大小加以区分，存在着两种通货膨胀的类型：

第一种是平衡的通货膨胀，即每种商品的价格都按相同的比例上升。这里所指的商品价格包括生产要素以及各种劳动的价格，如工资率、租金、利率等。第二种是非平衡的通货膨胀，即各种商品价格上升的比例并不完全相同。如近年来，我国房地产价格上升迅速，而一般日用消费品如家电、电脑、汽车等商品的价格反而有下降趋势。

按照人们的预期程度加以区分，可以将通货膨胀分成两种：一种是未预期的通货膨胀，即人们没有预料到价格会上涨，或者是价格上涨的速度超过了人们的预计；另一种是预期的通货膨胀，即人们预料到价格会上涨。这两种通货膨胀对人们正常生活的影响是不同的，未被预期的通货膨胀可能导致货币工资率的上升滞后于物价的上涨，从而使利润上升，至少暂时会有一种扩大就业、扩大总产出水平的效应。如果通货膨胀事先已经完全预料到，那么各经济主体将按其预期来调整其经济行为，如工会在物价上涨前就要求增加工资，从而使通货膨胀的短期扩张效应不会产生。

二、通货膨胀的原因

1. 需求拉动型通货膨胀

需求拉动型通货膨胀又称超额需求型通货膨胀，是指总需求超过总供给所引起的一般物价水平普遍而持续的上涨。通俗地说，这种通货膨胀是“过多的货币追逐过少的商品”，因而物价上涨。

下面用图7－2来说明总需求是如何拉动物价上涨的。在图7－2中，横轴Y表示国民收入，纵轴P表示一般物价水平，AD为总需求曲线，AS为总供给曲线，总供给曲线AS起初为水平状态，这表示在国民收入水平较低时，总需求的增加不会引起价格水平的上涨，图中总需求从AD_0增加到AD_1，国民收入也从Y_0的水平上升到Y_1，但价格水平仍保持在P_1的水平；当国民收入增加到Y_1时，总需求继续增加，此时将导致国民收入和一般价格水平同时上升，图中总需求从AD_1增加到AD_2时，国民收入从Y_1增加到Y_2的水平，价格也从P_1上升到P_2的水平。也就是说，在这个阶段，总需求的增加，在提高国民收入的同时也拉升了一般价格水平；当国民收入增加到潜在的国民收入水平即Y_f时，此时国民经济已经处于充分就业的状态，在这种情况下，总需求的增加只会拉动价格上升，而不会使国民收入增加。图中总需求从AD_3上升到AD_4，国民收入仍然保持在Y_f，但物价水平从P_3上升到P_4的水平。

也就是说，当经济体系中有大量资源闲置时，总需求的增加不会引起物价上涨，只会导致国民收入增加；当经济体系中的资源接近充分利用时，总需求的增加会同时拉升国民收入和一般价格水平，当经济体系中的资源利用达到

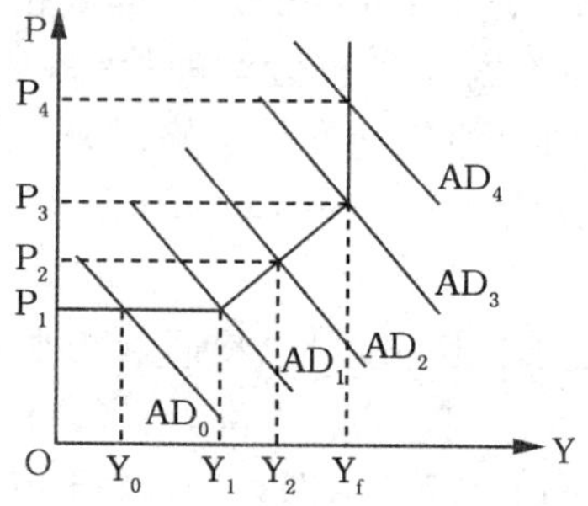

图 7—2　需求拉动的通货膨胀

充分就业状态时，总需求的增加不会使国民收入增加，而只会导致一般价格水平上升。

2. 成本推动型通货膨胀

成本推动型通货膨胀，又称成本通货膨胀或供给通货膨胀，是指在没有超额需求的情况下由于供给方面成本的提高所引起的通货膨胀。成本的增加意味着只有在高于以前的价格水平时，才能达到与以前同样的产量水平，即总供给曲线向左上方移动。在总需求不变的情况下，总供给曲线向左上方移动使国民收入减少，价格水平上升，这种价格上升就是成本推动的通货膨胀，可以用图 7—3 来说明这种情况。

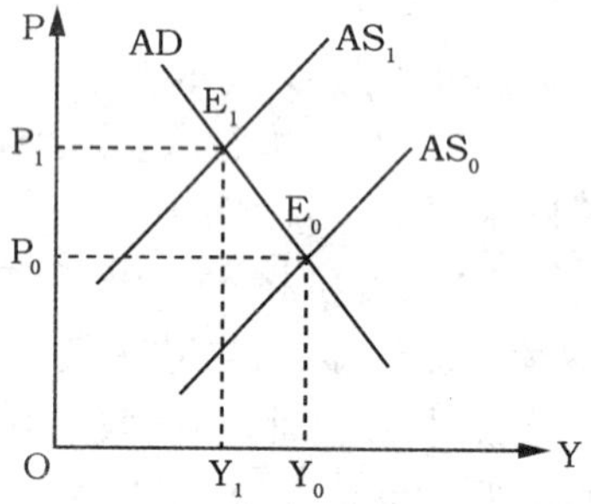

图 7—3　成本推动的通货膨胀

在图 7—3 中，原来的总供给曲线 AS_0 与总需求曲线 AD 决定了国民收入水平为 Y_0，价格水平为 P_0，成本增加后，总供给曲线向左上方移动到 AS_1，总需求保持不变，从而决定了新的国民收入为 Y_1，价格水平为 P_1，价格水平由 P_0 上升到 P_1 是由于成本的增加所引起的，这即是通常所说的成本推动的通货膨胀。

引起成本增加的原因并不完全相同，因此，成本推动的通货膨胀又可以根据其原因的不同而分为以下几种：

(1)工资成本推动的通货膨胀。工资是厂商成本中的主要构成部分，工资水平的上升会导致厂商成本增加，厂商因此而提高产品和劳务的价格，从而导致通货膨胀。在劳动市场存在着工会的卖方垄断情况下，工会利用其垄断地位要求提高工资，雇主迫于压力提高了工资后，就会将提高的工资加入成本，提高产品和劳务的价格，从而引起通货膨胀。工资的增加往往是从个别部门开始的，但由于各部门之间工资的攀比行为，个别部门工资的增加往往会导致整个社会的工资水平上升，从而引起普遍的通货膨胀。而且这种通货膨胀一旦形成，还会形成“工资—物价螺旋式上升”，即工资上升引起物价上升，物价上升又引起工资上升。这样，工资与物价不断互相推动，形成严重的通货膨胀。

(2)利润推动的通货膨胀。也称价格推动的通货膨胀，指市场上具有垄断地位的厂商为了增加利润而提高价格所引起的通货膨胀。在不完全竞争的市场中，具有垄断地位的厂商控制了产品的销售价格，从而可以提高价格以提高利润。这种通货膨胀是由于利润的推动而产生的，尤其是在工资增加时，垄断厂商以工资的增加为借口，更大幅度地提高物价，使物价的上升幅度大于工资的上升幅度，其差额就是利润的增加，这种利润的增加使物价上升，形成通货膨胀。西方的经济学者认为，工资推动和利润推动实际上都是操纵价格的上升，其根源在于经济中的垄断，即工会的垄断形成工资推动，厂商的垄断引起利润推动。

(3)原材料成本推动的通货膨胀。这是指厂商生产中所需要的原材料价格上升推动产品和劳务的价格上升而形成的通货膨胀。在现代经济中，某些能源或关键的原材料供给不足，会导致其价格上升，进而引起厂商成本上升，如石油价格的上升，或者是某种进口原材料价格上升等，最典型的事例是 20 世纪 70 年代整个西方发达国家的滞胀(即经济停滞和通货膨胀同时并存)，其主要根源之一就在于当时石油价格的大幅上升。

3. 结构性通货膨胀

结构性通货膨胀是指在没有需求拉动和成本推动的情况下，只是由于经济结构因素的变动，也会引起一般价格水平的持续上涨，这种原因导致的一般价格水平的持续上涨被称为结构性通货膨胀。

从生产率提高的角度来看，社会经济结构存在着这样的特点，即一些部门生产率提高的速度快，另一些部门生产率提高的速度慢；从经济发展的过程看，社会经济结构存在着这样的特点，即一些部门正在迅速发展，另一些部门则日趋衰落；从与世界市场的关系看，社会经济结构存在着这样的特点，一些部门(开放部门)与世界市场的联系十分密切，另一些部门(非开放部门)与世界市场没有密切联系。一般来说，生产率提高速度快的部门工资水平提高快，而生产率提高速度慢的部门工资水平提高慢，但是处于生产率提高速度慢的部门的工人要求“公平”，由于工会的存在，他们要求提高工资水平往往会实现，从而使得整个社会的工资增长率超过劳动生产率，从而引起通货膨胀，这种通货膨胀即是结构性通货膨胀。同样，在迅速发展的部门和日趋衰落的部门、开放部门和非开放部门之间也会产生这种情况。

当然，通货膨胀是现代经济社会中常见的、也是复杂的一个社会经济现象，其产生的根源往往不仅仅是上述三种原因中的某一种，而是其中的两种或三种原因共同交织在一起，这就需要根据不同的情况进行具体分析。

三、通货膨胀对经济的影响

通货膨胀既会对个人的经济生活产生各种影响，也会对整个社会的经济生活产生重大影响，一般可以将通货膨胀对经济的影响分成两种，即通货膨胀的收入再分配效应和通货膨胀的产出效应。

1. 通货膨胀的收入再分配效应

通货膨胀意味着人们手中持有货币的购买力下降，从某种程度上来讲，是人们过去劳动成果的缩水，也就是说通货膨胀会导致人们的实际收入水平发生变化，这就是通货膨胀的再分配效应，但通货膨胀对不同经济主体的再分配效应是不同的。

(1)通货膨胀不利于靠固定货币收入维持生活的人。对于固定收入阶层来说，其收入是固定的货币数额，落后于上升的物价水平，也就是说他们获得货币收入的实际购买力下降，其实际收入因通货膨胀而减少，如果他们的收入不能随通货膨胀率变动，他们的生活水平必然降低。

在现实生活中，靠政府救济金维持生活的人比较容易受到通货膨胀的冲击，因为政府的救济金发放水平的调整相对较慢。此外，工薪阶层、公务员以及其他靠福利和转移支付维持生活的人，都比较容易受到这种冲击。而那些收入能随着通货膨胀变动的人，则会从通货膨胀中得益，例如，在扩张中的行业工作并有强大的工会支持的工人就是这样，他们的工资合同中订有工资随生活费用的上涨而提高的条款，或有强有力的工会代表他们进行谈判，在每个新合同中都有可能得到大幅度的工资增长。

(2)通货膨胀对储蓄者不利。随着价格上涨，存款的购买力就会降低，那些持有闲置货币和在银行存款的人会受到严重打击，同样，像保险金、养老金以及其他固定价值的证券财产等，它们本来作为防患未然和养老之用，在通货膨胀中，其实际价值也会下降。

(3)通货膨胀还会在债务人和债权人之间产生收入再分配的作用。具体地说，通货膨胀牺牲了债权人的利益而使债务人得益。例如，A 向 B 借款 1 万元，约定一年以后归还，假定这一年中发生了通货膨胀，物价上升了 1 倍，那么一年后 A 归还给 B 的 1 万元只能购买原来一半的产品和劳务，也就是说通货膨胀使得 B 损失了一半的实际收入。

为了反映通货膨胀对于借贷款人实际收入的影响，一般用实际利率来代替名义利率，实际利率等于名义利率减去通货膨胀率，假设银行存款利率为 5％，而通货膨胀率为 10％，则此时存款的实际收益率为－5％(5％－10％)。

实际研究表明，第二次世界大战以来，西方国家政府从通货膨胀中获得了大量的再分配的财富，其来源有两点：第一，政府获得了通货膨胀税收入。因为政府税收中有部分税收是累进的，如个人收入所得税，在通货膨胀期间，一些个人的名义收入增加了，原来不用交税的，现在需要交税了，另一些本来交税的人则进入更高的纳税级别，政府因而获得了更多的税收。因此，有些西方的经济学家认为，希望政府去努力制止通货膨胀是比较难的。第二，现代经济中，政府都把发行公债作为筹集资金和政府调控经济的手段，从而使得政府都负有较大数额的国债，通货膨胀使得政府作为债务人而获益。

2. 通货膨胀的产出效应

一般认为，温和的通货膨胀对经济发展比较有利。因为人们消费时有“买涨不买跌”的倾向，即当人们认为物价会涨时，会采取及时消费的策略，消费增加会刺激厂商扩大生产规模，从而就业增加、国民收入上升；而当人们认为物价将下跌时，会采取持币等待的策略，消费减少会导致厂商缩小生产规模，从而失业增加、国民收入下降。当然，这只是一般的分析，通货膨胀的产出效应有三种情况。

(1)随着通货膨胀出现，产出增加。这就是需求拉动型通货膨胀的刺激，促进了产出水平的提高，这种情况产生的前提条件是有一定的资源闲置。在一个经济体系有一定的资源闲置的情况下，物价温和地上涨会刺激人们的购买欲望，从而消费增加，拉动了就业和产出水平的提高。

(2)成本推动的通货膨胀引致失业，也就是说通货膨胀引起就业和产出水平的下降。这种情况产生的前提条件是经济体系已经实现了充分就业，在这种情况下，如果发生成本推动的通货膨胀，则原来总需求所能购买的实际产品的数量将会减少，也就是说，当成本推动的压力抬高物价水平时，既定的总需求只能在市场上支持一个较小的实际产出。所以，实际产出会下降，失业会上升。如1973年，石油输出国组织的石油价格翻了两番，从而引发了成本推动的通货膨胀，1973～1975年美国等主要发达国家的物价水平迅速上升，与此同时，美国的失业率从1973年的不到5%上升到了1975年的8.5%。

(3)超级通货膨胀导致经济崩溃。首先，当物价持续上升时，居民和企业都会产生通货膨胀的预期，即估计物价会再度升高。在这种情况下，人们就不会让自己的储蓄和现行的收入贬值，而宁愿在价格上升前将货币花掉，从而产生过度的消费购买，导致储蓄和投资都会减少，产出水平下降。其次，随着通货膨胀而来的是生活费用的上升，劳动者会要求提高工资，企业成本上升，导致企业生产规模缩小，产出水平下降。再次，企业在通货膨胀率上升时会要求增加存货，以便在稍后按高价出售以增加利润，从而使得市场可供销售的货物可能减少，物价将进一步上升。最后，当出现恶性通货膨胀时，情况会变得更坏，经济体系极有可能陷入崩溃。

[小思考]

我国目前是世界上第二大石油进口国，年进口石油超过1亿吨，请问国际石油价格的上涨有可能形成成本推动的通货膨胀吗？如果形成了，应该采取哪些对策？

答：有可能，因为石油是最主要的能源之一，石油价格的上升会导致厂商生产成本的上升，极有可能演变成成本推动的通货膨胀，历史上曾出现过这种现象，即20世纪70年代发达国家的“大滞胀”，其根本原因在于当时油价大幅上升。对策有三条：一是增加石油供应，可以通过扩大进口或是增加国内石油勘探、生产的规模；二是节约石油使用，提高其使用效率；三是尽可能寻找替代品。

四、失业与通货膨胀的关系

1. 菲利普斯曲线：失业与通货膨胀之间的交替关系

失业与通货膨胀是短期宏观经济运行中存在的两个主要问题，经济决策者在解决这两个问题的时候，往往会碰到这样一个矛盾，即降低通货膨胀与降低失业率这两个目标是互相冲突的。利用总供给—总需求模型来分析，当政府希望通过财政政策或货币政策来扩大总需求以增加就业的时候，客观上得到的结果是产出增加、就业增加、一般价格水平上升，也就是说就业的增加是以物价的上升为代价的。相反，如果政府紧缩总需求的话，则会使得通货膨胀下降，而失业却又增加，因此，有必要从理论上探讨失业和通货膨胀之间的关系，在宏观经济学中，失业和通货膨胀的关系主要是用菲利普斯曲线来说明的。

(1)菲利普斯曲线的定义

1958年,在英国任教的新西兰经济学家菲利普斯在研究了1861～1957年的英国失业率和货币工资增长率的统计资料后,提出了一条用于研究失业率和货币工资增长率之间替代关系的曲线。在以横轴表示失业率、纵轴表示货币工资增长率的坐标系中,画出一条向右下方倾斜的曲线,这就是最初的菲利普斯曲线。该曲线表明:当失业率较低时,货币工资增长率较高;反之,当失业率较高时,货币工资增长率较低,甚至为负数。

菲利普斯曲线本来只是用来描述失业率与货币工资增长率之间的关系,但后来有的经济学者认为,工资是成本的主要构成部分,从而也是产品价格的主要构成部分,因此,可以用通货膨胀率来代替货币工资增长率。这样一来,菲利普斯曲线(Phillips curve)就变成了一条用来描述失业率与通货膨胀率之间替代关系的曲线了:当失业率高时,通货膨胀率就低;当失业率低时,通货膨胀率就高。菲利普斯曲线如图7—4所示。图中,横轴代表失业率u,纵轴代表通货膨胀率π,向右下方倾斜的曲线PC即为菲利普斯曲线,菲利普斯曲线说明了失业率与通货膨胀率之间存在着替代关系。

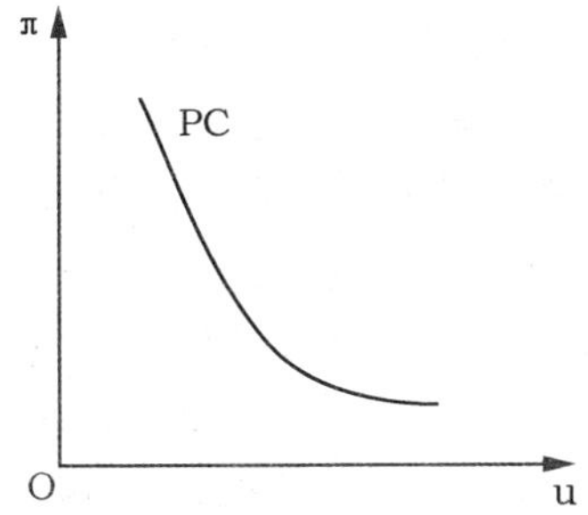

图7—4　菲利普斯曲线

(2)菲利普斯曲线的应用

菲利普斯曲线为政府实施经济干预、进行总需求管理提供了一份可供选择的方案。它意味着可以以较高的通货膨胀率为代价,来降低失业率或实现充分就业;而要降低通货膨胀率和稳定物价,就要以较高的失业率为代价。也就是说,失业率与通货膨胀率之间存在着一种“替换关系”,想要降低或增加其中的一个,就要以增加或降低另一个为代价。

具体而言,一个经济社会首先要确定一个临界点,由此确定一个失业与通货膨胀的组合区域。如果实际的失业率和通货膨胀率组合在组合区域内,则政策的制定者不采取调节措施,如果在区域之外,则可根据菲利普斯曲线所表示的关系进行调节。图 7—5 说明了这种调节的过程。

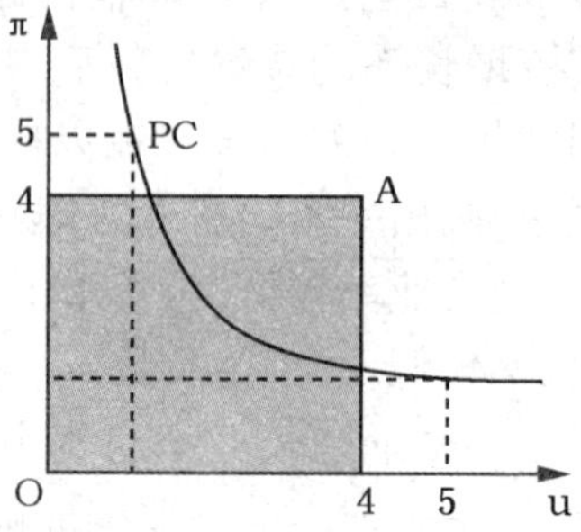

图 7—5　菲利普斯曲线的应用

在图 7—5 中，假定当时失业率和通货膨胀率在 4%以内，经济社会被认为是安全的或可以容忍的，这时在图中就得到了一个临界点，即 A 点，由此形成的一个四边形的区域，称为安全区域，如图 7—5 中的阴影部分所示。如果该经济社会的实际失业率与通货膨胀率组合在安全区域内，则政策制定者无须采取任何措施(政策)进行调节。

如果实际的通货膨胀率高于 4%，例如达到了 5%，该经济社会的失业率仍在可接受的范围内，经济政策制定者可以采取紧缩性政策，以提高失业率为代价降低通货膨胀率，从图 7—5 中可以看到，当通货膨胀率降到 4%以下时，经济社会的失业率仍然在可以接受的范围内。

如果实际的失业率高于 4%，例如为 5%，这时根据菲利普斯曲线，政策制定者可采取扩张性政策，以提高通货膨胀率为代价降低失业率，从图 7—5 中可以看出，当失业率降到 4%以下时，经济社会的通货膨胀率仍然在可接受的范围内。

2. 短期菲利普斯曲线与长期菲利普斯曲线

菲利普斯曲线所揭示的失业与通货膨胀的替换关系与美国等西方发达国家 20 世纪五六十年代的通货膨胀率和失业率的数据较为吻合，但到 20 世纪 70 年代末期，由于滞胀的出现，失业与通货膨胀之间的这种替换关系不复存在，于是对失业与通货膨胀之间的关系又有了新的解释。

1968 年，美国货币学派代表人物弗里德曼指出了菲利普斯曲线分析的一个严重缺陷，即它忽略了影响工资变动的一个重要因素：工人对通货膨胀的预期。他认为，企业和工人关注的不是名义工资，而是实际工资，当劳资双方就新工资协议进行谈判时，他们都会对新协议时期的通货膨胀进行预期，并根据预期的通货膨胀相应地调整名义工资水平。根据这种观点，人们预期通货膨胀率越高，名义工资增加就越快，由此，弗里德曼提出了短期菲利普斯曲线的概念。

短期是指从预期到需要根据通货膨胀做出调整的时间间隔。短期菲利普斯曲线就是预计通货膨胀保持不变，表示通货膨胀率与失业率之间关系的曲线。在短期内，工人来不及调整通货膨胀预期，预期的通货膨胀率可能低于以后实际发生的通货膨胀率。这样，工人所得到的实际工资可能少于先前预期的实际工资，从而实际利润增加，刺激了投资，就业增加，失业率下降。在这个前提下，通货膨胀率与失业率之间存在着交替关系。也就是说，向右下方倾斜的菲利普斯曲线在短期内是可以成立的，因此，在短期内引起通货膨胀率上升的扩张性财政政策与扩张性货币政策可以起到减少失业的作用。这就是通常所说的宏观经济政策的短期有效性。

在长期中，工人将根据实际发生的情况不断调整自己的预期，工人预期的通货膨胀率与实际发生的通货膨胀率迟早会一致。这时工人会要求增加名义工资，使实际工资不变，这样通货膨胀就不会起到减少失业的作用。也就是说，在长期中，失业率与通货膨胀率之间并不存在替换关系，因此，长期菲利普斯曲线是一条垂直于横轴的线。而且，在长期中，总能实现充分就业，经济社会的失业率将处于自然失业率的水平，因此，通货膨胀率的变化不会影响长期的失业率水平。

由于人们会根据实际发生的情况不断调整自己的预期，所以短期菲利普斯曲线将不断移动，从而形成长期菲利普斯曲线，如图 7—6 所示。

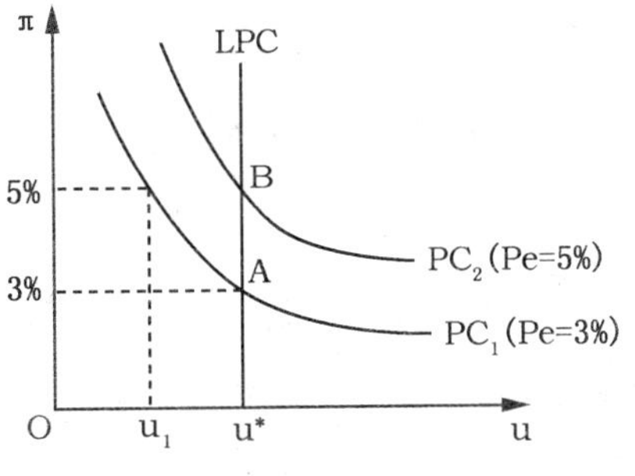

图 7—6　从短期 PC 到长期 PC

在图 7—6 中，假定某一经济体系处于自然失业率为 u^*、通货膨胀率为 3%的 A 点，此时若政府采取扩张性政策，以使失业率降低至 u_1，由于扩张性政策的实施，总需求增加，导致价格水平上升，通货膨胀率也上升至 5%。由于在 A 点处，工人预期的通货膨胀率为 3%，而现在实际的通货膨胀率为

5%，高于其预期的通货膨胀率，从而工人的实际工资下降，导致厂商生产积极性提高，产出水平和就业率增加，于是失业率下降到 u_1。于是就会发生图中短期菲利普斯曲线 $PC_1(Pe=3\%)$所示的情况，失业率由 u^* 下降到 u_1，而通货膨胀率则从 3%上升到 5%。

当然，这种情况只是短期的，经过一段时间，工人们会发现价格水平的上升和实际工资的下降，这时他们便要求提高货币工资，与此同时，工人们会相应地调整其预期，即从原来的 3%调整到现在的 5%，伴随着这种调整，实际工资回落到原有的水平，相应地，企业生产和就业也都回到了原有的水平，失业率又回到了原来的 u^*，但此时，经济已经处于具有较高通货膨胀率预期（即 5%）的 B 点。

以上过程重复下去，在短期内，由于工人不能及时改变预期，存在着失业和通货膨胀之间的替换关系，表现在图形上，便有诸如 PC_1、PC_2……的各条短期菲利普斯曲线。随着工人预期通货膨胀率的上升，短期菲利普斯曲线不断地上升。

从长期来看，工人预期的通货膨胀与实际的通货膨胀是一致的，因此，企业不会增加生产和就业，失业率也就不会下降，从而便形成了一条与自然失业率重合的长期菲利普斯曲线 LPC。图 7－6 中，垂直于自然失业率水平的长期菲利普斯曲线表明，在长期中，不存在失业与通货膨胀的替换关系。换句话说，长期菲利普斯曲线告诉我们，从长期来看，政府运用扩张性政策不但不能降低失业率，还会使通货膨胀率不断上升，这也就是通常所说的宏观经济政策的长期无效性。

生活中的经济学现象——欧洲失业率缘何居高不下

2003 年到 2008 年，欧元区的平均失业率达 8.25%。而美国的失业率预计只有 5.5%。即使欧元区经济像人们希望的那样复苏，也不会创造大量的工作机会，大部分失业者仍将没有饭碗。

居高不下的失业率意味着巨额失业补贴，意味着欧洲公共财政将继续不堪重负，经济增长将受到牵制。分析家们认为，即使经济快速增长，欧洲也不会产生很多新的工作岗位。原因如下：其一，欧洲创造新工作机会仍然太花钱和风险太大。企业对经济能增长多快，心中十分无底，以致他们不招新工。其二，劳动力成本高也是影响企业招工的原因。在欧元区，税收和各种社会保险吞掉工资的 40%以上。即员工实际拿到的工资和雇主所付工资之间的巨大差距，也扼杀了新工作机会的创造。而美国的税收和保险不足工资的 30%。其三，欧洲公司还面临着苛刻的劳动保护规定,“请神容易送神难”,公司不敢贸然招工。一些国家失业救济金非常高,以致失业者宁愿拿失业救济金,对低工资的工作不屑一顾。其四,劳动力流动难部分地造成欧元区的失业状况很不平衡。由于语言和文化背景的不同,劳动力难以流动。例如,一个不懂芬兰文的法国牙科医生不会愿意到芬兰开业。在消除劳动力流动障碍方面,欧洲国家也没有做什么努力,没有可变换的退休基金,没有相互承认的工作资格认证。而美国的劳动力流动就容易多了。

请思考下列问题:

1. 你认为欧洲失业问题的根源在哪里?

2. 你认为应该如何解决?

思考与检测

一、单项选择题

1. 以下最有可能从通货膨胀中得益的是(　　)。

A. 贷款人　　B. 货币持有者

C. 财产所有者　　D. 固定工资合同下工人

E. 纳税人

2. 以下最有可能从通货膨胀中受损的是(　　)。

A. 纳税人　　B. 债务人　　C. 借款人　　D. 财产所有者

3. 在失业模型中,经济中存在过剩的生产力,决定产量水平的因素是(　　)。

A. 市场的短边,即总需求　　B. 总需求与总供给的交点

C. 产品市场的均衡　　D. 市场的短边,即总供给

4. 菲利普斯曲线描述(　　)之间的关系。

A. 失业与通货膨胀　　B. 失业与产量

C. 总需求与总供给　　D. 就业与通货膨胀

5. 通货膨胀率为零时的失业率被称为(　　)。

A. 自然失业率　　B. 稳定失业率

C. 均衡失业率　　D. 菲利普斯失业率

6. 在长期(　　)。

A. 总供给曲线是垂直的　　B. 总需求曲线是垂直的

C. 总供给曲线是向下倾斜的　　D. 总供给曲线是水平的

7. 当经济中存在大量的过剩生产力时,在短期内(　　)。

A. 总供给曲线是垂直的　　B. 总需求曲线是水平的

C. 总供给曲线是向上倾斜的　　D. 总供给曲线是水平的

8. 当经济处于充分就业状态时，在短期内(　　)。

A. 总供给曲线是垂直的　　B. 总需求曲线是垂直的

C. 总供给曲线是向上倾斜的　　D. 总需求曲线是水平的

9. 通常由总需求曲线变动而引起的通货膨胀称为(　　)。

A. 需求拉动型通货膨胀　　B. 未被预期到的通货膨胀

C. 成本推动型通货膨胀　　D. 被预期到的通货膨胀

10. 通常由总供给曲线而引起的通货膨胀称为(　　)。

A. 需求拉动型通货膨胀　　B. 未被预期到的通货膨胀

C. 成本推动型通货膨胀　　D. 被预期到的通货膨胀

11. 通货膨胀率的上升将导致(　　)。

A. 相对价格更具稳定性　　B. 相对价格更具变动性

C. 所有相对价格上升　　D. 不变的相对价格

12. 以下选项中，除一项外，均为通货膨胀的后果，这一例外是(　　)。

A. 相对价格的变化　　B. 风险增加

C. 减少政府税收收入　　D. 不确定性增加

13. 在衰退时，厂商发现(　　)。

A. 削价比减产风险更大　　B. 提价比增产风险更大

C. 减产比削价风险更大　　D. 提价比增产风险更大

14. 在长期中，菲利普斯曲线是(　　)。

A. 向下倾斜的　　B. 向上倾斜的

C. 水平的　　D. 垂直的

15. 滞胀指的是(　　)。

A. 高通胀与高失业并存　　B. 高通胀与低失业并存

C. 低通胀与高失业并存　　D. 低通胀与低失业并存

16. 经济学家们考察失业问题时，他们首先观察产品市场，而非劳动市场，这是因为(　　)。

A. 总需求的变动通常成为产量变动的原因，后者又成为就业量变动的原因

B. 总需求的变动通常成为就业量变动的原因，后者又成为总需求变动的原因

C. 产量的变动通常成为总需求变动的原因，后者又成为就业量变动的原因

D. 就业量的变动通常成为产量变动的原因，后者又成为总需求变动的原因

E. 就业量的变动通常成为总需求变动的原因，后者又成为产量变动的原因

17. 非自愿失业是这样一种失业：(　　)。

A. 在衰退时增加，在繁荣时减少

B. 举例而言，如果失业者缺乏新创造的工作所需的技能，在这种情况下失业会增加

C. 寻找工作的人放弃觅职的希望时会增加

D. 发生在工人愿在现行工资水平下工作但不能找到工作时

E. 作为从一个工作到另一个工作的过渡的结果出现

18. 以下选项中，描述了将对经济冲击扩大的机制是(　　)。

A. 利率的变化影响投资需求

B. 乘数

C. 有理性预期的家庭和厂商估计到冲击的后果

D. 政府采取斟酌使用的货币和财政政策

19. 有人对政府执行斟酌使用的财政及货币政策的能力表示怀疑，他们之所以强调这一点，是因为相信(　　)。

A. 新凯恩斯主义　　B. 货币主义

C. 新古典宏观经济学　　D. 供应学派经济学

20. 有一种观点认为，理性的人们的行为抵消了政府行为的影响。与这一思想相关的理论是(　　)。

A. 新凯恩斯主义　　B. 货币主义

C. 新古典宏观经济学　　D. 供应学派经济学

二、多项选择题

1. 以下人中可能从通货膨胀中得益的是(　　)。

A. 贷款人　　B. 货币持有者

C. 雇主　　D. 固定工资合同下的工人

E. 纳税人

2. 以下人中可能从通货膨胀中受损的是(　　)。

A. 纳税人　　B. 债权人　　C. 借款人　　D. 雇员

3. 关于充分就业的含义认识不正确的是(　　)。

A. 充分就业意味着没有一个人失业

B. 不存在摩擦性失业的就业状态

C. 不存在结构性失业的就业状态

D. 不存在周期性失业的就业状态

4. 通货膨胀是(　　)。

A. 货币发行量过多而引起的一般物价水平普遍持续的上涨

B. 货币贷款量超过货币存款量

C. 货币发行量超过流通中商品的价值量

D. 以上都不是

5. 导致通货紧缩的原因不包括(　　)。

A. 总需求不足　　B. 生产成本下降

C. 货币供应量增长过快　　D. 总供给过剩

三、判断题

1. 在一个国家中,自然失业率是一个固定不变的数字。(　　)

2. 由于经济结构变动的原因造成的失业是摩擦性失业。(　　)

3. 通货膨胀是指一般物价水平普遍、持续地上升。(　　)

4. 短期菲利普斯曲线是一条向右下方倾斜的曲线。(　　)

5. 一般认为,比较温和的通货膨胀有利于经济的发展。(　　)

四、问答题

如果你的房东对你说:"工资、公用事业和别的费用都涨了,我只能提高你的房租",这属于需求拉动还是成本推进的通货膨胀?如果店主说:"可以提价,别愁卖不了,店门口排队买的多着呢!"这又属于什么类型的通货膨胀?

第八章　认识经济增长与经济周期理论

学习目标

- 熟悉经济增长和经济周期的定义
- 掌握可持续发展的定义与要求
- 领会经济增长和可持续发展的关系
- 熟悉经济周期的阶段和类型

第一节　经济增长理论

案例导入

日本经济增长的启示

第二次世界大战后，日本仅用了20年时间，就以一个经济帝国的面目崛起了。20世纪60年代中期它超过联邦德国，一跃成为世界第三大经济强国。20世纪六七十年代它创造了每年平均增长速度11.3%的世界第一发展速度。1945年，日本的人均收入为20美元，1980年日本的人均收入则增长为12 000美元，远远超过美国。日本由一个债务国变成了世界最大的债权国，第二次世界大战后初期靠美国援助幸存下来的日本，几十年后却成为美国在世界市场上最难以对付的竞争对手。日本经济增长的关键原因有两点：第一，政府在第二次世界大战后把经济增长作为主要目标，为企业公平竞争创造了条件；第二，在日本形成了以具有创新精神的企业家为核心的经济增长机制。也就是说企业家在经济增长中发挥了巨大的作用。

请思考下列问题：

1. 什么是经济增长？

2. 日本经济增长给我们的启示是什么？

一、经济增长的定义与特征

1. 经济增长的定义

经济增长是指人均国民收入的增长。美国统计学家和经济学家西蒙·史密斯·库兹涅茨(Simon Smith Kuznets，1901 年 4 月 30 日～1985 年 7 月 10 日，出生于俄罗斯的犹太家庭，1922 年随母亲移居美国与父亲团聚）在 1971 年接受诺贝尔经济学奖时所做的演说《现代经济增长：发现和反映》中，曾给经济增长下了这样一个定义："一个国家的经济增长，可以定义为给居民提供种类日益繁多的经济产品的能力长期上升，这种不断增长的能力是建立在先进技术以及所需要的制度和思想意识之相应的调整基础上的。"经济增长这一定义有以下三个含义：

第一，经济增长就是实际国内生产总值的增加。如果考虑到人口的增加，经济增长就是人均实际国内生产总值的增加。

第二，技术进步是实现经济增长的必要条件。在影响经济增长的诸因素中，技术进步是第一位的。一部经济增长的历史，就是一部技术进步的历史。

第三，制度与意识形态的调整或变革是经济增长的充分条件：一方面社会制度与意识形态的变革是经济快速增长的前提。例如，私有产权的确立是经济增长的起点和基础。只有在制度与意识形态的调整基础上，技术才能极大地进步；另一方面，新的经济制度的出现，使交易费用降低时，分工将进一步细化，促进经济增长（杨小凯认为，制度模仿对于后发国家来说比技术模仿重要得多。然而多数后发国家往往是模仿技术而不模仿制度，产生后发劣势）。

示例

2014 年我国经济增长 7.4%，其中粮食总产量比上一年增长 0.9%，工业增长 8.3%，固定资产投资增长约 15.7%，居民可支配收入增长 10.1%等。

2. 经济增长的基本特征

(1)实际 GDP 的增长率超过各种投入的增长率，表明技术进步在经济增长中起着十分重要的作用。

(2)资本存量的增长超过就业量的增加，导致人均资本占有量的增加。

(3)实际工资明显上升。工资在 GDP 中的比重虽有所上升，但非常微小。

(4)实际利率与利润率没有明显的上升或下降趋势，尽管在商业周期中它们会急剧变动。

(5)资本—产出比率下降。这显然是技术进步的作用。因为在技术既定的情况下，根据边际报酬递减规律，资本—产出比率应该上升。

(6)储蓄在国民收入中的比重比较稳定，发达国家为 10%～20%，美国在 1980 年以后大幅度下降，为 6%。

(7)社会结构与意识形态迅速改变。例如教育与宗教的分离、城市化、民主化、法制化、政治生活的公开化、居民生活的科学化等不仅是经济增长的结果，也是经济进一步增长的条件。

二、经济增长的源泉

对于经济增长的源泉，不同的经济学家有着不同的看法。亚当·斯密强调分工、专业化生产与国际贸易中的绝对优势；李嘉图强调了比较优势与自由贸易；马克思和恩格斯以及熊彼特强调了创新；而索洛等人强调生产要素；贝克尔和舒尔茨则强调了教育与人力资本；新经济增长理论中，罗默和卢卡斯强调内生性增长，特别是规模报酬递增在经济增长中的贡献，其实质是强调内生性技术创新；诺斯等人强调制度创新对经济增长的作用；最近，鲍默尔在新书中强调了自由市场机制是资本主义经济增长的关键。

一般来说，经济增长的源泉主要有四个：人力资本、自然资源、资本和技术。

可以根据总量生产函数来研究增长的源泉：$Y=AF(L,K,R)$。其中，Y 代表总产量，K 代表资本，L 代表劳动，A 代表技术，R 代表自然资源。由总量生产函数可以看出，经济增长的源泉是资本积累、自然条件的改良、劳动素质的提高，以及人力资本的积累与技术进步。

1. 人力资本

劳动力的数量与质量是决定一国经济增长的重要因素。尤其是劳动力的质量或素质，如劳动者的生产技术水平、知识水平与结构、纪律性以及健康程度，是决定一国经济增长最重要的因素。一个国家可以购买最先进的生产设备，但是这些先进的生产设备只有拥有一定技术且受过良好训练的劳动者才能使用，并使它们充分发挥效用。提高劳动者的知识水平与生产技能，增强他们的身体素质与纪律意识，将极大地提高劳动生产率。一般来说，在经济增长的开始阶段，人口增长率较高，这时，经济增长主要依靠劳动力数量的增加。而经济增长到了一定阶段，人口增长率下降，劳动时间缩短，这时，就要通过提高劳动力的质量或人力资本的积累来促进经济增长。

2. 自然资源

自然资源也是影响一国经济增长的重要因素。一些国家，例如加拿大和挪威，就是凭借其丰富的自然资源，在农业、渔业和林业等方面获得高产而发展起来的。但在当今世界上，自然资源的拥有量并不是取得成功的必要条件。许多几乎没有自然资源的国家，如日本，通过大力发展劳动密集型与资本密集型的产业而获得经济发展。

3. 资本

资本分为物质资本和人力资本。物质资本又称有形资本，是指设备、厂房、基础设施等存量。人力资本又称无形资本，是指体现在劳动者身上的投资，如劳动者的文化技术水平、纪律性与健康状况等，已经包含在人力资源之中。因此，这里的资本是指物质资本，包括厂房、机器设备、道路以及其他基础设施等。

资本积累是经济增长的基础。英国古典经济学家亚当·斯密曾把资本的增加作为国民财富增加的源泉。现代经济学家认为，只有人均资本量的增加，才有人均产量的提高。许多经济学家都把资本积累占国民收入的10%～15%作为经济起飞的先决条件，把增加资本积累作为实现经济增长的首要任务。西方各国经济增长的事实表明，储蓄多从而资本积累多的国家，经济增长率往往是比较高的，例如德国、日本等。

4. 技术进步

技术进步在经济增长中的作用，主要体现在生产率的提高上，使得同样的生产要素投入量能提供更多的产品。随着K、L、R投入的增加，产出虽然也增加，但由于其MP递减，经济增长的速度会日益减慢。而技术水平的提高可以使一国的经济快速增长。

技术进步在经济增长中有着十分重要的作用。据罗伯特·默顿·索洛(Robert Merton Solow，1924年～)估算，在1909～1940年间，美国2.9%的经济年增长率中，由技术进步引起的增长率为1.49%，即技术进步在经济增长中所做出的贡献占51%左右。而且，随着经济的发展，技术进步的作用越来越重要。

上述分析隐含着现存的社会政治经济制度和意识形态符合经济增长的要求的假定。若不具备这一假设条件，社会政治经济制度和意识形态的相应调整对促进经济增长具有十分重要的作用。一个社会只有在具备了经济增长所要求的基本制度条件,有了一套能促进经济增长的制度之后,上述影响经济增长的因素才能发挥其作用。第二次世界大战后许多发展中国家经济发展缓慢的原因,关键并不是缺乏资本、劳动或技术,而是没有改变他们落后的制度。

三、经济增长模型

1. 哈罗德—多马经济增长模型

(1)哈罗德—多马经济增长模型的假定

假定:①经济社会生产单一产品。②只有劳动和资本两种生产要素。③在一定时期内技术水平不变,故资本—产量比率不变,规模报酬也不变。④在边际消费倾向不变的条件下,储蓄率不变。

在这些假定基础上,哈罗德—多马经济增长模型集中考察了社会再生产过程中的几个变量以及它们之间的相互关系,提出了一个国家在长期实现经济稳定的、均衡的增长所需具备的条件。

(2)哈罗德经济增长模型

哈罗德模型是从国民收入、资本—产量比率和储蓄率三个经济变量及其相互关系的分析中来考察决定经济增长的因素。用G表示经济增长率,Y表示国民收入,ΔY表示国民收入的增量,则有:

$$G=\frac{\Delta Y}{Y}$$

用v表示资本—产量比率,即前面提到的加速系数a,则有:

$$v=\frac{K}{Y}=\frac{\Delta K}{\Delta Y}=\frac{I}{\Delta Y}$$

用s表示储蓄—收入比率(储蓄率),则有:$s=\frac{S}{Y}$

把$v=\frac{K}{Y}=\frac{\Delta K}{\Delta Y}=\frac{I}{\Delta Y}$式和式$s=\frac{S}{Y}$做些变化,分别变成$I=\Delta Y\cdot v$和$S=s\cdot Y$的形式,使I=S,经整理,并用G表示ΔY / Y,于是得到G、v、s三者之间的如下关系:$G=\frac{s}{v}$。

$G=\frac{s}{v}$式就是哈罗德模型的基本公式,它说明:第一,经济增长率与储蓄率成正比,储蓄率越高,经济增长率也越高。第二,经济增长率与资本—产量比率成反比,即资本—产量比率越高,经济增长率越低。

哈罗德经济增长模型是以凯恩斯收入理论为基础的动态经济分析。

(3)多马经济增长模型

多马经济增长模型研究的是三个变量及其相互关系，这三个变量是：收入增长率(G)、储蓄在收入中的比例(s)、资本生产率(又称投资效率，即每单位资本的产出或收入，由 σ 代表)。前两个变量与哈罗德公式中的两个变量是一致的，后一个变量即资本生产率 σ 实际上就是哈罗德的资本—产量比率的倒数。

多马的基本公式是：$G=s\sigma$

将 $G=\frac{\Delta Y}{Y}$、$s=\frac{S}{Y}$、$\sigma=\frac{\Delta Y}{I}$ 代入 $G=s\sigma$ 中，得：

$$\frac{\Delta Y}{Y}=\frac{S}{Y}\cdot\frac{\Delta Y}{I}$$

即：$S=I$。

由于多马模型的基本公式 $G=s\sigma$ 与哈罗德的基本公式 $Gv=s$ 是完全一致的，因此，经济学家一般把两个模型相提并论，称作“哈罗德—多马模型”。

哈罗德—多马经济增长模型是建立在凯恩斯储蓄—投资理论基础上的，是凯恩斯理论的发展。但是，哈罗德—多马经济增长模型与凯恩斯理论又有明显的区别。首先，凯恩斯理论是从短期的角度、静态的方法来说明投资和储蓄的均衡以及由此实现的国民收入均衡。哈罗德—多马经济增长理论则将凯恩斯的储蓄—投资的分析加以长期化、动态化。所谓长期化，就是将人口、资本和技术等与经济增长有关的因素看作随着时间的推移而变动的变量；所谓动态化，就是阐述长期投资和储蓄的均衡及其对国民收入均衡变动的影响。其次，凯恩斯短期静态的投资—储蓄分析理论，只注意增加投资对刺激收入增长的重要作用，而哈罗德—多马经济增长理论则强调投资既增加需求又增加供给的双重作用。

2. 新古典经济增长模型

(1)新古典经济增长理论的假定

新古典增长模型有如下几个假定：①社会储蓄函数为 $S=sY$，s 为储蓄率。②劳动力按照一个不变的比率 n 增长。③技术水平不变。④生产的规模报酬不变。⑤在完全竞争的市场条件下，劳动和资本是可以通过市场调节而充分地相互替代。

根据以上四个假定，生产函数可以表示为人均形式：$y=f(k)$。

上式中，y 为人均产量，k 为人均资本量，$y=f(k)$表示，人均产量取决于人均资本量，人均资本量的增加会使人均产量增加，但是，由于报酬递减规律，人均资本量会以递减的速度增长，如图 8—1 所示。

(2)新古典经济增长模型的基本方程

$$sy=\Delta k+(n+\delta)k$$

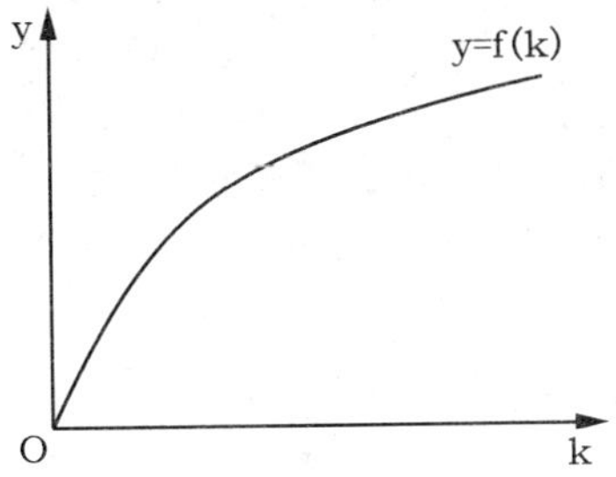

图 8－1　人均生产函数曲线

上式就是新古典增长模型的基本方程，式中，sy 为人均储蓄，Δk 为人均资本增量。(n＋δ)k 由两部分组成，一部分是 nk——人均储蓄中用于装备新增劳动力的花费，另一部分是 δk——人均储蓄中用于替换旧资本的花费，即人均折旧量，(n＋δ)k 被称为资本的广化。人均储蓄中超过资本的广化的部分会使得人均资本增多，即 Δk＞0，Δk 就是资本的深化。因此，新古典增长模型的基本方程可以表述为：人均储蓄是资本深化与资本广化之和，或者说，人均储蓄用于资本深化与资本广化两部分。

(3)稳态分析

稳态是指一种长期稳定的、均衡的状态，是人均资本与人均产量达到均衡数值并维持在均衡水平不变。在稳态下，k 和 y 达到一个持久的水平。这就是说，要实现稳态，资本的深化为零，即人均储蓄全部用于资本的广化。因此，稳态条件是：sy＝(n＋δ)k。稳态时，Δk ＝0。

虽然在稳态时 y 和 k 的数值不变，但总产量 Y 与总资本存量 K 都在增长。由于 $y=\frac{Y}{N}$、$k=\frac{K}{N}$，所以，总产量 Y 与总资本存量 K 的增长率必须与劳动力数量 N 的增长率 n 相等。这就是说，在稳态时，总产量与总资本存量的增长率相等，且都与劳动力的增长率 n 相等，即：

$$\frac{\Delta Y}{Y}=\frac{\Delta K}{K}=\frac{\Delta N}{N}=n$$

还可以用图形来分析稳态，如图 8－2 所示。

由于 0＜s＜1，故储蓄曲线 sy 与人均生产函数曲线 y 的形状相同；又由于 sy＜y，所以储蓄曲线 sy 位于人均生产函数曲线 y 下方。资本广化曲线(n＋δ)k 是通过原点、向右上方倾斜的直线。

由于 sy＝(n＋δ)k 是稳态条件，所以，稳态时，sy 曲线与(n＋δ)k 曲线一定相交，交点是 E 点。稳态时的人均资本为 k_E，人均产量为 y_E，人均储蓄量为 sy_E，

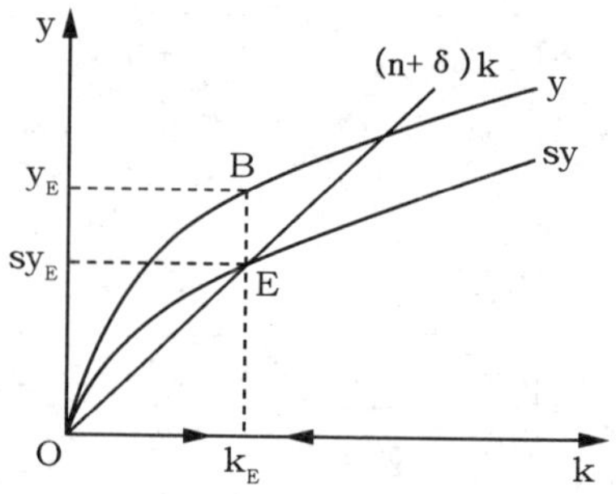

图 8—2　稳态分析

此时，$sy_E=(n+\delta)k_E$，即人均储蓄正好全部用来为增加的劳动力购买资本品（花费为 nk_E）和替换旧的资本品（花费为 δk_E），人均资本没有变化（即 $\Delta k=0$）。

从图 8—2 中可以看到，在 E 点之左，sy 曲线高于 $(n+\delta)k$ 曲线，表明人均储蓄大于资本广化，存在着资本深化即 $\Delta k>0$。这时，人均资本 k 有增多的趋势，人均资本 k 会逐步地增加，逐渐接近于 k_E。当 k 的数量为 k_E 即 $k=k_E$ 时，经济实现稳定状态。反之，在 E 点之右，人均储蓄小于资本广化，即 $sy<(n+\delta)k$，此时有 $\Delta k<0$，人均资本 k 有下降趋势。人均资本 k 的下降会一直持续到 k_E 的数量上，达到稳态。

以上论述表明，当经济偏离稳定状态时，无论人均资本过多还是过少，经济都会在市场力量的作用下恢复到长期、稳定、均衡状态。

显然，新古典增长模型"稳定、均衡"的结论与哈罗德—多马经济增长模型"稳定、均衡的极小可能性及经济的剧烈波动"的结论存在着重大差别。

生活中的经济学现象——泡沫经济与金融危机

泡沫经济是指虚拟经济过度膨胀引致的股票和房地产等长期资产价格迅速膨胀，是虚拟经济增长速度超过实体经济增长速度而形成的整个经济虚假繁荣的现象。它的形成过程为一种或一系列资产在一个联系过程中陡然涨价，价格上涨的预期吸引了大量新的买主，这些新买主一般只是想通过投机获取价差、谋取利润，而对所买卖的资产的实际使用价值或盈利能力不感兴趣；由于新买主不断介入，价格节节攀升，形成泡沫经济现象；一旦价格上涨的预期发生逆转，价格暴跌，泡沫破裂，便引发金融危机并导致整个经济衰退。2007 年下半年由美国的次贷危机引发的金融危机便是如此。

问题：

1. 什么是泡沫经济？
2. 为什么泡沫经济会导致金融危机的发生？

第二节　经济周期理论

案例导入

高增长低通胀缘何变为高增长高通胀

2002～2007 年，我国经济运行呈现“高增长低通胀”的态势。但从 2007 年下半年以来，在经济继续保持高增长的同时，通货膨胀率也明显上升，目前已经达到了 7%左右的较高水平。

请思考下列问题：

1. 什么是经济周期？
2. 你如何看待从高增长低通胀到高增长高通胀的这一转变？
3. 未来经济运行态势还会如何演变？

一、经济周期的概念与阶段

1. 经济周期的概念

经济周期是指国民经济表现出的有规律的扩张与收缩相互交替的运动过程。经济波动是指国民经济中的许多重要变量（如国民收入、投资和储蓄、物价水平、利润率、利息率、就业量等），每年均不是按相同的幅度增长，而是在一定时期内呈现波浪式的上升与下降。

示例

希腊在 2009 年之前，经济一直保持高速增长，但是在 2009 年之后因为债务危机，经济进入衰退期，大幅度下降。

2. 经济周期的阶段

经济周期通常分为萧条、复苏、繁荣、衰退四个阶段。假定一个经济周期从繁荣阶段开始，此时的经济处于高水平时期，消费旺盛，就业增加，产量扩大，社会总产出逐渐达到最高水平。繁荣阶段不可能长期保持下去，当消费趋缓、投资下降时，经济就开始下滑，走向衰退阶段。在衰退阶段初期，由于消费需求的减少，投资也逐步减少，进而生产下降、失业增多。随着消费的不断减少，产品滞销，价格下降，企业利润减少，致使企业投资进一步减少，相应地，社会收入也不断减少，最终使得经济跌落到萧条阶段。在萧条阶段，经济活动处于最低水平，这一阶段存在着大量的失业，大批生产能力闲置，工厂亏损甚至倒闭。随着时间的推移，现有设备不断损耗和消费引起的库存减少，企业开始增加投资，于是就业开始增加，产量逐渐扩大，经济便进入复苏阶段。复苏阶段是经济走出萧条并走向上升的阶段。这一阶段的生产和销售逐渐回升，就业增加，价格有所上涨，整个经济呈现上升的势头。随着就业与生产的继续扩大，价格上升，经济又走向繁荣阶段，开始了又一个经济循环。

二、经济周期的类型

根据一个经济周期的长短，将经济周期分为长周期、中周期和短周期。

长周期又称长波，是指长度平均为 50 年左右的经济周期。这一划分是苏联经济学家康德拉季耶夫于 1926 年发表的《经济生活中的长波》一文中提出的，故长周期还可称为康德拉季耶夫周期。

中周期又称中波，是指长度平均为 8～10 年的经济周期。关于中周期的研究较早。1860 年，法国经济学家朱格拉在《论法国、英国和美国的商业危机及其发生周期》一书中系统地分析了这种周期，故中周期也称为朱格拉周期。

短周期又称短波，是指长度平均约 40 个月的经济周期。短周期由美国经济学家基钦于 1923 年提出，所以，短周期也称为基钦周期。

三、经济周期的波动原因

对导致经济周期性波动的原因，经济学家进行了不少探讨，大致可以分为外部因素和内部因素两大类。

1. 外部因素

(1)太阳黑子说

经济学家杰文斯认为，由于太阳黑子的出现，导致了农业减产，进而波及互有联系的工业、商业等产业，对购买力、投资等方面产生消极影响，从而引起整个社会经济的萧条。太阳黑子的周期出现，致使国家经济的波动也相应地周期产生。

(2)科技创新说

经济学家熊彼特、汉森等人认为，创新引发了旧的均衡的破坏和向新的均衡的过渡。持续不断的创新，会产生持续不断的新的平衡，从而引发了一次又一次经济周期的产生。

(3)政府行为说

盖拉斯基、杜夫特以后的诺德豪斯等经济学家持政治说观点。他们中有的人认为，由于政府为阻止周期性的通货膨胀而采取了相应的紧缩措施，人为地制造了一次停滞和衰退，从而引起经济的周期波动。有的人认为，每届到期的政府为了树立良好的政府业绩以争取选民而采取了扩张性的经济政策，以谋求连任；新一届政府上台后就要采取经济紧缩政策，以消除经济扩张政策所带来的经济问题，由于政府的选举与产生具有周期性，因此经济也出现了相应的周期。

2. 内部因素

(1)心理预期说

以庇古、凯恩斯为代表的经济学家则持心理预期论的观点，他们认为，由于生产者对经济繁荣、衰退、萧条、复苏阶段的不同心理预期，引发了经济周期性的波动。

(2)消费投资说

以哈耶克、密塞斯和卡塞尔为代表的经济学家们认为，由于投资过度，造成了重生产资本品的产业、轻生产消费品的产业，从而导致产业结构的失衡，引起经济周期性的波动。

(3)乘数—加速系数作用

以萨缪尔森、希克斯等为代表的经济学家，运用乘数和加速系数的交互作用，来解释经济周期波动的产生。

生活中的经济学现象——改革开放以来我国的经济周期分析

经济周期有长、中、短之分。由于我国改革开放以来仅有30多年，故而我们只能进行10年左右的中周期和5年左右的短周期分析。

1981～2004年我国GDP增长速度

年份	1981	1982	1983	1984	1985	1986	1987
GDP增长率(%)	5.2	9.1	10.9	15.2	13.5	8.8	11.6
年份	1988	1989	1990	1991	1992	1993	1994
GDP增长率(%)	11.3	4.1	3.8	9.2	14.2	13.5	12.6
年份	1995	1996	1997	1998	1999	2000	2001
GDP增长率(%)	10.5	9.6	8.8	7.8	7.1	8.0	7.3
年份	2002	2003	2004				
GDP增长率(%)	8.0	9.1	9.5				

对历年的经济增长速度分别进行5～13年的移动平均，得出的结果表明，我国的经济中周期是存在的，大体上为10～12年。自1981年以来我国大致经历了1981～1990年和1991～2001年两个中周期。因此，可以预计，2002～2012年大致将是我国的第三个经济周期。目前我国正处于这个经济周期的上升阶段，也正好验证了这样一个事实。基于此，可以判断，2006～2010年是我国第三个从高峰逐步向低谷回落的经济时期，增长速度呈现前高后低的特点。

问题：

1. 文中的中周期在经济学中被称为什么周期，由哪位经济学家提出？

2. 你同意文中对我国改革开放以来经济周期的有关划分吗，为什么？

思考与检测

一、单项选择题

1. 经济增长最基本的特征是(　　)。

A. 国内生产总值的增加　　B. 技术进步

C. 制度与意识的调整

2. 经济增长最关键的因素是(　　)。

A. 资本　　B. 技术　　C. 自然资源

3. 一个中周期持续的时间一般为(　　)。

A. 8～9年　　B. 3～4年　　C. 50～60年

4. 经济周期中两个主要阶段是(　　)。

A. 繁荣和萧条　　B. 萧条和复苏　　C. 繁荣和衰退

5. 持续时间为15～25年的经济周期是由(　　)提出的。

A. 基钦　　B. 朱格拉　　C. 库兹涅茨

二、多项选择题

1. 国民经济宏观分析中，总需求包括(　　)。

A. 投资需求　　B. 消费需求　　C. 政府需求　　D. 净出口需求

2. 宏观经济学中的乘数理论主要包括(　　)。

A. 投资乘数　　B. 政府购买乘数

C. 税收乘数　　D. 平衡预算乘数

3. 经济景气上升阶段可能出现的一般经济特征是(　　)。

A. 投资增长　　B. 产出扩大

C. 市场需求旺盛　　　　　D. 企业利润水平下降

三、判断题

1. 经济增长和经济发展所研究的问题是一样的。　（　　）
2. 经济增长的充分条件是技术进步。　（　　）
3. 经济周期的中心是国民收入的波动。　（　　）
4. 朱格拉周期是一种短周期。　（　　）

四、分析讨论题

1. 经济增长就是 GDP 的增长,这种理解正确吗?

2. 经济周期是否就是指实际 GDP 或总产量绝对量上升和下降的交替过程?

五、简答题

1. 什么是经济增长?

2. 什么是经济周期?

3. 经济周期不同阶段的特征是什么?

4. 绘出一个完整的经济周期图,请指出其中的各阶段,并说明各个阶段的特征。

第九章　运用宏观经济政策理论

学习目标

- 熟悉宏观经济政策的四大目标
- 理解财政制度的定义、特征、手段及其效应
- 理解货币制度的定义、特征、工具及其效应

第一节　财政政策理论

案例导入

积极财政政策应对金融危机见效

2008年，为了应对亚洲金融危机对中国的影响，中国政府做出了拉动经济增长、扩大内需的战略决策，并实施了积极的财政政策。这对中国经济近几年持续平稳的增长起到了不可替代的作用。

请思考下列问题：

1. 什么是财政政策？

2. 财政政策的效果有哪些？

一、宏观经济政策的目标

1. 宏观经济政策目标的内容

宏观经济政策是指政府有意识、有计划地运用一定的政策工具，调节与控制宏观经济的运行，以达到一定的政策目标。宏观经济政策有以下四大目标。

(1)充分就业

充分就业有两种含义：一是指除了摩擦性失业和自愿失业之外，所有愿意接受各种现行工资的人都能找到工作的一种经济状态，即消除了非自愿失业就是充分就业。二是指包括劳动在内的各种生产要素，都按其愿意接受的价格，全部用于生产的一种经济状态，即所有资源都得到充分利用。

(2)物价稳定

物价稳定是指物价总水平的稳定。一般用价格指数来衡量一般价格水平的变化。价格指数又分为消费物价指数(CPI)、批发物价指数(PPI)和国民生产总值折算指数(GNP deflator)三种。物价稳定并不是指通货膨胀率为零，而是允许保持一个低而稳定的通货膨胀率。所谓低，就是通货膨胀率为1%～3%，所谓稳定，就是在相当时期内能使通货膨胀率维持在大致相等的水平上。

(3)经济增长

经济增长是指在一个特定时期内经济社会所生产的人均产量和人均收入的持续增长。通常用一定时期内实际国民生产总值年均增长率来衡量。经济增长会增加社会福利，但并不是增长率越高越好。这是因为经济增长一方面要受到各种资源条件的限制，不可能无限地增长，尤其是对于经济已经相当发达的国家来说更是如此。另一方面，经济增长也要付出代价，如造成环境污染，引起各种社会问题等。因此，经济增长就是实现与本国具体情况相符的适度增长率。

(4)国际收支平衡

国际收支平衡的目标要求做到汇率稳定，外汇储备有所增加，进出口平衡。国际收支平衡不是消极地使一国在国际收支账户上经常收支和资本收支相抵，也不是消极地防止汇率变动、外汇储备变动，而是使一国外汇储备有所增加。适度增加外汇储备看作改善国际收支的基本标志，同时由于一国国际收支状况不仅反映了这个国家的对外经济交往情况，还反映出该国经济的稳定程度。

2. 宏观经济目标之间的关系

四大目标相互之间既存在互补关系，也有交替关系。互补关系是指一个目标的实现对另一个的实现有促进作用。例如，为了实现充分就业水平，就要维护必要的经济增长。因此，经济增长与充分就业之间具有内在一致性。交替关系是指一个目标的实现对另一个有排斥作用。例如，物价稳定与充分就业之间就存在两难选择。

以上四大宏观经济政策的目标之间经常是交替关系，因此，在制定经济政策时，必须对经济政策的目标进行价值判断，权衡轻重缓急和利弊得失，确定目标的实现顺序和目标指数高低，同时使各个目标能有最佳的匹配组合，使所选择和确定的目标体系成为一个和谐的有机的整体。

二、财政政策的定义

财政政策是指政府为提高就业水平，减少经济波动，防止通货膨胀，实现稳定增长而采取的税收、借债水平和政府支出的政策，即政府为了实现其宏观经济政策目标而对其收入和支出水平所做出的决策。宏观财政政策是国家调控经济、实现政策目标最主要的政策工具之一。国家政府的作用直接与财政联系在一起，财政体系包括政府收入体系和政府支出体系。

1. 政府支出体系

政府支出包括各级政府的支出。

(1)政府支出内容。政府支出内容包括：①社会福利支出。②退伍军人的福利支出。③国家防务和安全支出。④债务利息支出。⑤教育和职业训练支出。⑥公共卫生和保健支出。⑦科学技术研究费用。⑧交通、公路、机场、港口和住宅的支出。⑨自然资源与环境保护的支出。⑩国际交往与国际事务的支出。

(2)政府支出方式。政府支出方式可分为两种：政府购买和政府转移支付。其中政府购买是指政府对商品和劳务的购买。政府购买的特点是为取得商品和劳务做有偿支出。它是一种实质性的支出。它可以使经济资源的利用从私人部门转移到公共部门。由于政府购买有着商品和劳务的实际交易，因而直接形成社会需求和社会购买力，是国民收入的一个组成部分，作为计入GNP的四大需求项目(消费、投资、政府购买和出口余额)之一。

而政府转移支付是指政府单方面的、无偿的资金支付，包括社会保障、社会福利支出、政府对农业的补贴以及债务利息支出、捐赠支出等。政府转移支付的特点是不以取得商品和劳务为目的。它是货币性支出，是通过政府把一部分人的收入转给另一部分人，整个社会的收入总量并没有变化，变化的仅是收入总量在社会成员之间的分配比例。正是由于政府转移支付只是资金使用权的转移，并没有相应的商品和劳务的交换发生这个特点，因此它不能计入GNP，不能算作国民收入的组成部分。

2. 政府收入体系

国家政府的收入主体上来源于税收和公债两个部分。税收是西方各国财政收入的主要形式，现在，发达的资本主义国家里，税收在国民生产总值中经常占20%以上，甚至高达50%以上。

各国的税收通常由许多具体的税种所组成，且依据不同的标准可以对税收进行不同的分类。

(1)按照课税对象的性质,可将税收分为财产税、所得税和流转税三大类。

①财产税是对不动产或房地产即土地和土地上的建筑物等所征收的税。西方国家有一般财产税、遗产税、赠与税等。

②所得税是指对个人或公司的收入征收的税,例如对个人的工薪收入和股票、债券、存款等资产的收入所征的税,公司的利润税。所得税是大多数西方国家的主体税种。因此,所得税税率的变动对经济活动会产生重大影响。

③流转税则是对流通中的商品和劳务买卖的总额征税,它包括增值税、消费税、营业税、关税等,流转税是目前我国最大的税类。

(2)按税负能否转嫁,税收又可分为直接税和间接税两种。

①直接税是直接征收的,不能再转嫁给别人的税。如财产税、所得税和人头税。

②间接税是间接地向最终消费者征收的作为生产商和销售商的原来纳税人能最终转嫁给最终消费者的税,如消费税、营业税和进口税。

(3)按照收入中被扣除的比例,税收还可以分为累退税、累进税和比例税。

①累退税是指税率随征税对象数量的增加而递减的一种税。即收入越大,税率越低。间接税是累退的。

②累进税是税率随征税对象数量的增加而递增的一种税,即课税对象数额越大,税率也越高,上述的财产税和所得税一般是累进税。

③比例税是税率不随征税对象数量的变动而变动的一种税,即按固定比率从收入中征税。多适用于流转税,如财产税、营业税和大部分关税,一般属于比例税。

政府收入的主要来源是税收。政府当年的税收和支出之间的差额叫作预算余额(budget balance)。预算余额为零称为预算平衡(balanced budget),为正数称为预算盈余,为负数称为预算赤字。如果政府增加支出而没有相应地增加税收,或者减少税收而没有相应地减少支出,这种做法称为赤字财政(deficit financed)。当政府发生预算赤字时,就可以通过发行公债向公众借钱或增发货币来弥补。

政府的财政政策工具的变动,对宏观经济的运行有着直接或间接的调节作用。当经济出现波动时,政府可采取两种方法来稳定经济,这就是自动稳定器和酌情使用的财政政策。

示例

2013 年法国政府为了减少财政赤字，调节社会财富不均，减少贫富差距，决定对年薪超过 100 万欧元的个人开始征收高达 75%的特别富人税。

3. 自动稳定器

自动稳定器(automatic stabilizer)是指财政制度本身所具有的能够调节经济波动、维持经济稳定发展的作用。即使在政府支出和税率保持不变的时候，财政制度本身会影响社会经济的活动，能够在经济繁荣时期自动抑制膨胀，在经济衰退时期自动减轻萧条，从而减轻以致消除经济波动。自动稳定经济的功能主要通过以下三项制度来实现。

(1)累进税制度

当经济繁荣时，随着生产扩大、就业增加，人们的收入随之增加，而通过累进的所得税所征收的税额也自动地以更快的速度增加，税收以更快的速度增加意味着人们的可支配收入的增幅相对较小，从而使消费和总需求增幅也相对较小，最终遏制总需求扩张和经济过热。当经济衰退时，国民产出水平下降，个人收入和公司利润普遍下降，在税率不变的条件下，政府税收会自动减少，留给人们的可支配收入也会自动地减少，从而使消费和总需求也自动地少下降一些，起到缓解经济衰退的作用。

因此在税率既定不变的条件下，税收随经济周期自动地同方向变化，税收的这种自动变化与政府在经济繁荣时期应当增税、在经济衰退时期应当减税的意图正相吻合，因而它是经济体系内有助于稳定经济的自动稳定因素。

(2)政府转移支付制度

同税收的作用一样，政府转移支付有助于稳定可支配收入，从而有助于稳定在总支出中占很大比重的消费支出。我们知道，政府转移支付包括政府的失业救济和其他社会福利支出，按照失业救济制度，人们被解雇后，在没有找到工作以前可以领取一定期限的救济金，另外，政府也对穷人进行救济。这些福利支出对经济具有稳定作用。当经济出现衰退与萧条时，由于失业人数增加，穷人增多，符合救济条件的人数增多，失业救济和其他社会福利支出就会相应增加，从而间接地抑制人们的可支配收入的下降，进而抑制消费需求的下降。当经济繁荣时，由于失业人数减少和穷人减少，福利支出额也自行减少，从而抑制可支配收入和消费的增长。

(3)农产品价格维持制度

农产品价格维持制度实际上是以政府财政补贴这一转移支付形式，保证农民的可支配收入不低于一定水平，从而维持农民的消费水平。农产品价格维持制度有助于减少经济波动，故认为是稳定器之一。

总之，政府税收和转移支付的自动变化、农产品价格维持制度都是财政制度的内在稳定器，是政府稳定经济的第一道防线，它在轻微的经济萧条和通货膨胀中往往起着良好的稳定作用。但是，当经济发生严重的萧条和通货膨胀时，它不但不能使经济回复到没有通货膨胀的充分就业状态，而且会起到阻碍作用。例如，当经济陷入严重萧条时，政府采取措施促使经济回升，但是当国民收入增加时，税收趋于增加，转移支付却减少，使经济回升的速度减缓，这时内在稳定器的变化都与政府的需要背道而驰，因此，当代西方经济学家认为，要确保经济稳定，实现宏观调控的政策目标，主要靠政府的相机抉择法。

4. 酌情使用的财政政策

同自动稳定器自动发挥作用不同，酌情使用的财政政策（discretionary fiscal policy）是政府根据经济形势的分析，而主动采用的增减政府收支的决策。如当认为总需求非常低，即出现经济衰退时，政府应通过削减税收、降低税率、增加支出或双管齐下以刺激总需求。反之，当认为总需求非常高，即出现通货膨胀时，政府应增加税收或减少支出以抑制总需求。前者称为扩张性（膨胀性）财政政策，后者称为紧缩性财政政策。究竟什么时候采取扩张性财政政策，什么时候采取紧缩性财政政策，应由政府对经济发展的形势加以分析与权衡，斟酌使用。它是凯恩斯主义的需求管理的内容。凯恩斯分析的是需求不足型的萧条经济，因此他认为调节经济的重点应放在总需求的管理方面，使总需求适应总供给。当总需求小于总供给、出现衰退和失业时，政府应采取扩张性财政措施以刺激经济，当总需求大于总供给、出现通货膨胀时，政府应采取紧缩性财政措施以抑制总需求。

但是，在采用以上财政政策的过程中会遇到许多制约因素，主要有：(1)时滞。认识经济形势、做出决策、实施财政政策都需要一定的时间，因此，财政政策往往不能起到很好的作用。(2)不确定性。实行财政政策时，政府主要面临乘数大小难以确定以及从采取财政政策到实现预定目标之间的时间难以准确地预测。(3)外在的不可预测的随机因素的干扰，也可能导致财政政策达不到预期效果。(4)“挤出效应”的存在，政府增加支出，会挤占私人投资支出，从而使财政政策的效果也减小。

三、财政政策的效果

政府财政收支的变动都会引起国民收入水平的变动。那么，一定的政府财政收支的变动，会引起国民收入水平变动多少呢？这就是我们要分析的财政政策效果。国民收入水平变动大，则财政政策的效果就强；国民收入水平变动得小，则财政政策的效果就弱。财政政策的效果的强弱就可以用既定斜率的 IS 曲线在横轴上移动的距离大小来衡量。

1. 当 LM 曲线的斜率不变时，对于相同的财政政策，财政政策的效果因 IS 曲线的斜率不同而不同

(1)IS 曲线越平坦，即 IS 曲线的斜率绝对值越小，财政政策引起的国民收入变动越小，财政政策的效果就越小。

(2)IS 曲线越陡峭，即 IS 曲线的斜率绝对值越大，财政政策变动越大，财政政策的效果就越大。如图 9－1(a)和(b)所示。

在图 9－1(a)和(b)中，LM 曲线的斜率是相同的，而 IS 曲线的斜率不同，且初始均衡状态的国民收入水平 y_0 和利率 r_0 也完全相同。若政府实行一项扩张性财政政策，它可以是增加政府支出，也可以是减少税收。现假定政府增加同样一笔购买支出，则会使 IS_0 曲线右移到 IS_1。IS_1 曲线与 LM 曲线相交于 E_1 点，相对应的国民收入水平(a)图中为 y_1，(b)图中为 y_2，相应的利率水平分别是 r_1 与 r_2，在图 9－1(a)与(b)中，新均衡点 E_1 与原均衡点 E_0 相比，无论是国民收入水平，还是利率水平都提高了。但(a)图中，利率上升得少，国民收入增加量 y_0y_1 也较少。在(b)图中，利率上升得较快，国民收入增加量 y_0y_2 也较多，即 $y_0y_1<y_0y_2$。也就是说，图(a)中表示的政策效果小于图(b)，原因就在于图(a)中 IS 曲线较平坦，而图(b)中 IS 曲线较陡峭。IS 曲线较平坦，也就是投资需求的利率弹性 d 较大，即利率变动一定幅度所引起的投资变动的幅度较大。这时实行扩张性财政政策使利率上升时，就会使私人投资下降很多，也就是“挤出效应”大，从而使国民收入增加量就较少，因而财政政策的效果就较小。反之，IS 曲线越陡峭，也就是投资需求的利率弹性 d 越小，当扩张

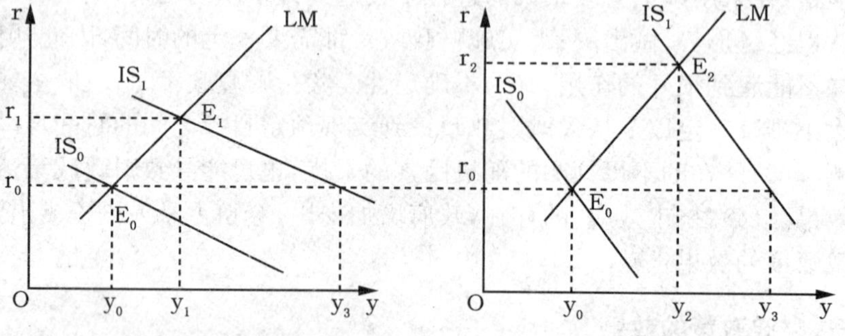

(a)财政政策效果小　　(b)财政政策效果大

图 9－1　IS 曲线斜率与财政政策的效果

性财政政策使利率上升时，被挤出的私人投资就越小，从而使国民收入增加量就越大，因而财政政策的效果就较大。

2. 在IS曲线斜率不变时，财政政策的效果又随LM曲线的斜率不同而不同。

(1)LM斜率越大，即LM曲线越陡峭，扩张性财政政策引起的国民收入增加就越小，财政政策的效果就越小。

(2)反之，LM曲线越平坦，则财政政策的效果就越大。如图9－2(a)、(b)所示。

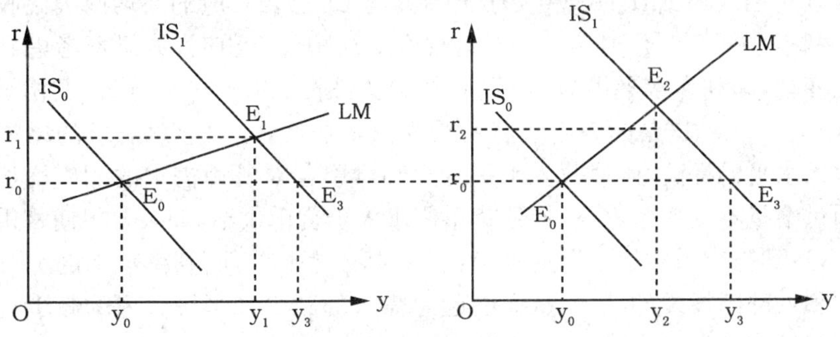

(a)财政政策效果大　　　(b)财政政策效果小

图9－2　LM曲线斜率与财政政策的效果

在图9－2(a)和(b)中，IS曲线的斜率相同，但LM曲线的斜率不同，初始均衡状态时的均衡国民收入水平 y_0 和利率水平 r_0 也相同。在此情况下，若政府增加同样一笔购买支出使IS曲线从 IS_0 右移到 IS_1，IS_1 曲线与LM曲线相交于 E_1 点，相对应的国民收入水平是 y_1 与 y_2，利率水平是 r_1 与 r_2，(a)、(b)两图中新均衡点 E_1、E_2 与原均衡点 E_0 相比，无论是国民收入水平还是利率水平都提高了。但在(a)图中，利率上升较小，国民收入增加量较大，(b)图中利率上升较大，国民收入增加量较小。由图9－2(a)、(b)可见，政府增加同样一笔支出，在LM曲线斜率较小即LM曲线较为平坦时，引起的国民收入水平增量较大，即财政政策的效果较大；相反，在LM曲线斜率较大即LM曲线较为陡峭时，引起的国民收入水平增量较小，即财政政策的效果较小。这是因为LM曲线较平坦，表示货币需求的利率弹性h较大，这意味着一定的货币需求增加所引起的利率变动较小，从而对私人部门投资不会产生很大的影响，使得挤出效应较小，结果使国民收入水平增加较多，财政政策的效果较大。相反，当LM曲线较陡峭，也就是货币需求的利率弹性h较小时，这意味着一定的货币需求增加所引起的利率变动较大，从而对私人部门投资产生较大的挤出效应，结果使财政政策效果较小。

四、财政政策的挤出效应

挤出(crowding out)效应是指在宏观经济学中由于政府支出的增加引起的利率上升，从而引起投资水平下降的作用。

在图 9－3 中，E_0 为原 IS_0 曲线和 LM 曲线的交点。相应的均衡的国民收入水平和利率是 y_0 和 r_0。假如政府增加购买支出，使 IS_0 曲线右移至 IS_1 曲线，IS_1 曲线与 LM 曲线相交于 E_1 点，与 E_1 点相对应的新均衡国民收入水平和利率水平已上升到 y_1 与 r_1，当政府增加购买支出时，如果不考虑利率水平的变动，即利率水平仍为 r_0 的话，新的国民收入水平将是与 E_2 点相对应的 y_2，y_2 大于 y_1。这是因为当政府购买支出增加后，会引起总需求的增加和国民收入水平的提高，国民收入水平的提高会引起对货币需求的相应增加。在货币供给量不变的条件下，导致货币需求大于货币供给，如果要想使货币需求减少，达到与货币供给平衡的水平，利率则必然上升，而利率水平的上升又会引起私人部门投资的减少，从而引起总需求的减少和国民收入的减少。在西方宏观经济学中，把这种由于政府支出的增加引起的利率上升，从而引起投资水平下降的作用就称为“挤出效应(crowding out)”。

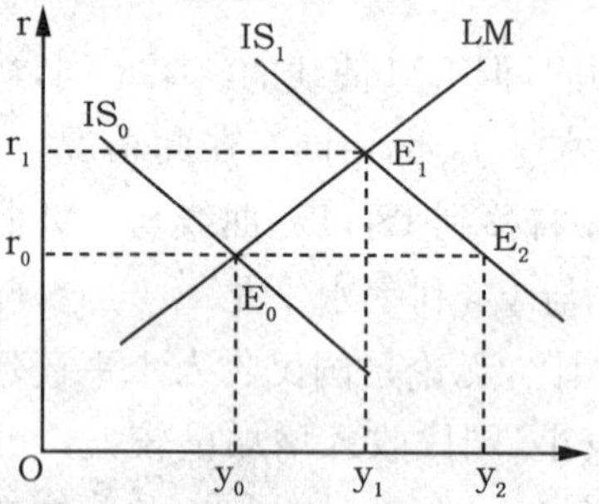

图 9－3　政府支出的挤出效应

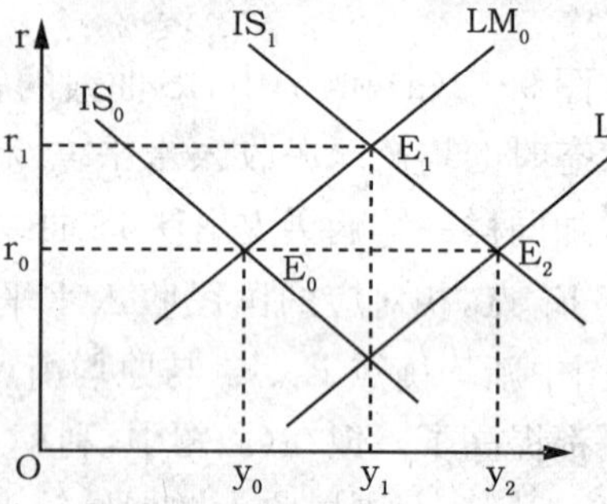

图 9－4　扩张性货币政策抵消挤出效应

挤出效应的大小可以用图 9－3 中的 y_1 到 y_2 之间的距离来衡量。相对应的 y_0 到 y_1 之间的距离就可以用来衡量财政政策效果的大小。很显然，政府支出的挤出效应越大，财政政策的效果就越小；反之，政府支出的挤出效应越小，财政政策的效果就越大。若政府支出的挤出效应为 100%，则财政政策就无效，若政府支出挤出效应为零，则财政政策十分有效。

由此可见，影响挤出效应大小的因素与影响财政政策效果的因素是相同的，主要是投资需求的利率弹性 d 与货币需求的利率弹性 h。若投资需求的利率弹性 d 越大，则一定利率水平的变动就会对投资水平的影响越大，则“挤出效应”就越大；反之，则“挤出效应”就越小。

若货币需求的利率弹性 h 越大，说明只有当货币需求很大时，才会引起利率的上升，因此政府支出增加引起货币需求增加所导致的利率上升幅度较小，因而，对投资的“挤占”也就越少，反之，若 h 越小，则“挤出效应”就越大。

如果当货币需求的利率弹性 h 为无穷大，而政府需求的利率弹性 d 为零时，即 LM 为水平线，IS 曲线为垂直线时，政府支出的“挤出效应”将为零，反之，若当 $h=0, d\to\infty$ 时，“挤出效应”将是 100%，或者说是完全的“挤出效应”，即政府支出增加多少，私人投资支出就被挤占多少。实际上，完全的“挤出效应”只有在经济中资源得到充分利用，即经济中实现了充分就业时才出现，在经济未实现充分就业时，“挤出效应”不会是完全的。因为 LM 曲线实际上不可能是一条垂直线，尽管政府支出的增加会使利率上升，利率上升会挤占一部分私人投资，但国民收入水平仍会增加，即只存在部分的“挤出效应”。尽管“挤出效应”为零在现实经济中是极少见的，但政府为了实现其经济目标，使财政政策的效果尽可能较强，可以在增加政府支出时，采用扩张性货币政策来抵消“挤出效应”。这可从图 9—4 中得到说明。

在图 9—4 中，原均衡点为 E_0，假定政府为刺激经济，实施扩张性财政政策，增加政府购买支出。政府购买支出的增加使 IS_0 曲线右移到 IS_1 曲线，IS_1 曲线与 LM_0 曲线相交于 E_1。与 E_1 对应的利率为 r_1，国民收入水平为 y_1，由于政府购买支出的增加，使利率上升，产生了挤出效应 y_1y_2。为了消除挤出效应 y_1y_2，政府采用增加货币供给量的扩张性货币政策，使 LM_0 曲线右移到 LM_1 曲线，这时利率由 r_1 降为 r_0，国民收入又增加到 y_2，由此可见，增加政府支出的财政政策会出现挤出效应，但若想消除挤出效应，则可以用货币政策来实现。

生活中的经济学现象——美国财政政策的启示

美国作为一个市场经济体制比较完善的国家，也很重视微观调节。特别是 20 世纪 70 年代后期，在经济陷入“滞胀”的情况下，运用宏观政策进行总量调节，遇到了很大的难题。于是，美国政府扩大了财政政策的使用范围，利用大幅度优惠，减轻企业、居民的负担，鼓励私人投资和消费，刺激供给和内需有效增长。政府自身投入高新技术开发与研究，带动了高新技术产业的发展。

美国政府通过财政政策工具引导企业和居民的生产与消费，是政府干预经济的典型事例。当经济处于衰退时，政府运用税收优惠来减轻企业、居民的负担，可以有效地刺激私人投资和消费，拉动经济的复苏和增长。反之，当经济过热时则可以加大税收力度，抑制私人投资和消费，避免经济发生波动。而政府投入高技术开发与研究，则直接弥补了市场中的不足，推动了高新技术产业的发展。同样，政府通过采购活动，间接影响市场微观主体的经济行为，达到调节市场经济运行的目的。

请思考下列问题：

1. 美国财政政策能从根本上消除经济衰退吗？
2. 美国财政政策对当前中国有何借鉴作用？中国能否搞得更好？

第二节 货币政策理论

案例导入

应对金融危机的中国货币政策

2008年9月，为了应对国际金融危机的严重冲击，中国货币政策转为适度宽松。2009年年初，国务院提出全年M2增长17%左右、新增贷款5万亿元以上，相对于预期8%的GDP增长率和4%的CPI指标，仍是一个适度宽松的货币政策。中国货币政策这一转向是正确的，有力地配合了政府的积极财政政策，对经济企稳和回升的作用明显。

中国目前实施宽松的货币政策是正确的，但也存在货币供应过度宽松、信贷过度膨胀、资产价格上涨等问题。今后还需要控制货币供应量过度增长并加强对银行的审慎监管。

请思考下列问题：

1. 什么是货币政策？
2. 货币政策的效果有哪些？

一、货币政策的定义

货币政策是指中央银行改变货币供给量以影响国民收入和利率的政策。货币政策与财政政策的不同之处在于，财政政策是直接影响社会总需求的规模，中间不需要任何变量，而货币政策则是通过货币当局货币供给量的变化来调节利率进而间接地调节总需求，因而货币政策是间接地发挥作用的。

货币政策一般也分为扩张性的货币政策和紧缩性的货币政策两大类。所谓扩张性货币政策是指货币当局（中央银行）通过增加货币供给以刺激社会总需求水平。货币供给增加时，利率会降低，利率的下降会刺激投资水平和消费水平，从而使社会总需求水平上升，因此，经济衰退或萧条时多采用扩张性货币政策。而紧缩性货币政策是指货币当局通过削减货币供给的增长来降低社会总需求水平。货币供给减少时，利率会上升，利率上升会使投资水平和消费水平一定程度地收缩，从而使整体需求水平相应下降，因此，在经济过热或繁荣时期，多采用紧缩性货币政策。

中央银行一般通过公开市场业务、调整再贴现率和改变法定存款准备金这三种主要的货币政策工具来改变货币供给量，以达到宏观经济调控的目标。

示例

2015 年 5 月，央行宣布降息，下调人民币的存款和贷款利率，存款的利率低了，利息少了，人们就会更愿意拿钱去投资，而不是存在银行，贷款利率低了，给人们更多机会利用贷款产生更多的价值。

1. 公开市场业务

这是目前中央银行控制货币供给量最重要也是最常用的工具。所谓的公开市场业务，是指中央银行在金融市场上公开买卖政府债券，以控制货币供给和利率的政策行为。中央银行在金融市场上公开买进或卖出政府债券，通过扩大或缩减商业银行存款准备金，从而导致货币供给量的增减和利率的变化，最终决定物价和就业水平。

公开市场业务过程大致如下：当经济过热时，即中央银行认为市场上货币供给量过多，出现通货膨胀，便在公开市场上出售政府债券，承购政府债券的既可能是各商业银行，也可能是个人或公司。当商业银行购买政府债券后，准备金会减少，可以贷款的数量也减少。通过货币乘数的作用，整个社会的货币供给量将会以倍数减少。反之，如果经济萧条时，市场上出现银根紧缩，这时中央银行可在公开市场上买进政府债券，商业银行通过政府的购买增加了准备金，个人或公司出售债券所得现金也会存入银行。这样，各商业银行的准备金即可增加，银行的贷款能力也可以扩大，再通过货币乘数的作用，整个市场的货币供给量以倍数增加。同时中央银行买卖政府债券的行为，也会引起债券市场上需求和供给的变化，进而会影响债券价格和市场利率。有价证券市场是一个竞争性市场。其证券价格由供求双方决定。当中央银行购买证券时，证券的需求就增加，证券的价格也随之上升，从而利率下降，利率的下降又会使投资和消费需求上升，从而刺激经济，增加国民收入；反之亦然。因此，中央银行可以通过公开市场业务增加或减少货币供给量，以实现宏观经济调控的目的。因此，公开市场业务是货币政策的工具之一。

2. 调整再贴现率

贴现和再贴现是商业银行和中央银行的业务活动之一，一般商业银行的贴现是指客户因急需使用资金，将所持有的未到期票据出售给商业银行，兑换现款以获得短期融资的行为。商业银行在用现金购进未到期票据时，可按该票据到期值的一定百分比作为利息预先扣除，这个百分比就叫作贴现率。商业银行将贴现后的票据保持到票据规定的时间，向票据原发行单位自然兑现。但商业银行若因储备金临时不足等原因急需现金时，则商业银行可以将这些已贴现的但仍未到期的票据出售给中央银行，请求再贴现。中央银行作为银行的银行，有义务帮助商业银行解决流动性问题。这样，中央银行从商业银行手中购买已贴现了的但仍未到期的银行票据的活动就称为再贴现。并且在再贴现时同样要预先扣除一定百分比的利息作为代价，这种利息就叫作中央银行对商业银行的贴现率，即再贴现率。这就是再贴现率的本意。但在美国，商业银行主要不再用商业票据而是用政府债券作为担保向中央银行借款，所以现在都把中央银行给商业银行及其他金融机构的借款称为"贴现"，相应的放款利率都称为"贴现率"。

中央银行通过变动再贴现率可以调节货币供给量。若中央银行感到市场上银根紧缩、货币供给量不足时，便可以降低再贴现率，商业银行向中央银行的"贴现"就会增加，从而使商业银行的准备金增加，可贷出去的现金增加，通过货币乘数的作用使整个社会货币供给量以倍数增加。反之，若市场上银根松弛，货币供给量过多，中央银行可以提高再贴现率，商业银行就会减少向中央银行的"贴现"，于是商业银行的准备金减少，可贷出去的现金也减少，通过货币乘数的作用，社会上的货币供给量将以倍数减少。

中央银行调整贴现率对货币供给量的影响不是很大，实际上中央银行调整贴现率更多的是表达自己的意图，而不是发挥调整贴现率对货币供给量的直接影响。

3. 改变法定存款准备金率

中央银行有权在一定范围内调整法定存款准备金比率，从而影响货币供给量。在经济萧条时，为刺激经济的复苏，中央银行可以降低法定存款准备金率。在商业银行不保留超额储备的条件下，法定存款准备金率的下降将给商业银行带来多余的储备，使它们得以增加贷款。这样，商业银行的存款和贷款将发生一轮一轮的增加，导致货币供给量的增加。货币供给量的增加又会降低利率，从而刺激投资的增加，最终引起国民收入水平的倍数增加。反之，在经济过热时，中央银行可用提高法定存款准备金率的方法减少货币供给，以抑制投资的增长，减轻通货膨胀的压力。

在以上三大主要货币政策工具中，从理论上说，调整法定存款准备金率是中央银行调整货币供给最简单的办法。但由于法定存款准备金率的变动，在短期内会导致较大幅度的货币扩张或收缩，引起宏观经济活动的震动，其作用十分猛烈，所以这一政策手段在实践中很少使用。调整再贴现率政策除了上述所讲的期限短等限制外，还有它在实行过程中比较被动的缺点。这是因为中央银行可以通过降低贴现率使商业银行来借款，但它不能强迫商业银行来借款。若商业银行不向中央银行借款，或借款数量很小，则贴现率政策执行的效果就不明显。尽管再贴现率政策对银行的影响较小，但实施再贴现率政策的意义却很重大，这是因为实施再贴现率政策是利率变化和信贷松紧的信号。一般来说，在贴现率变化以后，银行的利率也随之改变。

公开市场业务与上述两项政策工具相比有下述优点。第一，公开市场业务可以按任何规模进行，中央银行既可以大量也可以少量买卖政府债券，使货币供给量发生较大的或迅速的变化。第二，公开市场业务比较主动和灵活，且可以连续进行。在公开市场业务中，中央银行可根据经济情况的需要自由决定有价证券的数量、时间和方向，即使中央银行有时会出现某些政策失误，也可以及时纠正。第三，公开市场业务还可以比较准确地预测出其对货币供给的影响。一旦买进或卖出一定数量金额的证券，就可以根据货币乘数估计出货币供给量增加或减少了多少。基于上述原因，公开市场业务就成为中央银行控制货币供给量最重要、最常用的工具。

除了上述三种调节货币供给量的主要工具外，中央银行还有其他一些次要的货币政策工具。例如道义上的劝告以及“垫头规定”的局部控制。

二、货币政策的效果

货币政策的效果是指变动货币供给量的政策对国民收入水平变动的影响。国民收入水平变动大，货币政策的效果就强。国民收入水平变动小，货币政策的效果就弱。在 IS-LM 模型中，由于货币供给量的变动是通过 LM 曲线的移动来反映的。因此，货币政策效果的强弱就可以用既定斜率的 LM 曲线在横轴上移动的距离的大小来衡量。从 IS 和 LM 图形看，这种距离的大小，同样也是取决于 IS 曲线的斜率和 LM 曲线的斜率。

(1)在 LM 曲线斜率不变时，IS 曲线越平坦，一定货币供给量的变动引起的 LM 曲线的移动对国民收入水平变动的影响就越大，货币政策的效果就越强。反之，IS 曲线越陡峭，一定货币供给量的变动引起的 LM 曲线的移动对国民收入水平变动的影响就越小，货币政策的效果也就越弱，如图 9－5(a)和(b)所示。

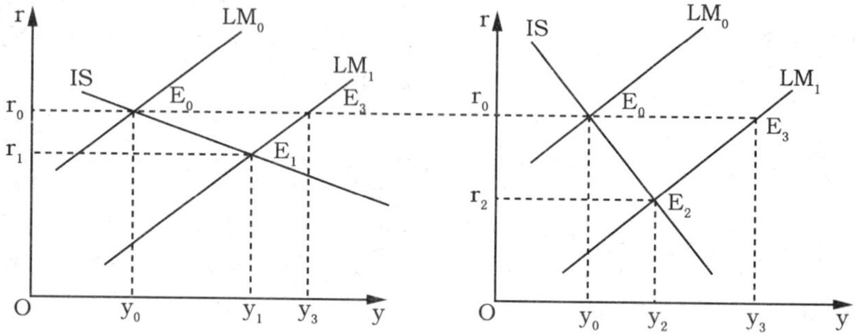

(a)货币政策效果大　　(b)货币政策效果小

图 9－5　货币政策效果因 IS 曲线的斜率而异

在图 9－5(a)和(b)中，LM 曲线的斜率是相同的，只是 IS 曲线的斜率不同。假定初始的均衡国民收入水平 y_0 和利率 r_0 都相同。当中央银行实行扩张性货币政策，增加同样一笔货币供给量时，这两种情况下的国民收入的变动却不同，分别是 y_0y_1 与 y_0y_2，且有 $y_0y_1 > y_0y_2$。为什么会有如此差异呢？这是因为：IS 曲线的斜率不同，即投资需求的利率弹性不同(尽管 IS 曲线的斜率还受边际消费倾向 β 的影响，但边际消费倾向一般被认为是较稳定的，故 IS 曲线的斜率就主要取决于投资需求的利率弹性 d)。IS 曲线斜率越小，即 IS 曲线越平坦，表示投资需求的利率弹性 d 就越大，即利率变动一定幅度所引起的投资变动的幅度越大。因此，当中央银行实行扩张性货币政策使 LM 曲线向右移动时，随着利率的下降，投资需求增加得就较多，从而国民收入水平增加得也较多，货币政策的效果就较强。反之，IS 曲线的斜率越大，IS 曲线越陡峭，表示投资需求的利率弹性 d 较小，当扩张性货币政策使 LM 曲线向右移动时，随着利率的下降，投资需求增加量就较少，从而国民收入水平增加量也较少，货币政策的效果就较弱。

(2)在 IS 曲线斜率不变时，LM 曲线越平坦，由于货币供给量的变动引起的 LM 曲线移动对国民收入水平变动的影响就越小，货币政策的效果就越小；反之，则货币政策的效果就越大。如图 9－6(a)和(b)所示。

在图 9－6(a)和(b)中，IS 曲线的斜率是相同的，只是 LM 曲线的斜率不同。对于相同的货币扩张，这两种情况下的国民收入水平的变动量不同：图(a)中 y_0y_1 小于图(b)中 y_0y_2。究其原因是：图(a)中 LM 曲线较平坦，图(b)中 LM 曲线较陡峭。LM 曲线较平坦，表示货币需求的利率弹性大(同理，当货币需求的收入弹性 k 较小时，也会使 LM 曲线较平坦，但 LM 曲线的斜率主要决定于货币需求的利率弹性 h)，即利率稍有变动就会使货币需求变动很多。反过来说，就是货币供给量变动对利率变动的作用较小。因此，同样的货币供给量增加时，由于货币需求的利率弹性 h 较大，则利率下降较少，从而使投资与国民收入水平增加得也较少，货币政策的效果就较弱。反之，若 LM 曲线较陡峭，表示货币需求的利率弹性小，因此，增加同样的货币供给量会使利率下降较多，从而引起投资与国民收入水平增加得较多，货币政策的效果较强。

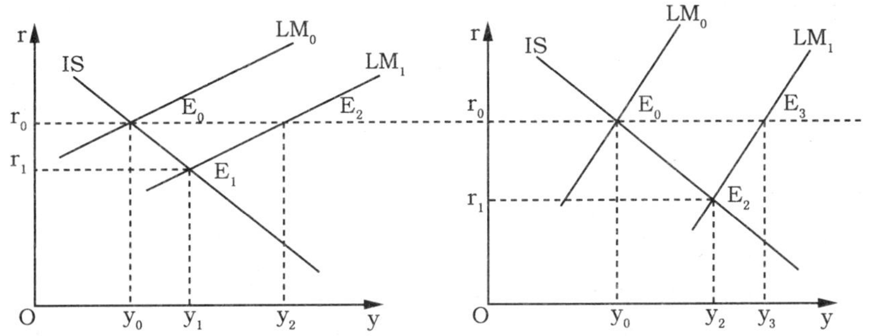

(a)货币政策效果小　　　　(b)货币政策效果大

图 9—6　货币政策效果因 LM 曲线斜率而异

总之，当 IS 曲线的斜率较小，同时 LM 曲线的斜率较大，即 IS 曲线较平坦，LM 曲线较陡峭时，货币政策的效果就较强；反之，货币政策的效果就较弱。

三、财政政策和货币政策的混合使用

1. 财政政策和货币政策的选择

扩张性的财政政策和货币政策都可以扩大总需求，增加国民收入，但它们对利率的作用方向却不同。扩张性财政政策会使利率水平上升，而扩张性货币政策会使利率水平下降。正是由于二者对利率作用的方向不同，从而导致总需求内部结构不同。

在 IS-LM 模型中，扩张性货币政策使 LM 曲线向右移动，使国民收入水平上升和利率水平下降，随着国民收入的增加，人们的可支配收入上升，消费需求也相应增加。同时，由于利率水平下降，也有利于投资需求的增加，尤其是与利率关系密切的住房投资更是如此。因此，扩张性货币政策会使总需求中的消费需求和投资需求增加。

上述两种政策对社会经济的影响如表9—1所示。

表9—1　　财政政策与货币政策的影响

政策工具		国民收入	利率	消费	投资
扩张性货币政策		增加	下降	增加	增加
扩张性财政政策	1. 增加政府购买支出	增加	提高	增加	减少
	2. 减税	增加	提高	增加	减少
	3. 增加转移支付	增加	提高	增加	减少
	4. 投资	增加	提高	增加	减少

从表9—1中可见，由于不同的政策对社会总需求的影响不同，因此，决策者在决定选择哪种政策时，首先要考虑产生社会总需求不足的主要原因是什么，然后对症下药，以促使经济回升。

2. 财政政策和货币政策的混合使用

当经济萧条时可以把扩张性财政政策与扩张性货币政策混合使用，这样能更有力地刺激经济。扩张性财政政策使总需求增加但提高了利率水平，采用扩张性货币政策就可以抑制利率的上升，以消除或减少扩张性财政政策的挤出效应，使总需求增加。

当经济出现严重通货膨胀时，可实行“双紧”组合，即采用紧缩性财政政策与紧缩性货币政策来降低需求，控制通货膨胀。一方面采用紧缩性的财政政策，从需求方面抑制了通货膨胀；另一方面又采用紧缩性货币政策，从货币供给量方面控制通货膨胀。由于紧缩性财政政策在抑制总需求的同时会使利率下降，而紧缩性货币政策使利率上升，从而不使利率的下降起到刺激总需求的作用。

当经济萧条但又不太严重时，可采用扩张性财政政策与紧缩性货币政策相混合。这样是为了在刺激总需求的同时又能抑制通货膨胀，这种混合的结果往往是对增加总需求的作用不确定，但却使利率上升。当经济中出现通货膨胀但不太严重时，可采用紧缩性财政政策与扩张性货币政策相配合，用紧缩性财政政策压缩总需求，用扩张性货币政策降低利率，以免财政过度紧缩而引起衰退。

应用IS-LM模型，可以分析各种宏观经济政策混合使用的政策效应，如

表9—2所示。

表9—2　　财政政策和货币政策混合使用的政策效应

政策混合	产出	利率
1. 扩张性财政政策和紧缩性货币政策	不确定	上升
2. 紧缩性财政政策和紧缩性货币政策	减少	不确定
3. 紧缩性财政政策和扩张性货币政策	不确定	下降
4. 扩张性财政政策和扩张性货币政策	增加	不确定

生活中的经济学现象——新加坡的有效稳定政策

新加坡经济发展的特点是在取得经济持续高速增长的同时，保持了物价的持续稳定，其通货膨胀率与世界各国相比，一直处于较低数值。

新加坡在经济发展中选择了货币持续稳定、相对增值的货币政策，严格控制货币供应量和工资增长速度。全国上下都遵循这样的原则：经济必须由政府决策机构来决定，而不是由市场这只无形的手起作用。新加坡就是由于很好地运用了相关的宏观经济政策，并坚持始终，因而取得了经济高速发展与极低的通货膨胀并存的宏观经济局面。

请思考下列问题：

1. 新加坡实施了怎样的货币政策？
2. 新加坡有效稳定的政策对中国有怎样的启示？

思考与检测

一、单项选择题

1. 政府的财政收入政策通过(　　)对国民收入产生影响。

A. 政府转移支付　　B. 政府购买

C. 消费支出　　D. 出口

2. 假定政府没有实行财政政策，国民收入水平的提高可能导致(　　)。

A. 政府支出增加　　B. 政府财政赤字减少

C. 政府税收减少　　D. 政府财政赤字减少

3. 扩张性财政政策对经济的影响是(　　)。

A. 缓和了经济萧条，但增加了政府债务

B. 缓和了经济萧条，也减轻了政府债务

C. 加剧了通货膨胀，但减轻了政府债务

D. 缓和了通货膨胀，但增加了政府债务

4. 商业银行之所以会有超额储备，是因为(　　)。

A. 吸收的存款太多　　B. 未找到那么多适合的贷款对象

C. 向中央银行申请的贴现太多　　D. 以上情况都有可能

5. 中央银行最常用的货币政策工具为(　　)。

A. 法定存款准备金率　　B. 公开市场业务

C. 再贴现率　　D. 道义劝告

二、多项选择题

1. 财政政策的政策手段主要包括(　　)。

A. 改变政府购买性支出　　B. 改变政府转移支付

C. 改变税收　　D. 公债

2. 货币政策的政策手段主要包括(　　)。

A. 改变税收　　B. 法定存款准备金政策

C. 再贴现政策　　D. 公开市场业务操作

3. 财政政策与货币政策的配合方式有(　　)。

A. 双松　　B. 双紧　　C. 一松一紧　　D. 一紧一松

三、分析讨论题

1. 假定法定存款准备金率是 0.12，没有超额准备金，对现金的需求是 1 000亿美元。

(1)假定总准备金是 400 亿美元，货币供给是多少？

(2)此时若中央银行把准备金率提高到 0.2，货币供给变动多少？

(3)中央银行买进 10 亿美元政府债券(若法定存款准备金率仍是 0.12)，货币供给变动多少？

2. 假定某国政府当前预算赤字为 75 亿美元，边际消费倾向为 $b=0.8$，边际税率 $t=0.25$。如果政府为降低通货膨胀率要减少支出 200 亿美元，试问支出的这种变化能否最终消灭赤字？

四、问答题

我国为何从 1996 年起连续 8 次降息？又为何从 2004 年起升息？

第十章　初涉国际贸易

学习目标

- 了解国际贸易的产生
- 理解国际贸易的基本概念
- 熟悉国际贸易的基本分类
- 熟悉绝对优势理论和比较优势理论

第一节　国际贸易的基本概念

案例导入

龙永图:不必担忧巨额贸易顺差

"对于巨额贸易顺差,中国不必担忧,这是全球化发展的必然结果。"

国际贸易的"大赢家"往往都是进口国。

2006年8月18日,在"中国企业领袖年会2006上海论坛"上,博鳌亚洲论坛秘书长龙永图的观点与许多专家的不同。

是否该遏止出口?这个问题是在中国巨额贸易顺差的环境下最为热议的话题之一。而多数人的观点是,中国应该调整进出口结构,防止因顺差带来的频繁贸易摩擦。

但龙永图坚持"贸易顺差和贸易摩擦并没有什么直接联系,中国还要努力地扩大出口"。2008年,为了应对全球金融危机对中国的影响,中国政府做出了拉动经济增长、扩大内需的战略决策,并实施了积极的财政政策。这对中国经济近几年持续平稳的增长起到了不可替代的作用。

请思考下列问题：

1. 你认为中美贸易顺差产生的原因是什么？

2. 为何美国对中国的贸易顺差大幅增加而美国总体的贸易顺差并没有增加？

3. 中美贸易顺差对美国有利的地方在哪里？为什么？

一、国际贸易与对外贸易

国际贸易(international trade)是指具有独立关税制度的国家(地区)之间的商品和服务的交易活动。

示例

美国某公司设计、研发的一款智能手机，需要一款高清摄像头，该公司本身不具备开发摄像头的能力。本地生产的摄像头，无论从工艺，还是成本，都无法达到该手机的要求，所以该公司与日本某公司签订协议，从日本进口一款摄像头。生产之后，因为手机十分畅销，中国某公司看好该款手机的市场，该手机生产公司又与中国公司签订协议，将手机出口到中国。

如果单从一个国家(地区)的角度出发，这种交换活动被称为对外贸易(foreign trade)。一些海岛国家(地区)以及某些对外贸易活动主要依靠海运的国家(地区)，如英国、日本等，也把这种交换称为海外贸易(overseas trade)。

二、国际贸易额和贸易差额

对外贸易额(value of foreign trade)是指用货币来表示的一定时期内一国的对外贸易总值。一般用本国货币表示，也有用国际上通用的货币表示。一国的出口额加上进口额就是该国的对外贸易总额。出口额(value of exports)指的是一国在一定时期内向国外出口的金额。进口额(value of imports)是指一国在一定时期内从国外进口的金额。

把世界上一定时期内所有国家和地区的出口总额按同一种货币单位换算后加在一起，即得到国际贸易额(value of international trade)。

贸易差额(balance of trade)是指一国出口额与进口额之间的差额。

三、对外贸易依存度

对外贸易依存度(dependency on foreign trade)又称对外贸易系数，是指一个国家或地区进出口总值在国民生产总值中的比重，分出口依存度和进口依存度。

对外贸易依存度＝进出口贸易总额/GNP
＝进口贸易依存度＋出口贸易依存度
＝进口额/ GNP＋出口额/ GNP

四、总贸易与专门贸易

总贸易(general trade)是专门贸易的对称，是指以国境为标准划分的进出口贸易。

专门贸易(special trade)是总贸易的对称，是指以关境为标准划分的进出口贸易。当外国货物进入国境后，暂时存放在保税仓库，不进入关境，一律不列为进口。

五、对外贸易地理方向与国际贸易地理方向

对外贸易地理方向(direction of foreign trade)又称对外贸易地区分布或国别构成。从全世界角度来说，国际贸易地理方向(international trade by region)是指各洲、各国在国际贸易中所占的地位，通常以它们在世界进出口额中所占的比重来表示。

六、国际贸易商品结构与对外贸易商品结构

国际贸易商品结构(international trade by commodities)是指各类商品在国际贸易中所处的地位，通常以它们在世界出口总额中的比重来表示。

对某一个国家来说，对外贸易商品结构(foreign trade by commodities)是指一定时期内进出口贸易中各类商品的构成情况，通常以各类商品在进口总额或出口总额中所占的比重来表示。

七、贸易条件

贸易条件(terms of trade)是指一国对外贸易有利或不利的状况。它不仅可以反映一国贸易获利程度的高低，也可以反映一国出口竞争力的优势。

净贸易条件(商品贸易条件)是指出口价格指数与进口价格指数之比。它的经济含义是一国与其他国家进行商品交换的比率，即一国一定数量的出口

商品能换回多少数量的进口商品。计算公式为：

$$N=(P_x/P_m)\times 100\%$$

其中，N为净贸易条件，P_x 为出口价格指数，P_m 为进口价格指数。

当 N＞1 时，表示出口同等数量的商品，能换回比原来更多的进口商品，即贸易条件比基期有利。因此，贸易条件改善。

当 N＜1 时，表示出口同等数量的商品，只能换回比原来更少的进口商品，即贸易条件比基期不利。因此，贸易条件恶化。

当 N=1 时，处于平衡状态。

收入贸易条件是在净贸易条件的基础上，把贸易量加进来，反映了一国进口能力的变化与出口量变化之间的关系。计算公式为：

$$I=(P_x/P_m)\times Q_x\times 100\%$$

其中，I为收入贸易条件，Q_x 为出口数量指数。

生活中的经济学现象——日本两年来首现贸易逆差

日本政府 2011 年 2 月 23 日公布的数据显示，日本 1 月贸易逆差为4 714亿日元(约合 57 亿美元)。这是日本自 2009 年 3 月以来时隔 22 个月首次出现贸易逆差。日本 1 月出口总额为 4.97 万亿日元(600 亿美元)，较去年同期增长 1.4%。虽然这是日本出口额连续第 14 个月呈现同比增长态势，但增幅远低于去年 12 月的 12.9%和 11 月的 9.1%。日本 1 月进口总额为 5.44 万亿日元(657 亿美元)，同比增加 12.4%。按日本共同社说法，进口额持续增加由原油等能源价格上涨所致。

不过，不少分析师对日本 2011 年的出口持乐观态度，随着全球经济复苏，海外市场需求将增加，推高出口增幅。

由于国内市场需求不振，出口在日本经济中扮演重要角色。国际三大评级机构之一的穆迪投资者服务公司 22 日将日本主权债务前景展望调整为“负面”，理由是日本通货紧缩长期得不到缓解、政府在削减财政赤字和债务方面面临挑战。

请思考下列问题：

1.你认为导致日本贸易逆差的原因是什么？

2.你认为日本政府应当采取怎样的措施以应对贸易逆差？

第二节　国际贸易的主要分类

案例导入

中国香港进出口贸易强劲增长

中国香港政府统计处2011年2月24日公布的对外商品贸易统计数字显示，2011年1月份香港的整体出口和进口货值均呈现强劲增长的态势，出口货值为2 837亿港元(含转口贸易)，同比增长27.6%；进口货值为2 996亿港元，增长19%。1月份香港贸易逆差160亿港元，相当于商品进口货值的5.3%。请思考下列问题：

1.什么是转口贸易？

2.转口贸易在香港的经济贸易中占有什么样的位置？

一、按商品流向划分

1.出口贸易

出口贸易(export trade)是指一国把生产或加工的商品(包括本国拥有的劳务)输往国外市场销售的对外贸易活动，如果商品不是因外销而输往国外，则不计入出口贸易的统计之中，如运往境外使馆、驻外机构的物品，或者携带个人使用物品到境外等。

2. 进口贸易

进口贸易(import trade)是指一国从国外市场购进外国所生产或加工的商品(包括外国拥有的劳务)的贸易活动，如果商品不是因购入而输入国内，则不计入进口贸易，如外国使、领馆运进自用的货物，以及旅客携带个人使用物品进入国内等。

示例

由于中国矿产资源丰富，人力成本较低，所以成品钢材价格相对偏低，美国某公司与中国某公司签订协议，从中国采购钢材并运往美国，中国将钢材出口到美国，相对而言，美国从中国进口钢材。

3. 过境贸易

过境贸易(transit trade)是指商品生产国与消费国之间进行的商品买卖活动，实物运输必须经过第三国国境，对第三国而言，就构成了该国的过境贸易。

在过境贸易中，又可分为直接过境贸易和间接过境贸易。直接过境贸易是指A国的商品进入C国境内后不存放在海关仓库而直接运往B国；间接过境贸易是指A国的商品进入C国境内后存放在仓库，然后再运往B国。在过境贸易中，由于本国未通过买卖取得货物的所有权，因此，过境商品一般不列入本国的进出口统计中。

4. 转口贸易

转口贸易(entreport trade)是指本国从A国进口商品后，再出口至B国的贸易，本国的贸易就称为转口贸易。转口贸易中的货物运输可以有两种方式：一种方式是转口运输，即货物从A国运入本国后，再运往B国；另一种方式是直接运输，即货物从A国直接运往B国，而不经过本国。

5. 复出口

从国外输入的商品，没有在本国消费，又未经加工就再出口，称作复出口或复输出(re-export)。如进口货物的退货、转口贸易等。

6. 复进口

输往国外的商品未经加工又输入本国，则叫作复进口或再输入(re-import)。产生复进口的原因，或者是商品质量不合格，或者是商品销售不对路，或者是国内本身就供不应求。从经济效益方面考虑，一国应该尽量避免出现复进口的情况。

二、按商品形态划分

1. 有形贸易

有形贸易(tangible trade)是指贸易双方交易的商品是具体的、有形的实物商品，因为这些商品看得见，摸得着，故称为有形贸易，有时也被称为货物贸易(goods trade)。

为了便于统计和分析，联合国秘书处于 1950 年公布了《国际贸易标准分类》(Standard International Trade Classification，简称 SITC)。

在这个标准分类中，把有形商品分为 10 大类(section)、67 章(division)、261 组(group)、1 033个分组(sub-group)和3 118个项目(item)，如表 10－1 所示。

表 10－1　　国际贸易标准分类

大类编号	类别名称
0	食品及主要供食用的活动物
1	饮料及烟草
2	燃料以外的非食用粗原料
3	矿物燃料、润滑油及有关原料
4	动植物油脂
5	未列名化学品及有关产品
6	主要按原料分类的制成品
7	机械及运输设备
8	杂项制品
9	没有分类的其他商品

2. 无形贸易

无形贸易(intangible trade)是指在国际贸易活动中所进行的没有物质形态的商品的交易，在国与国的交换中，交换的标的物不是有形的商品。

无形贸易可以分为服务贸易和技术贸易。

一般来说，服务贸易(trade in services)是指提供活劳动(非物化劳动)以满足服务接受者的需要并获取报酬的活动。为了便于统计，世界贸易组织的《服务贸易总协定》把服务贸易定义为四种方式：(1)过境交付，即从一国境内向另一国境内提供服务；(2)境外消费，即在一国境内向来自其他国家的消费者提供服务；(3)自然人流动，即一国的服务提供者以自然人的方式在其他国家境内提供服务；(4)商业存在，即一国的服务提供者在其他国家境内以各种形式的商业或专业机构提供服务。

国际技术贸易(international technology trade)是指技术供应方通过签订技术合同或协议，将技术有偿转让给技术接受方使用。有形贸易与无形贸易有一个鲜明的区别，即有形贸易均需办理海关手续，其贸易额总是列入海关的贸易统计，而无形贸易尽管也是一国国际收支的构成部分，但由于无须办理海关手续，一般不反映在海关资料上。但是，对形成国际收支来讲，这两种贸易是完全相同的。

3. 两者的关系

(1)区别:有形贸易必须办理海关手续,表现在贸易统计中;无形贸易无须办理海关手续,不显示在贸易统计中。

(2)联系:都是国际收支的组成部分。

示例

美国某手机公司,在生产手机的过程中,发现在本国生产手机的成本高于在中国的生产成本,所以与中国某代工企业签订协议,将该手机的生产组装交给中国公司。劳动力是一种没有实物形态的商品,此时就形成了无形贸易,之后该公司又将手机出口给中国某公司,手机是有具体实物形态的商品,所以它是有形贸易。

三、按贸易关系划分

1. 直接贸易

直接贸易(direct trade)是商品直接从生产国销往消费国,不通过第三国而进行的贸易,即指进出口两国直接达成的交易。

2. 间接贸易

间接贸易(indirect trade)是指商品生产国与消费国通过第三国进行商品买卖的行为(前面提到的过境贸易就是间接贸易的一种方式)。

直接贸易和间接贸易的区别是以货物所有权转移是否经过第三国(中间国)为标准,而与运输方式无关。直接贸易可以是生产国的商品通过第三国转运至消费国,间接贸易可以是生产国的商品直接运往消费国。

3. 转口贸易

在间接贸易中,如果第三国进口的商品或服务并非用于本国消费,而是用于再出口,则该国从事的贸易就称为转口贸易(entreport trade)。

过境贸易和转口贸易的区别在于:过境贸易中第三国不直接参与贸易活动;而转口贸易中的第三国参与了贸易活动。过境贸易通常只征收少量的手续费;而转口贸易以盈利为目的,要有一个正常的商业加价。

四、按国境与关境标准划分

1. 总贸易

总贸易(general trade)是指进出口以国境为标准,凡进入国境的商品一律列为进口,离开国境的商品一律列为出口,前者称为总进口,后者称为总出口,总进口额加上总出口额就是一国的总对外贸易额,即:总贸易额＝总进口额+总出口额，采用这种方法划分的有美国、日本、英国、加拿大、澳大利亚等 90 多个国家或地区，我国也采用总贸易的统计方法。

2. 专门贸易

专门贸易(special trade)是指进出口以关境为标准，进入一国关境的货物就是本国的进口，离开一国关境的货物就是本国的出口，前者称为专门进口，后者称为专门出口，专门进口额加上专门出口额是一国的专门贸易额。目前采用这种方法划分的有德国、意大利、瑞士等国家。

关境与国境有时并不一致。有的国家在国境内设经济特区，如中国的香港、澳门等单独关税区，使得关境小于国境；有些国家组成关税同盟，如欧盟、北美自由贸易区等，使关境大于国境。

五、按清偿工具划分

1. 自由结汇贸易

自由结汇贸易(free-liquidation trade)是以国际货币作为清偿手段的国际贸易，又称现汇贸易。能够充当这种国际支付手段的，主要是美元、英镑、马克、法郎和日元这些可以自由兑换的货币。

2. 易货贸易

以经过计价的商品作为清偿手段的国际贸易，则称易货贸易(barter trade)，或称换货贸易。它的特点是，进口与出口直接联系，以货换货，进出基本平衡，可以不用现汇支付。这就解决了那些外汇匮乏国家开展对外贸易的困难。加上现在各国之间经济依赖性加强，有支付能力的国家有时也不得不接受这种贸易方式，因此，易货贸易在国际贸易中十分兴盛，大致接近世界贸易额的 1/3 。

必须注意的是，倘若两国间签订了贸易支付协定，规定双方贸易通过清算账户收付款，则一般不允许进行现汇贸易。因此，从清偿工具的角度看，这是一种特殊形式的国际贸易。

六、按贸易国数目划分

1. 双边贸易

双边贸易(bilateral trade)是指两国政府之间商定的贸易规则和调节机制下的贸易。两国政府往往通过签订贸易条约或协定来规定贸易规则和调节机制，要求两国在开展贸易时必须遵守贸易条约或协定中的规定。双边贸易所遵守的规则和调节机制不适用于任何一个签约国与第三方非签约国之间开展的贸易。例如，在《中美贸易条约》下开展的中美贸易就是一种双边贸易。

2. 多边贸易

多边贸易(multilateral trade)是指在多个国家政府之间商定的贸易规则和调节机制下的贸易。同样,多个国家政府之间也需要通过签订贸易条约或协定来规定贸易规则和调节机制,而且这些贸易规则和调节机制也不适用于任何一个签约国与其他非签约国之间的贸易。例如,世界贸易组织中的国家所开展的贸易就属于多边贸易。

七、按交易手段不同划分

1. 单证贸易

单证贸易(documentary trade)是指以纸面单证为基本交易手段的贸易。

2. 无纸贸易

无纸贸易(electronic data interchange,EDI)是指以电子数据交换为内容的贸易,贸易伙伴之间按协定,通过电子计算机通信网络传递规范化和格式化的商贸数据与信息,从而达成贸易。

生活中的经济学现象——商务部公布CEPA实施情况

商务部2010年11月18日公布内地与香港CEPA实施情况,2010年1～9月CEPA项下内地从香港进口零关税货物货值为6.5亿美元,关税优惠额为3.6亿元人民币。截至2010年9月底,内地累计从香港进口CEPA项下受惠货物为33.3亿美元,关税优惠额为19.8亿元人民币。

另外据香港统计,截至2010年9月底,香港发证机构共签发60 412份原产地证书,货物离岸价总值为265.5亿港元。香港工贸署共核发香港服务提供者证明书2 286份。其中运输服务及物流服务最为踊跃,共核发证明书1 214份,占核发总数的53.1%。在金融领域方面,截至2010年7月底,香港共有96家银行与清算行签订了清算协议,其中76家已开办人民币业务。截至9月底,香港人民币业务清算行人民币存款余额共计1 390.68亿元。截至2010年上半年,内地共注册香港个体工商户3 763户,从业人员10 261人,注册资金2.6亿元。2010年9月,内地赴港"个人游"旅客为100.7万人次,占内地赴港旅客的61.9%。截至2010年9月底,内地赴港"个人游"旅客累计达5 622.9万人次,占内地游客的57.3%。

请思考下列问题:

1.什么是CEPA协议?

2.CEPA协议对内地和香港的经济带来怎样的影响?

第三节 国际贸易产生的主要理论

案例导入

新英格兰与加州的选择

美国的新英格兰区多丘陵、岩石和树木，冬天寒冷，不符合种植烟草所要求的温暖气候、肥沃和灌溉良好的土壤。但烟草却是马萨诸塞州和康涅狄格州（属于新英格兰区）出产的农作物之一。虽然加州的土地更适合种植烟草，但新英格兰区生产烟草而加州不产。

请思考下列问题：

1.什么是绝对优势？

2.什么是比较优势？

3.怎样解释这一令人困惑的现象？

一、绝对优势理论

亚当·斯密是国际贸易理论的创始者，是倡导自由贸易的带头人。他花了将近10年的时间，于1776年写出了奠定古典政治经济学理论体系的著作《国民财富的性质和原因的研究》(*Inquiry into the Nature and Causes of the Wealth of Nations*)，简称《国富论》(*The Wealth of Nations*)。在这部著作中，斯密第一次把经济科学所有主要领域的知识归结成一个统一和完整的体系，而贯穿这一体系的基本思想就是自由的市场经济思想。

1. 绝对优势论及其主要论点

亚当·斯密认为：为了更多地增加国民财富，一国应该专业化生产和出口那些本国具有绝对优势的商品，进口那些本国具有绝对劣势，即外国具有绝对优势的商品。一国的自然优势和后天获得的优势又总是体现为生产某产品的成本优势，即该国生产特定商品的实际成本绝对地低于其他国家所花费的成本，因此这个理论又称为"绝对成本说"(absolute cost)。

主要论点：

(1)分工可以提高劳动生产率。

(2)分工的原则是绝对优势或绝对利益。

(3)国际分工的基础是有利的自然禀赋或后天的有利条件。

示例

同样生产机器，美国生产一台机器需要3天，在中国生产一台机器需要5天，那么这种情况下，中国应该选择从美国购买该机器，而不是自己生产该机器。

2. 绝对优势论的贸易模式

根据绝对优势贸易理论，各国应该专门生产并出口其具有“绝对优势”的产品，不生产但进口其不具有“绝对优势”的产品。

衡量绝对优势的办法有：

(1)用劳动生产率来衡量，即用单位要素投入的产出率来衡量。产品j的劳动生产率可用$\left(\frac{Q_j}{L}\right)$来表示，其中$Q_j$是j产品的产量，L是劳动投入。一国如果在某种产品上具有比别国高的劳动生产率，该国在这一产品上就具有绝对优势。

(2)用生产成本来衡量，即用生产1单位产品所需的要素投入数量来衡量。单位产品j的生产成本(劳动使用量)可用$a_{Li}=\frac{L}{Q_j}$表示。如在某种产品的生产中，一国单位产量所需的要素投入低于另一国，该国在这一产品上就具有绝对优势。

[例] 假设英国和法国都生产小麦和布，但生产技术不同，劳动是唯一的生产要素。在国际分工发生前，英、法两国各自生产小麦和布两种产品，所消耗的劳动力数量如表10—2所示。

表10—2　　国际分工前所消耗的劳动量

	小麦		布	
	劳动力(人)	产量(吨)	劳动力(人)	产量(匹)
法国	100	50	100	20
英国	150	50	50	20
合计	250	100	150	40

用劳动生产率来衡量，如表10—3所示。

表 10—3　　　两国的劳动生产率(Q_i/L)

	小麦(人均产量)	布(人均产量)
法国	0.5	0.2
英国	0.33	0.4

用生产成本来衡量，如表 10—4 所示。

表 10—4　　　两国的生产成本(a_{Li})

	小麦	布
法国	2	5
英国	3	2.5

两国开展国际分工，专门生产具有绝对优势的产品，所消耗的劳动力数量如表 10—5 所示。

表 10—5　　　国际分工后所消耗的劳动量

	小　麦		布	
	劳动力(人)	产量(吨)	劳动力(人)	产量(匹)
法国	200	100	/	/
英国	/	/	200	80
合计	200	100	200	80

两国开展国际贸易后，如表 10—6 所示。

表 10—6　　　开展国际贸易后的产量

	小麦(吨)	布(匹)
法国	50	50
英国	50	30
合计	100	80

3. 绝对优势理论的评价

(1)进步性

绝对优势理论成为发展资本主义有力的理论工具；研究从流通领域转到生产领域，首次论证了国际贸易是一种“双赢博弈”，比重商主义有所进步，仍有一些现实意义。

(2)局限性

绝对优势理论只能说明国际贸易的一个特殊情况，不能解释全部。在现实中，有的国家可能没有任何产品处于绝对有利的地位，这些国家如何进行贸易，该理论无法解释。

二、比较优势理论

大卫·李嘉图(David Ricardo，1772～1823)的贸易学说是他整个经济理论中的一个重要组成部分。大卫·李嘉图所创立的著名的“比较优势贸易理论”(comparative advantage doctrine)奠定了国际贸易理论演进的重大基础，以后一个多世纪的有关研究很大程度上都是对其理论的补充、发展和修正。李嘉图在其代表作《政治经济学及赋税原理》(1817 年)一书中论证了以“比较优势贸易理论”为中心的国际贸易理论。

1. 比较优势理论的产生

1815 年英国政府推行《谷物法》，维护地主阶级，伤害了工业资产阶级的利益。

1817 年大卫·李嘉图发表《政治经济学及赋税原理》，建立以自由贸易为前提的比较优势理论，为工业资产阶级的斗争提供了有力的理论武器。

比较优势理论的假设前提(世界永恒不变)是：

(1)只有两个国家，生产两种产品；

(2)自由贸易；

(3)劳动在国内可以自由流动，但在两国之间不能自由流动；

(4)每种产品的国内生产成本都是固定的；

(5)没有运输费用；

(6)不存在技术变化；

(7)贸易按物物交换方式进行；

(8)劳动价值论——劳动是唯一的生产要素，所有劳动都是同质的，每单位产品生产所需要的劳动投入维持不变，所以任何商品的价值或价格都完全取决于它的劳动成本。

示例

如果不生产零件，同样是一天，美国生产手机是 20 台，中国生产手机是 15 台，美国生产一台汽车可以换取 60 部手机，中国生产一台机器的时间能生产 75 台手机，这种情况下，中国应该选择生产手机而不是生产机器，相对于美国，一台机器等于 60 部手机，而中国生产 75 台手机就相当于生产了一台机器加 15 台手机。

2. 比较优势理论的主要内容

(1)各国不一定要专门生产劳动成本绝对低的产品，而只要专门生产劳动成本相对低的产品就可以进行对外贸易。

(2)贸易模式：按照“两优取其重，两劣取其轻”的贸易原则。

[例] 假设英国和葡萄牙都生产毛呢和葡萄酒，但两国生产这两种产品的劳动生产率不同，每单位产品所耗费的劳动量如表10—7所示。

表10—7　　国际分工前每单位产品所耗费的劳动量

	一单位毛呢	一单位酒
葡萄牙	90人/年	80人/年
英　国	100人/年	120人/年

用相对劳动生产率来衡量，如表10—8所示。

表10—8　　两国生产商品的相对劳动生产率

	毛呢	酒
葡萄牙	0.89	1.125
英　国	1.2	0.83

用相对成本来衡量，如表10—9所示。

表10—9　　两国生产商品的相对成本

	毛呢	酒
葡萄牙	1.125	0.89
英　国	0.83	1.2

用机会成本来衡量，如表10—10所示。

表10—10　　两国生产商品的机会成本

	毛呢	酒
葡萄牙	1.125	0.89
英　国	0.83	1.2

两国开展国际分工，专门生产其具有比较优势的产品，结果如表10—11所示。

表 10—11　　　　国际分工后的产量

	毛呢	酒
葡萄牙	/	(90+80)÷80=2.125
英　国	(100+120)÷100=2.2	/

假定按照1∶1的交换比例进行交换，则交换后两国各自消费的商品数量如表10—12所示。

表 10—12　　　　分工后的贸易利益

	毛呢	酒
葡萄牙	1.1 单位	1.025 单位
英　国	1.1 单位	1.1 单位

3. 比较优势理论的评价

(1)进步性

比较优势理论具有划时代的意义，它改变了自由贸易的利益只能在一切商品都具备绝对低成本的国家生产的观点；揭示了一个客观规律——比较利益定律，从实证经济学的角度证明了国际贸易的产生不仅在于绝对成本的差异，而且在于比较成本的差异；在历史上起到重大的进步作用。

(2)局限性

比较优势理论在方法上仍是形而上学，研究问题的出发点是静止的均衡世界；只考虑狭义的经济利益，而忽视了广义利益中的社会效益；其劳动价值论的观点不完全；未能揭示国际分工形成和发展的真实原因，掩盖了国际分工中生产关系的作用。

三、用生产可能性曲线表示的比较优势模型

1. 生产可能性曲线

生产可能性曲线(production possibility curve)又称生产可能性边界(production possibility frontier)或转换曲线(transformation curve)，表示一国所有生产要素都被充分有效利用的情况下，所能生产的两种可供选择的产品的不同产量组合。

该曲线上的每一点表示了该国充分有效地利用资源所能生产的两种产品的一个产量组合；边界以内各点表示生产资源未被充分利用，或即使充分利用也缺乏效率；边界以外的点表示现有资源和技术所达不到的产量；曲线上点的

斜率表示增加生产 1 单位的某商品所必须牺牲另一种商品的数量，即某商品的机会成本。

2.成本不变条件下的比较优势

(1)机会成本不变条件下的生产可能性曲线

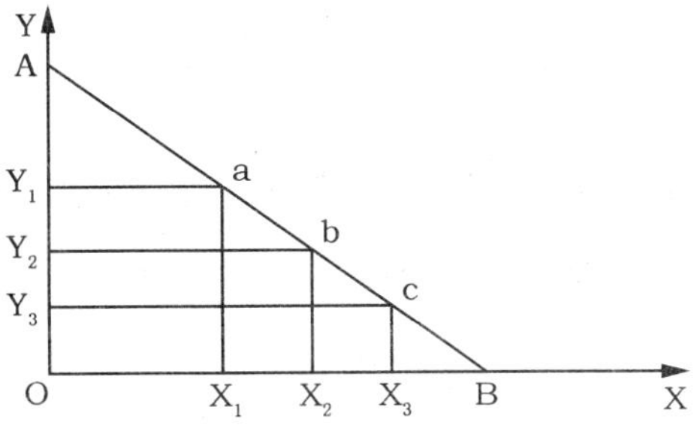

图 10—1 机会成本不变条件下的生产可能性曲线

如图 10—1 所示，每增加 X 产品的产量为 $X_1X_2=X_2X_3$ 时，必须减少 Y 产品的产量为 $Y_1Y_2=Y_2Y_3$，X 对 Y 的机会成本为 $Y_1Y_2=Y_2Y_3=OA$。

(2)成本不变条件下的比较优势模型

[例] 假设美国与英国只生产小麦与玉米两种产品，美国的生产率为小麦 6 吨/年人、玉米 4 吨/年人，英国的生产率为小麦 1 吨/年人、玉米 2 吨/年人；美国的劳动人数为 50 人，英国的劳动人数为 100 人。则两国的生产可能组合如表 10—13 所示。

表 10—13 英、美两国的生产可能组合

美国		英国	
小麦	玉米	小麦	玉米
6×50=300	0	1×100=100	0
240	40	80	40
180	80	60	80
120	120	40	120
60	160	50	160
0	4×50=200	0	2×100=200

机会成本不变条件下英、美两国的生产可能性曲线如图 10—2 所示。

用生产可能性曲线表示的英、美两国贸易所得如图 10—3 所示。

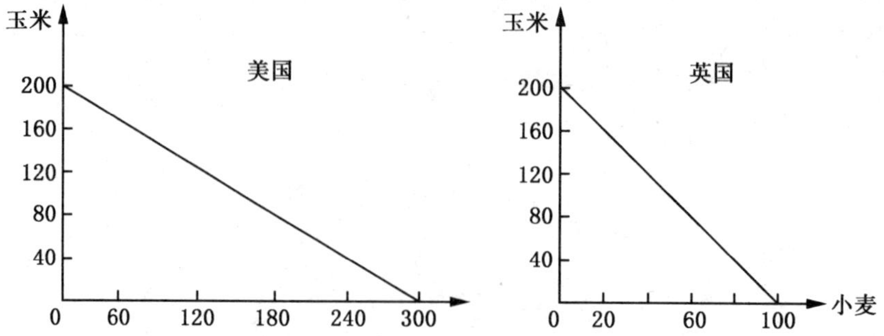

图 10—2　机会成本不变条件下的英、美两国的生产可能性曲线

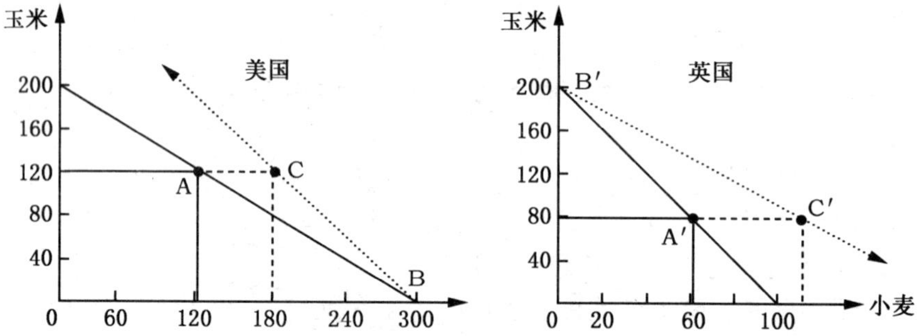

图 10—3　用生产可能性曲线表示的英、美两国贸易所得

3. 成本递增条件下的比较优势

(1)成本递增条件下的生产可能性曲线

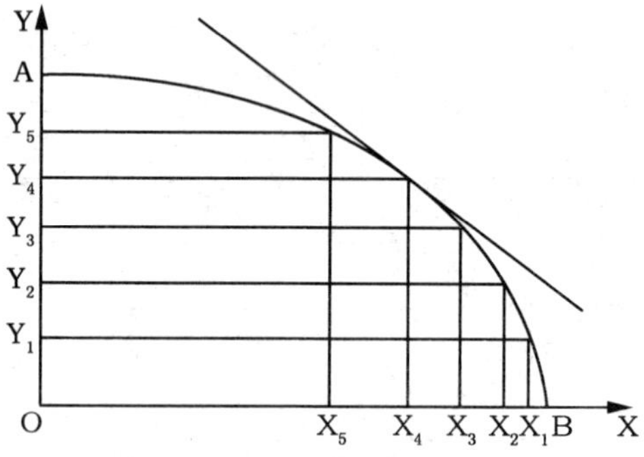

图 10—4　成本递增条件下的生产可能性曲线

(2)社会无差异曲线

社会无差异曲线(community indifference curves)是指给予整个社会相同满足水平(表示消费者在一定的偏好、技术条件和资源条件下选择商品时,对不同组合商品的满足程度是没有区别的)的两种商品消费的不同组合。

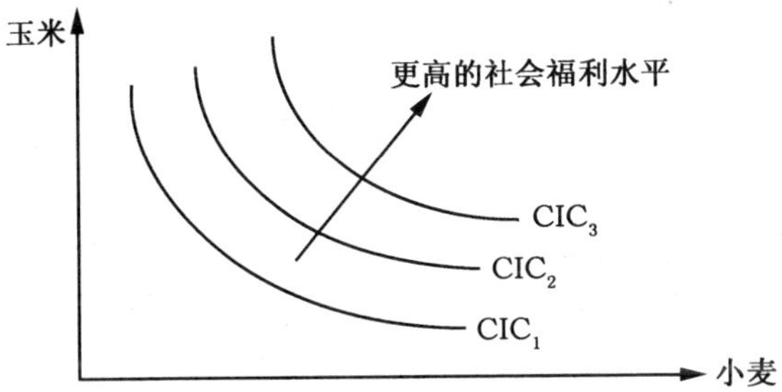

图 10—5 社会无差异曲线

(3)孤立均衡

孤立均衡(equilibrium in isolation)是指在没有贸易的情况下国内生产和消费的均衡。从各国孤立均衡状态下商品的相对均衡价格,可以确定各国的比较优势商品和出口的产业。现以生产可能性曲线表示生产供给、社会无差异曲线表示消费需求来反映一国的孤立均衡。

社会无差异曲线和生产可能性曲线表示的一国孤立均衡如图 10－6 所示。

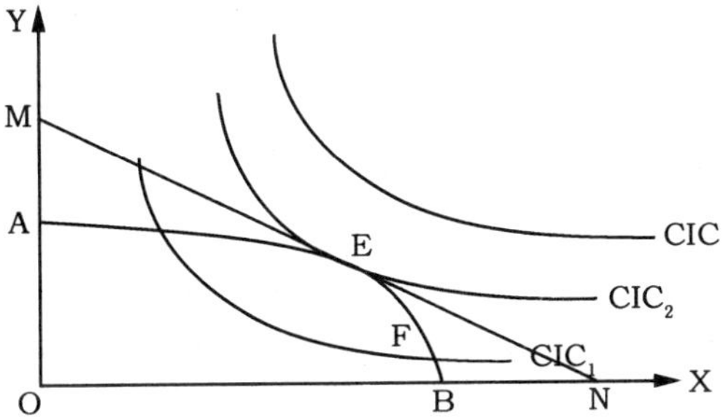

图 10—6 社会无差异曲线和生产可能性曲线表示的一国孤立均衡

(4)成本递增条件下的比较优势模型

两国之间同一商品相对价格的差异是两国不同优势的表现,也构成了两国之间相互开展贸易的基础。据此,每个国家都专门生产自己具有优势的产品并将其出口,用以交换本国具有比较劣势的产品。如果两个国家面临的是边际机会成本递增，则两国在开展专业化生产分工（即生产国内具有比较优势的产品）的同时，生产的机会成本也在不断递增。那么，这种专业化生产应到哪个点上，才不会对参与分工的各国造成负面的影响？

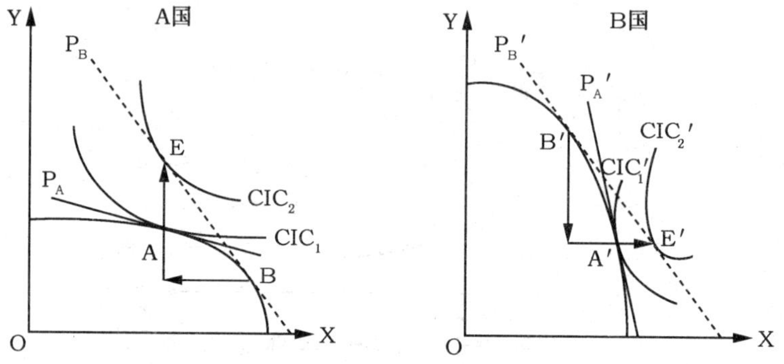

图 10—7　成本递增条件下的比较优势模型

生活中的经济学现象——中国的比较优势是什么

长期以来，人们习惯于将我国的比较优势仅理解为拥有“无穷”的廉价劳动力，广袤的可供不计成本使用的土地，以及各种廉价供给的资源。然而，近一段时期以来中国的劳动力开始呈现老化趋势，劳动力成本已经开始大幅上升，沿海地区可供利用的土地资源几近枯竭，自然生态环境遭到破坏，能源（石油）和矿产资源（铁矿石）大规模依赖海外市场，凡此种种已经给我国经济带来巨大的压力和风险。因此，依据这种粗浅的比较优势理论来指导中国经济发展，可能会出现误导。

其实，若从经济整体来看，我国也有着巨大的、众多的、其他方面的优势。即便与发达国家相比，这些优势也是毫不逊色的。

这表现在大国的特有优势。诸如：拥有世界排名前列的庞大国土面积，拥有世界上最为众多的人口，因而拥有十分广阔而纵深的市场潜力，也拥有了自新中国成立以来长期积累而形成的具有相当实力的制造业骨干企业，以及作为支撑的科教体系等。

相对于世界上很多国家来说，我国潜在的规模经济优势极为显著。如果要说比较优势，这是中国最大的比较优势。要确保中国经济的可持续的长期发展，就必须充分利用和发挥这方面的“比较优势”。

请思考下列问题：

1.什么是中国的比较优势？

2.我们应当如何发挥这种比较优势？

思考与检测

一、单项选择题

1. 以货物通过国境作为统计进出口标准的是(　　)。

A. 总贸易体系　　B. 专门贸易体系

C. 有形贸易　　D. 无形贸易

2. 以货物通过关境结关作为统计进出口标准的是(　　)。

A. 总贸易体系　　B. 专门贸易体系

C. 对外贸易额　　D. 对外贸易量

3. 各国在编制统计时采取不同的方法,我国采取的是(　　)。

A. 总贸易体系　　B. 专门贸易体系

C. 对外贸易体系　　D. 国际贸易体系

4. 用来表明一国的进出口贸易收支状况的是(　　)。

A. 对外贸易额　　B. 贸易差额

C. 有形贸易　　D. 无形贸易

5. 一定时期内一国出口总额与进口总额之间的差额称为(　　)。

A. 对外贸易额　　B. 贸易差额

C. 对外贸易量　　D. 对外贸易值

6. 我国土特产品经过新加坡商人之手转卖到南美洲,这种交易行为属于(　　)。

A. 直接贸易　　B. 转口贸易

C. 过境贸易　　D. 总贸易

7. 转口贸易又称为(　　)。

A. 间接贸易　　B. 对外贸易

C. 中转贸易　　D. 总贸易

8. 某年世界出口贸易额为 3.5 万亿美元,进口贸易额为 3.7 万亿美元,服务贸易额为7 000亿美元,当年国际贸易总额为(　　)。

A. 7.9 万亿美元　　B. 3.5 万亿美元

C. 7.2 万亿美元　　D. 3.7 万亿美元

9. 下列关于专门贸易体系的表述中,正确的是(　　)。

A. 专门贸易体系以一国的国境作为统计界限

B. 专门贸易体系是国际服务贸易的统计方法

C. 专门贸易体系以一国的关境作为统计界限

D. 我国采用的是专门贸易体系

10. 以一定时期不变价格为标准计算的国际贸易额可以反映国际贸易的实际流量，是因为(　　)。

A. 它以商品计量单位表示　　B. 它以货币金额表示

C. 它只计算有形贸易　　D. 它剔除了价格变动的影响

11. 假设葡萄牙生产每单位酒所需劳动人数比英国少 40 人，生产每单位毛呢比英国少 10 人，那么下列表述错误的是(　　)。

A. 葡萄牙在两种产品的生产上都具有绝对优势

B. 葡萄牙在毛呢的生产上具有比较优势

C. 葡萄牙在酒的生产上具有比较优势

D. 英国在毛呢的生产上具有比较优势

12. 李嘉图的比较优势理论指出(　　)。

A. 贸易导致不完全专业化

B. 即使一国不具有绝对成本优势，也可以从出口绝对成本劣势相对较小的产品中获益

C. 与不具备绝对成本优势的国家相比，具有绝对成本优势的国家可以从贸易中获利更多

D. 只有具备比较优势的国家才能获得贸易余额

13. 根据比较优势原理，一国从国际贸易中获益的条件是(　　)。

A. 制造大量出口顺差

B. 以较低的机会成本进口商品而不是在国内生产

C. 本国比贸易国强大

D. 本国相对于贸易伙伴具备绝对效率优势

14. 假定 A 国生产 X 产品和 Y 产品的单位生产成本分别为 100 和 120 单位劳动，B 国的单位生产成本分别为 90 和 80 单位劳动，则根据比较优势理论，(　　)。

A. B 国同时生产 X、Y 产品，A 国不生产

B. A 国生产 Y 产品，B 国生产 X 产品

C. A 国生产 X 产品，B 国生产 Y 产品

D. A 国同时生产 X、Y 产品，B 国不生产

15. 中国生产一只手表需要 8 个劳动日，生产一辆自行车需 9 个劳动日，泰国生产手表和自行车分别要 13 个和 11 个劳动日，根据比较成本说，则(　　)。

A. 中国应生产和出口手表　　B. 中国应生产和出口自行车

C. 泰国应生产和出口手表　　D. 泰国不宜参加社会分工

二、多项选择题

1. 国际收支逆差将导致(　　)。

A. 黄金、外汇储备减少　　B. 本国货币贬值

C. 国内生产水平下降　　D.以上各项都不正确

三、判断题

1.世界各国进出口贸易额的总和即为国际贸易额。(　　)

2.对外贸易地理方向指一国进出口交易的地区分布或国别分布。(　　)

3.国际贸易与对外贸易的实质内容是一致的,区别在于考察交换活动的角度不同。(　　)

4.按总贸易体系进行对外贸易统计时,是把所有运入国境的货物都列为进口。(　　)

5. 对外贸易商品结构通常以一国商品在世界出口总额或进口总额中所占比重来表示。(　　)

6.出口贸易依存度指一国一定时期内的出口贸易额占对外贸易总额的比重。(　　)

7.无形商品贸易无需履行海关手续,也不反映在海关的贸易统计上。(　　)

8.过境贸易对于过境国来说就是转口贸易。(　　)

9. 当 N>1 时,一国或地区的出口商品价格下跌幅度小于进口商品价格的下跌幅度。(　　)

10.当 N<1 时,一国或地区的出口商品价格上涨幅度小于进口商品价格的上涨幅度。(　　)

11.李嘉图比较优势理论的合理内核可归纳为“两利取重,两害取轻”。(　　)

12.比较优势理论只能应用于简单的两国模型中,而不能应用于现实中众多国家参与贸易的情况。(　　)

13.斯密的绝对优势理论指出,在贸易中两个国家均能通过出口其比另一个国家劳动生产率更高的产品获益。(　　)

14.李嘉图的比较优势理论指出,即使其中一个国家在所有产品上都具有绝对成本优势,各国也可以根据比较优势进行专业化生产,然后通过贸易获益。(　　)

四、辨析题

"贸易中的'双赢理论'本是强权理论。对于弱国来说，自由贸易的结果只能变得更穷"，请评论上述观点。

五、分析讨论题

1.有 A、B 两国，分工前的生产情况为：A 国生产 1 单位 X 产品需要 1 天，1 单位 Y 产品需要 2 天；B 国正好相反，生产 1 单位 X 产品需要 2 天，1 单位 Y 产品需要 1 天。如果进行专业化分工，试按绝对利益分析其中的贸易和福利情况。

2.下表所示是美国和葡萄牙生产葡萄酒和毛呢的情况。试用比较优势理论分析两国如何进行国际分工并各自获取国际贸易利益。

	国家	酒产量（单位）	劳动投入（人×年）	毛呢产量（单位）	劳动投入（人×年）
分工前	美国	1	120	1	100
	葡萄牙	1	80	1	90
	合计				
分工后	美国				
	葡萄牙				
	合计				
交换后	美国				
	葡萄牙				

六、问答题

1. 假设姚明的父母想在美国购置房产，他们在外汇市场上是美元的供给者还是美元的需求者？

2. 如果德国的经济增长速度加快，该因素的变化是使外汇市场上美元升值还是贬值？

参考文献

1.［美］N.Gregory Mankiw(曼昆).经济学原理(第三版).梁小民译.北京：机械工业出版社,2010.

2.［美］保罗·A.萨缪尔森,威廉·D.诺德豪.经济学(十七版).北京:人民邮电出版社,2009.

3. 斯蒂格利茨.经济学.北京:中国人民大学出版社,2007.

4.［美］多恩布什,费希尔,斯塔兹.宏观经济学.北京:中国人民大学出版社,2001.

5.［美］约瑟夫·E.斯蒂格利茨.经济学(上、下册).北京:中国人民大学出版社,2001.

6. 陈玉清.经济学基础(21 世纪高职高专精品教材·经贸类通用系列).北京:中国人民大学出版社,2009.

7. 高鸿业.西方经济学(第四版)——21 世纪经济学系列教材.北京:中国人民大学出版社,2007.

8. 李国政.经济学基础(高职高专十一五规划教材).北京:中国农业大学出版社,2008.

9. 顾家水.经济学基础(高职高专经济管理系列规划教材).长沙:中南大学出版社,2009.

10. 李超.经济学基础(全国高职高专经济管理类专业规划教材).武汉:武汉理工大学出版社,2007.

11. 钱静.经济学基础(高职高专十一五规划教材).北京:化学工业出版社,2007.